Cómo hablar para que los niños escuchen y cómo escuchar para que los niños hablen

Divulgación

Adele Faber
y Elaine Mazlish
Cómo hablar para que los niños escuchen y cómo escuchar para que los niños hablen

Con un nuevo epílogo:
La Siguiente Generación *por
Joanna Faber*

*Ilustraciones de
Kimberly Ann Coe*

Título original: *How to talk so kids will listen & listen so kids will talk*

© 1980, Adele Faber y Elaine Mazlish
Epílogo de la edición: 1999, Adele Faber y Elaine Mazlish
Epílogo de la edición: 2012, Joanna Faber

Derechos reservados

Publicado por acuerdo con el editor original Scribner, una división de Simon & Schuster, Inc.

Traducción: Guadalupe Meza Staines

© 2022, Editorial Planeta Mexicana, S.A. de C.V.
Bajo el sello editorial BOOKET M.R.
Avenida Presidente Masarik núm. 111,
Piso 2, Polanco V Sección, Miguel Hidalgo
C.P. 11560, Ciudad de México
www.planetadelibros.com.mx

Diseño de portada: Alma Núñez y Miguel Ángel Chávez / Grupo Pictograma Ilustradores
Diseño de interiores: Emilia Martínez

Primera edición en formato epub: agosto de 2015
ISBN: 978-607-07-2825-9

Primera edición impresa en México en Booket: febrero de 2022
Sexta reimpresión en México en Booket: febrero de 2024
ISBN: 978-607-07-8319-7

Impreso en los talleres de Impregráfica Digital, S.A. de C.V.
Av. Coyoacán 100-D, Valle Norte, Benito Juárez
Ciudad de México, C.P. 03103
Impreso y hecho en México –*Printed and made in Mexico*

Contenido

Muchos años después

Agradecimientos

A Leslie Faber y Robert Mazlish, nuestros consultores residentes, quienes siempre estuvieron a nuestra disposición, con una frase mejor, un nuevo pensamiento o una palabra de aliento.

A Carl, Joanna y Abram Faber, a Kathy, Liz y John Mazlish, quienes nos alentaron, por el solo hecho de ser quienes son.

A Kimberly Coe, quien recibió nuestras instrucciones con garrapateadas figuras de padres e hijos y nos regresó unos dibujos por los que sentimos afecto inmediato.

A Robert Markel, por su apoyo y guía en los momentos críticos.

A Gerard Nierenberg, amigo y consejero, que con toda generosidad nos brindó su experiencia y sus conocimientos prácticos.

A los padres de nuestros talleres, por sus contribuciones escritas y por su valiosa retroalimentación reflexiva.

A Ann Marie Geiger y Patricia King, por su ilimitada entrega siempre que necesitamos de ellas.

A Jim Wade, nuestro editor, cuyo incesante buen humor y su preocupación por la calidad hicieron que fuese un placer trabajar con él.

Al doctor Haim Ginott, quien nos enseñó formas nuevas para comunicarnos con los niños. Cuando él falleció, los niños de todo el mundo perdieron un gran campeón; siempre se preocupó mucho porque *no haya* más he*ridas en sus almas.*

Agradecimientos

Una carta
a los lectores

Querido lector:

Lo último que alguna vez pensamos que haríamos era un libro de «cómo hacerlo» sobre el tema de la comunicación para padres de familia. La relación entre cada padre y su hijo es un asunto muy personal y privado: la idea de darle a alguien instrucciones sobre cómo hablar en una relación tan íntima como ésta, sencillamente, no nos parecía adecuada. En nuestro primer libro, *Padres liberados/Hijos liberados*, tratamos de no enseñar ni predicar; teníamos una historia que queríamos relatar. Nuestros años pasados en los talleres con el finado psicólogo, doctor Haim Ginott, afectaron profundamente nuestra vida. Estábamos seguras de que si contábamos la historia de cómo nuestras nuevas habilidades habían cambiado la forma de tratar a nuestros hijos y a nosotras mismas, nuestros lectores captarían todo el valor que hay detrás de tales habilidades, y se sentirían inspirados para improvisar por cuenta propia.

Hasta cierto punto, así resultaron las cosas. Muchos padres nos escribieron para comentarnos con orgullo lo que habían logrado en sus hogares por el solo hecho de leer acerca de nuestras experiencias. Pero también recibimos otras cartas donde se percibía un llamado común; todos querían un segundo libro, un libro con «lecciones», «ejercicios de práctica», «métodos prácticos», «páginas con recordatorios que se pudieran desprender», alguna clase de material que les ayudara a aprender todas esas habilidades «paso a paso».

Durante algún tiempo consideramos seriamente la idea, pero regresó nuestra resistencia inicial y la apartamos de nuestra mente. Además, estábamos demasiado concentradas en los discursos y talleres que preparábamos para nuestras giras de conferencias.

Los siguientes años viajamos por todo el país ofreciendo talleres para padres de familia, maestros, directores de escuelas, personal de hospitales, adolescentes y trabajadores de los centros de cuidados infantiles. A donde quiera que íbamos, la gente compartía con nosotros sus experiencias personales con estos nuevos métodos de comunicación, así como sus dudas, frustraciones y entusiasmo. Nos sentíamos muy agradecidas con todas esas personas por su franqueza y aprendimos mucho de ellas. Nuestros archivos se llenaban cada vez más de nuevo y muy excitante material.

Mientras tanto, seguían llegando cartas, no sólo de Estados Unidos, sino también de Francia, Israel, Nueva Zelanda, Filipinas e India. La señora Anagha Ganpula, de Nueva Delhi, nos escribió:

Hay tantos problemas acerca de los cuales me gustaría pedir su consejo… Les suplico que me indiquen qué podría hacer para estudiar el tema a fondo. Me encuentro en un callejón sin salida. Las antiguas formas no me satisfacen y no poseo las nuevas habilidades. Por favor, ayúdenme a superar esto.

Ésa fue la carta que nos convenció.

Empezamos de nuevo a pensar en la posibilidad de escribir un libro que enseñara «cómo hacerlo»; mientras más hablábamos de ello, más complacidas nos sentíamos con la idea. ¿Por qué no escribir un libro sobre «cómo hacerlo» que incluyera algunos ejercicios, de manera que los padres pudieran aprender por sí mismos las habilidades que querían conocer?

¿Por qué no escribir un libro que les ofreciera a los padres una oportunidad de practicar lo que aprendían a su propio ritmo, ya sea por sí mismos o con un amigo?

¿Por qué no un libro con cientos de ejemplos de diálogos útiles para que los padres pudieran adaptar este nuevo lenguaje a su propio estilo personal?

El libro podría incluir caricaturas que demostraran esas habilidades en acción, de modo que un padre en apuros pudiera echarle un vistazo rápido a una imagen para refrescar su memoria.

Le daríamos a ese libro un carácter personal. Hablaríamos de nuestras propias experiencias, responderíamos las preguntas que se hacen más comúnmente e incluiríamos historias y nuevas percepciones que los padres que asisten a nuestros grupos han compartido con nosotras a lo largo de los últimos seis años. Pero lo más importante, sin perder de vista nuestra meta principal: la constante búsqueda de métodos que afirmen la dignidad y la humanidad tanto de los padres como de los hijos.

De pronto se desvaneció nuestra inquietud original acerca de escribir un libro sobre «cómo hacerlo». Como todas las ciencias y artes que tienen sus propios libros sobre sus habilidades, ¿por qué no uno para los padres que quieren aprender a hablar para que sus hijos escuchen y aprender a escuchar para que sus hijos hablen?

Una vez que nos decidimos, rápidamente empezamos a escribir. Esperamos enviarle un ejemplar de cortesía a la señora Ganpule en Nueva Delhi, antes de que sus hijos hayan crecido.

Adele Faber
Elaine Mazlish

Cómo leer y utilizar
este libro

Quizá parezca presuntuoso de nuestra parte decirle a cualquier persona cómo leer un libro, (en particular cuando todos saben que ambas tenemos la costumbre de leer libros empezando por la mitad, o incluso de atrás hacia adelante). Pero tratándose de nuestro libro, nos gustaría decirles cómo deberían leerlo. Una vez que tengan una idea del contenido después de hojear las páginas y ver las caricaturas, empiecen con el Capítulo I. En realidad, deben *hacer* los ejercicios a medida que avanzan en su lectura; resistan la tentación de saltárselos y llegar a las «partes interesantes». Si tienen amigos o amigas compatibles con quienes puedan trabajar en los ejercicios, tanto mejor. Esperamos que dialoguen sobre el tema y discutan sus respuestas en todos sus detalles.

También esperamos que escriban sus respuestas, de modo que este libro se convierta en un registro personal para ustedes. Escriban con claridad o en forma ilegible, cambien de opinión y tachen o borren, pero por favor, escriban.

Lean el libro lentamente. Nosotros necesitamos más de diez años para aprender las ideas que contiene. No estamos sugiriendo que se tomen todo ese tiempo para leerlo, pero si los métodos aquí sugeridos tienen sentido para ustedes, quizá deseen hacer algunos cambios, y es más fácil cambiar un poco a la vez que cambiarlo todo de inmediato. Una vez que hayan leído un capítulo, hagan a un lado el libro y concédanse una semana para terminar los ejercicios antes de seguir adelante. (Tal vez estén pensando: ¡Con todo lo que tengo que hacer, lo último que nece*sito es que alguien me deje tarea!* Sin embargo, la experiencia nos dice que la disciplina para poner en práctica las habilidades y llevar un registro de los resultados, ayuda a que esas habilidades estén en el lugar que les corresponde… en su mente).

Finalmente también pregúntense por qué algunas partes de este libro, escrito por dos personas, están escritas desde el punto de vista de una sola. Fue nuestra manera de resolver el molesto problema de tener que identificar constantemente quién estaba hablando acerca de qué experiencia. Nos pareció que para nuestros lectores sería más fácil el «yo» que el «yo, Adele Faber…» o «yo, Elaine Mazlish…» En cuanto a nuestra convicción sobre el valor de las ideas contenidas aquí, hablamos al unísono. Ambas hemos visto cómo funcionan estos métodos de comunicación con nuestras propias familias y con miles de otras. Para nosotras ahora es un gran placer compartir esos métodos con ustedes.

Todo lo que se nos concede son posibilidades…
para hacer de nosotros una cosa u otra.
JOSÉ ORTEGA Y GASSET

1

Cómo ayudar a los niños a enfrentarse a sus sentimientos

Yo fui una maravillosa madre antes de tener hijos; era una experta en por qué todos los padres tenían problemas con sus hijos. Después tuve tres hijos.

La vida con niños puede ser humillante. Cada mañana acostumbraba decirme a mí misma, *el día de hoy las cosas serán diferentes*, y cada mañana era una variación de la anterior. «¡Le diste a ella más que a mí!»… «¡Ésa es la taza color de rosa; yo quiero la azul!»… «¡Esta avena parece vómito!»… «Él me dio un puñetazo»… «¡Ni siquiera lo toqué!»… «No me iré a mi cuarto. ¡Tú no eres el jefe!»

Al fin acabaron por agotar mi paciencia, y a pesar de que era lo último que jamás había soñado hacer, me uní a un grupo de padres. El grupo se reunía en un centro de guía infantil de la localidad y al frente de éste estaba un joven psicólogo, el doctor Haim Ginott.

La reunión resultó de lo más interesante. El tema fue *los sentimientos de los niños*, y las dos horas pasaron veloces. Llegué a casa sintiendo que en mi mente giraban nuevos pensamientos y con un cuaderno de notas con ideas todavía sin digerir:

- *La relación directa entre lo que sienten los niños y la forma en que se comportan.*
- *Cuando los niños se sienten bien, se comportan bien.*
- *¿Cómo podemos ayudarles a sentirse bien?*
- ¡Aceptando sus sentimientos!

- *Problema: Los padres por lo común no aceptan los sentimientos de sus hijos; por ejemplo:*
  «*En realidad tú no te sientes así*».
  «*Sólo dices eso porque estás cansado*».
  «*No hay ninguna razón para que estés tan alterado*».

- *La constante negación de los sentimientos puede confundir y enfurecer a los niños; y también les enseña a saber cuáles son sus sentimientos... a no confiar en ellos.*

Después de la sesión, recuerdo que pensé, *quizá otros padres actúan de esa manera, pero yo no.* Entonces empecé a escucharme a mí misma; he aquí algunas muestras de las conversaciones en mi hogar en un solo día.

NIÑO:	Mami, estoy cansado.
YO:	No puedes estar cansado, acabas de dormir la siesta.
NIÑO:	(*en voz más alta*) Pero estoy cansado.
YO:	No estás cansado; sólo tienes un poco de sueño, vamos a vestirte.
NIÑO:	(*sollozando*) ¡No, estoy cansado!
NIÑO:	Mami, hace mucho calor aquí.
YO:	Está haciendo frío, déjate puesto el suéter.
NIÑO:	No, tengo calor.
YO:	¡Te dije que te dejaras el suéter puesto!
NIÑO:	No, tengo calor.
NIÑO:	Ese programa de televisión estuvo muy aburrido.
YO:	No es verdad, fue muy interesante.
NIÑO:	Fue estúpido.
YO:	Fue educativo.
NIÑO:	Apestaba.
YO:	¡No hables así!

¿Se dan cuenta de lo que estaba sucediendo? No sólo todas nuestras conversaciones se convertían en discusiones, además yo le insistía a mi hijo una y otra vez que no confiara en sus propias percepciones, sino en las mías.

Una vez que tuve conciencia de lo que estaba haciendo, decidí cambiar, pero no estaba muy segura cómo podría lograrlo. Lo que al fin me ayudó fue ponerme en el lugar de mi hijo; me pregunté a mí misma, *¿supongamos que fuera una niña que está cansada, tiene calor o está aburrida? ¿Y supongamos que quisiera que ese adulto tan importante en mi vida se enterara de lo que yo estaba sintiendo…?*

Las siguientes semanas traté de sintonizarme con lo que creía que mis hijos podían estar experimentando; y cuando lo hice, mis palabras parecieron seguir naturalmente a ese cambio. No sólo estaba utilizando una técnica, en realidad hablaba en serio cuando decía, «De manera que todavía estás cansado a pesar de que acabas de dormir la siesta»; o bien, «Yo tengo frío, pero para ti hace calor»; o «Me doy cuenta de que no te agradó mucho ese programa». Después de todo, éramos dos personas independientes, capaces de tener series diferentes de sentimientos. Ninguno de los dos tenía razón o estaba equivocado; cada uno sentía lo que sentía.

Durante algún tiempo, mi nueva habilidad fue una gran ayuda; hubo una notable disminución en el número de discusiones entre los niños y yo. Luego, un día mi hija declaró: «Odio a mi abuela», se refería *a mi madre*. No dudé ni por un segundo, «Lo que acabas de decir es terrible», repliqué con brusquedad, «bien sabes que no lo dices en serio. No quiero volver a oír esas palabras saliendo de tu boca».

Ese pequeño intercambio me enseñó algo más acerca de mí misma. Podía mostrar mi aceptación acerca de la mayoría de los sentimientos que albergaban los niños, pero si uno de ellos se atreviera a decirme algo que me hiciera sentir enojada o ansiosa, al instante volvía a mi antigua manera de ser.

Desde entonces aprendí que mi reacción no era nada insólita. A continuación encontrará algunos ejemplos de otros comentarios que hacen los niños y que a menudo conducen a una negación automática de los padres. Por favor lea cada uno de los comentarios y anote lo que usted piensa que un padre podría decir si estuviese negando los sentimientos de su hijo.

I   NIÑO: No me gusta el nuevo bebé.
    PADRE: (*negando el sentimiento*)

    _____

    _____

    _____

II NIÑO: Tuve una fiesta de cumpleaños muy aburrida. (Después de que usted «se esmeró» para que fuese un día maravilloso).
    PADRE: (*negando el sentimiento*)

    _____

    _____

    _____

III NIÑO: Ya no voy a usar mi paladar; me lastima, ¡y no me importa lo que diga el ortodoncista!
    PADRE: (*negando el sentimiento*)

    _____

    _____

    _____

IV NIÑO: ¡Estoy tan enojado! Sólo porque llegué dos minutos tarde a la clase de gimnasia, el maestro me expulsó del equipo.
    PADRE: (*negando el sentimiento*)

    _____

    _____

    _____

Tal vez se encontró escribiendo cosas como las siguientes:

- Eso no es verdad, en el fondo de tu corazón sabes que en realidad amas al bebé.
- ¿De qué estás hablando? Tu fiesta fue maravillosa, con helado, pastel de cumpleaños y globos. Pues bien, ¡no volverás a tener otra fiesta!
- No es posible que tu paladar te lastime tanto. ¡Después de todo el dinero que hemos invertido en arreglarte la boca, usarás esa cosa, te guste o no!
- No tienes ningún derecho de estar enojado con el profesor. La culpa es tuya, debiste llegar a tiempo.

De alguna manera, esa clase de plática nos resulta muy fácil a muchos de nosotros, ¿pero cómo se sienten los niños cuando escuchan ese tipo de comentarios? A fin de que tenga una idea de lo que significa no prestar atención a los propios sentimientos, haga el siguiente ejercicio:

Imagínese que está en el trabajo. Su jefe le pide que le haga un trabajo especial y lo quiere terminado para el final del día. Usted de inmediato quiere encargarse de ello, pero debido a una serie de asuntos urgentes que se presentan, se le olvida por completo. Las cosas se ponen a un ritmo tan agitado que apenas tiene tiempo para comer.

Y cuando usted y sus compañeros de trabajo se disponen a irse a casa, su jefe se presenta y le pide el trabajo terminado. Rápidamente, usted trata de explicarle lo ocupado que estuvo todo el día.

Él le interrumpe, exclamando en voz alta y muy enojado: «¡No me interesan sus disculpas! ¿Para qué diablos cree que le pago, para que se quede sentado todo el día sobre su trasero?» Y cuando usted abre la boca para hablar, le interrumpe con un «¡ya basta!», y se dirige hacia el elevador.

Sus compañeros de trabajo fingen no haber escuchado; usted termina de recoger sus cosas y sale de la oficina. En el camino a su casa se encuentra con un amigo; todavía está tan alterado, que sin pensarlo empieza a contarle lo que le acaba de suceder.

Su amigo trata de «ayudarle» en ocho formas diferentes. Conforme lea cada respuesta, averigüe cuál es su inmediata reacción «básica» y después anótela. (No hay reacciones buenas o malas; cualquier cosa que sienta es la adecuada para usted).

I.   *Negación de los sentimientos:* «No hay razón para que te alteres tanto, probablemente todo se debe a que estás cansado y exageras las cosas fuera de toda proporción; la situación no puede ser tan mala como pretendes.

Vamos, sonríe… te ves tan bien cuando sonríes».

Su reacción:

_____

_____

II. *La respuesta filosófica:* «Escucha, así es la vida, las cosas no siempre resultan como queremos. Tienes que aprender a tomar las cosas a la ligera; en este mundo nada es perfecto».

Su reacción:

_____

_____

III. *Consejo:* «¿Sabes lo que creo que deberías hacer? Mañana por la mañana ve directamente a la oficina de tu jefe, y dile: "Disculpe, yo estaba equivocado". Después siéntate a terminar ese trabajo que no hiciste el día de hoy. No te dejes atrapar por esas pequeñas urgencias que se presentan, y si eres listo y quieres conservar tu trabajo, asegúrate de que no vuelva a suceder nada por el estilo».

Su reacción:

_____

_____

IV. *Preguntas:* «¿Cuáles fueron exactamente esas cosas urgentes que te hicieron olvidar un encargo especial de tu jefe? ¿No te diste cuenta de que se enojaría si no lo hacías de inmediato?»

«¿Ya había sucedido esto alguna vez?»

«¿Por qué no lo seguiste cuando salió de tu oficina y trataste de explicarle las cosas una vez más?»

Su reacción:

_____

_____

V. *Defensa de la otra persona:* «Entiendo la reacción de tu jefe, es probable que se encuentre bajo una presión terrible. Tienes suerte de que no pierda la paciencia con más frecuencia».

Su reacción:

_____

_____

VI. *Compasión:* «Oh, pobre de ti, ¡qué terrible es eso! Me das tanta lástima que podría llorar».

Su reacción:

_____

_____

VII. *Psicoanálisis de aficionado:* «¿No se te ha ocurrido que la verdadera razón por la cual estás tan alterado es porque tu jefe representa una figura paterna en tu vida? Es probable que cuando eras niño te preocuparas por disgustar a tu padre, y cuando tu jefe te reprendió, volvieron a surgir tus antiguos temores a un rechazo; ¿no es verdad?

Su reacción:

_____

VIII. *Una respuesta empática* (un intento para sintonizarse con los sentimientos de la otra persona): «Vaya, me parece que fue una experiencia penosa. ¡Debió ser muy difícil verse sujeto a un ataque de esa naturaleza delante de otras personas, sobre todo después de estar bajo tanta presión!»

Su reacción:

Acaba de explorar sus propias reacciones a diversas formas bastante típicas en que hablan las personas. Ahora me gustaría compartir con usted algunas de mis reacciones personales. Cuando estoy alterada o me siento ofendida, lo último que deseo escuchar es un consejo, una filosofía, una psicología o el punto de vista de otra persona. Esa clase de comentarios sólo me hace sentir peor que antes. La lástima me hace sentir miserable; las preguntas me ponen a la defensiva; y lo más exasperante de todo es escuchar que no tengo razón para sentirme como me siento. Mi reacción dominante a la mayoría de esas respuestas es: «Ah, olvídalo... ¿qué caso tiene seguir discutiendo?»

Pero cuando alguien en realidad me escucha, cuando alguien reconoce mi dolor interno y me brinda una oportunidad para seguir hablando de lo que me molesta, entonces empiezo a sentirme menos alterada, menos confundida, más capaz de enfrentarme a mis sentimientos y a mi problema.

Quizá incluso podría decirme a mí misma: *Mi jefe por lo general es justo, supongo que debí encargarme de inmediato de ese informe... Pero a pesar de todo, no puedo pasar por alto lo que me hizo... Bien, mañana llegaré temprano y lo primero que haré será escribir ese in-forme... Pero cuando se lo lleve a su oficina, le haré saber lo mucho que me alteró que me hablara de esa manera... Y también le haré saber que de aquí en adelante, cuando tenga alguna crítica, le agradecería* que me la hiciera en privado.

El proceso no es diferente en el caso de nuestros hijos. Ellos también se pueden ayudar a sí mismos si cuentan con un oído dispuesto a escucharles y con una respuesta empática.

Pero el lenguaje de la empatía no es algo que surja naturalmente en nosotros; no es parte de nuestra «lengua materna». La mayoría de nosotros crecimos con la impresión de que negaban nuestros sentimientos. A fin de hablar con fluidez ese nuevo lenguaje de la aceptación, tenemos que aprender y practicar sus métodos. He aquí algunas formas para ayudar a los niños a enfrentarse a sus sentimientos.

PARA AYUDAR CON LOS SENTIMIENTOS

1. Escuche con total atención.
2. Acepte sus sentimientos con una sola palabra o expresión: «Oh»… «Mmm»…«Ya veo»…
3. Dé un nombre a los sentimientos de sus hijos.
4. Concédales sus deseos en la imaginación.

En las páginas siguientes verá el contraste entre estos métodos y las maneras en que, por lo común, las personas le responden a un niño afligido.

Puede resultar de lo más desalentador tratar de hablarle a alguien que sólo finge escuchar.

1. Escuchaste con toda atención

Es mucho más fácil contarle sus problemas a un padre que realmente le escucha; a veces, un silencio comprensivo es todo lo que el niño necesita.

Es difícil para una niña pensar con claridad o en forma constructiva cuando alguien pone en duda lo que dice, trata de culparla o de aconsejarla.

Se puede brindar una gran ayuda con un simple «Oh»… «Mmm», o «Ya veo». Expresiones como éstas, aunadas a una actitud comprensiva, son invitaciones para que una niña explore sus propios pensamientos y sentimientos y posiblemente encuentre sus propias soluciones.

En vez de negar el sentimiento

Es muy extraño, pero cuando instamos a un niño para que rechace sus sentimientos negativos, por más amabilidad con que lo hagamos, el niño parece cada vez más alterado.

Por lo común, los padres no ofrecen esta clase de respuesta, pues temen que al darle un nombre al sentimiento lo único que lograrán será empeorar las cosas; pero sucede exactamente lo contrario, al escuchar palabras que describen lo que está experimentando, el niño se siente profundamente consolado. Alguien ha reconocido su experiencia interna.

Cuando los niños quieren algo que no pueden tener, por lo general los adultos responden con explicaciones lógicas acerca del porqué no pueden tenerlas. Mientras más nos esforzamos por explicarlo, mayores son sus protestas.

Concédale al niño sus deseos en la imaginación

A veces, el solo hecho de que alguien comprenda lo mucho que el niño quiere algo, hace que la realidad le sea más fácil de soportar.

Ahí lo tiene, cuatro maneras posibles de ayudar a un niño es–tresado: escucharle con total atención, entender sus sentimientos con una palabra, nombrar sus sentimientos y concederle sus deseos en la fantasía.

Pero algo más importante que cualquier palabra que podamos emplear es nuestra actitud. Si nuestra actitud no es compasiva, entonces cualquier cosa que digamos el niño la percibirá como algo falso o como una manipulación. Cuando nuestras palabras están impregnadas de nuestros verdaderos sentimientos de empatía, es cuando le hablan directamente al corazón del niño.

De las cuatro habilidades que acabamos de ver ilustradas, quizá la más difícil sea tener que escuchar los estallidos emocionales de un niño y después «darle un nombre a ese sentimiento». Se requiere mucha práctica y concentración para ser capaz de ver más allá de lo que dice el niño, a fin de identificar lo que está sintiendo. Sin embargo, es muy importante que enseñemos a nuestros hijos un vo-cabulario para su realidad interior; Una vez que conozcan las pala-bras para describir lo que experimentan, podrán empezar a ayu-darse a sí mismos.

El siguiente ejercicio incluye una lista de seis comentarios que un niño podría hacerle a sus padres; por favor, lea cada uno y piense en:

1. Una o dos palabras que describan lo que está sintiendo el niño.
2. Un comentario que usted podría hacer para demostrarle al niño que entiende lo que él siente.

RECONOCIMIENTO DE LOS SENTIMIENTOS

Un niño comenta	Una palabra que describa lo que él o ella puede estar sintiendo	Emplee en su comentario la palabra que demuestre que usted entiende ese sentimiento. (No pregunte ni aconseje).

EJEMPLO:

«El chofer del autobús me gritó y todos se rieron de mí».	*Vergüenza*	*Eso debió ser vergonzoso (o) Suena como si hubiera sido vergonzoso*

1. «Me gustaría darle un puñetazo en la nariz a ese Michael»

2. «Mary me invitó a su fiesta, pero no sé…»

3. «¡No sé por qué los maestros tienen que abrumarnos con tanta tarea los fines de semana!»

4. «Hoy tuvimos
práctica de bas-
quetbol y no logré
encestar la pelota
una sola vez».

5. «Janey va a mu-
darse de aquí, y es
mi mejor amiga».

¿Se ha dado cuenta de toda la reflexión y esfuerzo que se requieren para hacerle saber a un niño que usted sí tiene idea de lo que
está sintiendo? A la mayoría de nosotros, no nos resulta nada fácil
decir ciertas cosas como:

- «¡Vaya, sí que pareces estar muy enojado!», o
- «Eso debió ser una decepción para ti», o
- «Mmm, parece que tienes ciertas dudas acerca de asistir a
  esa fiesta», o
- «Me da la impresión de que en verdad te molestan todas esas
  tareas escolares», u
- «Oh, eso debe haber sido muy frustrante», o
- «El hecho de que una amiga muy querida se mude a otra
  parte puede ser triste».

Y no obstante, son comentarios de esta naturaleza los que brindan consuelo a los niños y les dejan en libertad para empezar a
enfrentarse a sus propios problemas. (Por cierto, no se preocupen
por emplear palabras demasiado altisonantes; la mejor manera de
aprender una palabra nueva es escucharla en el contexto adecuado).

Quizás usted piense: *Pues bien, en este ejercicio logré pronunciar
una respuesta inicial que demostró* que he comprendido... *más o*

menos. ¿Pero hacia dónde podría seguir la conversación a partir de ese punto? ¿Cómo podría continuar? ¿Es conveniente ofrecer después un consejo?

Absténgase de dar consejos. Sé muy bien lo tentador que resulta tratar de resolver el problema de un niño con una solución inmediata:

—Mami, estoy cansado.
—Entonces, acuéstate y descansa.

—Tengo hambre.
—Pues, come algo.

—No tengo hambre.
—Entonces, no comas.

Resista la tentación de «mejorar las cosas» al instante. En vez de dar un consejo, siga aceptando los sentimientos de su hijo y reflexionando en ellos.

He aquí un ejemplo de lo que quiero decir. Un padre en uno de nuestros grupos, informó que su hijo menor llegó a casa armando un gran alboroto con el primer comentario que usted acaba de anotar en su libreta: «¡Me gustaría darle un puñetazo en la nariz a Michael!»

El padre nos dijo, «Por lo común, la conversación habría seguido de la siguiente manera»:

HIJO:	¡Me gustaría darle un puñetazo en la nariz a ese Michael!
PADRE:	¿Por qué? ¿Qué sucedió?
HIJO:	¡Tiró mi cuaderno en el lodo!
PADRE:	Y bien, ¿tú no le hiciste algo primero?
HIJO:	¡No!

PADRE: ¿Estás seguro?

HIJO: Lo juro, nunca lo toqué.

PADRE: Bueno, Michael es tu amigo. Si quieres seguir mi consejo, olvídate de todo; ¿sabes?, tú no eres tan per–fecto. A veces tú eres el que empieza y después cul–pas a alguien más, como acostumbras hacer con tu hermano.

HIJO: No, no es cierto; él es el que empieza primero... Oh, nunca puedo hablar contigo.

Pero el padre acaba de asistir a un taller donde aprendió la for-ma de ayudar a sus hijos a enfrentar sus sentimientos, y lo que en realidad sucedió fue lo siguiente:

HIJO: ¡Me gustaría darle un puñetazo en la nariz a ese Michael!

PADRE: ¡Vaya, sí que estás enojado!

HIJO: ¡Quisiera deshacerle la cara!

PADRE: *¿Tan* enojado estás con él?

HIJO: ¿Sabes qué hizo ese *bully* (peleonero)? Me quitó mi cuaderno en la parada del autobús y lo arrojó al lodo, ¡sin ningún motivo!

PADRE: ¡Mmm!

HIJO: Apuesto a que creyó que fui yo quien le rompió su pájaro de arcilla en la clase de modelado.

PADRE: ¿Eso crees?

HIJO: Claro, no dejó de verme todo el tiempo que estuvo llorando.

PADRE: Oh.

HIJO: Pero yo no se lo rompí, ¡no lo hice!

PADRE: Tú *sabes* que no lo hiciste.

HIJO: Bueno, ¡pero no lo hice a propósito! No pude evitar que esa tonta de Debby me empujara contra la mesa.

PADRE: Entonces, Debby te empujó.

HIJO: Sí, se cayeron muchas cosas, pero lo único que se rompió fue el pájaro. Yo no quería romperlo; él había hecho un buen trabajo.

PADRE: En realidad tú no quisiste romperlo.

HIJO: No, pero él no quiso creerme.

PADRE: Y no piensas que te creería si le dijeras la verdad.

HIJO: No sé, pero de todos modos se lo diré, aunque me crea o no. ¡Y pienso que él debe disculparse por haber tirado mi cuaderno al lodo!

El padre estaba sorprendido. No hizo ninguna pregunta y, no obstante, el niño le contó toda la historia; no le dio ningún consejo, sin embargo, el niño encontró su propia solución. Le parecía imposible haber ayudado tanto a su hijo por el solo hecho de escucharle y de aceptar sus sentimientos.

Una cosa es hacer un ejercicio escrito y leer un diálogo modelo, y otra es poner en práctica las habilidades en una situación real con nuestros hijos. Los padres que asisten a nuestros grupos reportan que resulta útil la representación de papeles entre ellos, pues adquieren un poco de práctica antes de enfrentarse a las situaciones reales en sus propios hogares.

A continuación encontrará un ejercicio de representación de papeles que puede probar con un amigo o con su cónyuge. Decida quién hará el papel del hijo y quién el del padre. Después lea solamente su parte.

La situación del niño
(*Representación de papeles*)

1. El médico declaró que usted tiene una alergia y es necesario inyectarlo todas las semanas para que no estornude tanto. A veces las inyecciones son dolorosas y otras apenas se sienten. La que le

pusieron hoy es de las que en verdad duelen. Después de salir del consultorio del doctor, quiere que sus padres sepan lo que sintió.

Su padre reaccionará en dos formas diferentes. La primera vez negará sus sentimientos, pero de cualquier modo siga tratando de que le comprenda. Cuando la conversación llegue a una conclusión natural, pregúntese cuáles fueron sus sentimientos y comparta su respuesta con la persona que está representando el papel con usted.

Inicie la escena frotándose el brazo y diciendo,

«¡El doctor *casi me mató con esa inyección!*»

2. La situación es la misma, sólo que esta vez su padre reaccionará de manera diferente. Una vez más, cuando la conversación llegue a una conclusión natural, pregúntese cuáles fueron ahora sus sentimientos, y comparta su respuesta.

Inicie la escena en la misma forma diciendo,

«¡El doctor casi me mató con esa iny*ección!*»

Cuando haya representado dos veces la escena, quizá desee invertir los papeles, de modo que pueda experimentar el punto de vista del padre.

La situación del padre
(Representación de papeles)

I. Usted debe llevar a su hijo al doctor para que cada semana le ponga una inyección antialérgica. A pesar de que sabe que su hijo tiene miedo de ir, también sabe que las inyecciones sólo duelen unos segundos. El día de hoy, después de salir del consultorio, su hijo se queja amargamente.

Representará la misma escena dos veces. En la primera, trate de que su hijo deje de quejarse negando sus sentimientos. Haga los siguientes comentarios (si lo prefiere, puede idear algunos comentarios propios):

- «Vamos, no te dolió tanto».
- «Estás haciendo un gran escándalo por nada».
- «Tu hermano nunca se queja cuando lo inyectan».
- «Estás actuando como un bebé».
- «Bueno, más vale que te acostumbres a esas inyecciones porque deberán ponértelas cada semana».

Cuando la conversación llegue a una conclusión natural, pregúntese cuáles fueron sus sentimientos y comparta su respuesta con la persona que está representando el papel con usted.

Su hijo iniciará la escena.

II. La escena es la misma, sólo que esta vez usted escuchará realmente.

Sus respuestas demostrarán que es capaz tanto de escuchar como de aceptar cualquier sentimiento que pudiese expresar su hijo. Por ejemplo:

- «Me parece que en verdad te dolió».
- «Mmm, así de malo fue».
- «¿No sería maravilloso si alguien descubriera una forma para tratar las alergias sin dolor?»
- «No es fácil resistir esas inyecciones cada semana, apuesto que te alegrarás cuando terminen».

Cuando la conversación llegue a una conclusión natural, pregúntese cuáles fueron sus sentimientos esta vez y comparta su respuesta.

Su hijo volverá a iniciar la escena.

Cuando haya representado dos veces la escena, quizá desee invertir los papeles, de manera que pueda experimentar el punto de vista del niño.

Al representar el papel del niño cuyos sentimientos fueron pasados por alto y negados, ¿descubrió que se sentía cada vez más enojado? ¿Empezó sintiéndose molesto por la inyección y terminó enojado con su padre?

Cuando representó el papel del padre que trató de detener las quejas, ¿descubrió que se sentía cada vez más irritado con su «irrazonable» hijo?

Por lo común, eso es lo que sucede cuando se niegan los sentimientos; padres e hijos se vuelven cada vez más hostiles unos hacia otros.

Padre: cuando aceptó los sentimientos de su hijo, ¿se dio cuenta de que la discusión desaparecía de su interacción? ¿Experimentó el poder de ser genuinamente útil?

Hijo: cuando vio que sus sentimientos eran aceptados, ¿se sintió más respetado? ¿Sintió más amor hacia el padre? ¿Le fue más fácil soportar el dolor cuando alguien reconoció lo mucho que le dolía? ¿Podría volver a enfrentarse a ese dolor la próxima semana?

Si reconocemos los sentimientos de un niño, le prestamos un gran servicio, lo ponemos en contacto con su realidad interna; y una vez que haya comprendido esa realidad, hace acopio de la fortaleza necesaria para empezar a enfrentarla.

Tarea ━━━━━━━━━━━━━━━━━━━━━━━━━━━━━━━

1. Por lo menos una vez a la semana sostenga una conversación con un niño, durante la cual usted acepte sus sentimientos. En el espacio a continuación, anote lo que se dijo cuando todavía esté fresco en su mente.

Un rápido recordatorio. . .

Cómo ayudar a los niños a enfrentarse a sus sentimientos

Los niños necesitan que sus sentimientos
sean aceptados y respetados

1. PUEDE ESCUCHAR EN SILENCIO Y CON ATENCIÓN.

2. PUEDE ACEPTAR SUS SENTIMIENTOS CON UNA PALABRA.

«Oh… Mmm… Ya veo…»

3. PUEDE DARLE UN NOMBRE AL SENTIMIENTO.

«¡Eso me suena de lo más frustrante!»

4. PUEDE CONCEDERLE AL NIÑO SUS DESEOS EN LA IMAGINACIÓN.

«¡Quisiera hacer que el plátano madurara justo en este momento para que te lo comieras!»

•••

Todos los sentimientos pueden aceptarse.

Nota: Quizás sea de utilidad sacar una copia de ésta y otras páginas de «recordatorios» y colocarlas en lugares estratégicos de su casa.

Segunda Parte

COMENTARIOS, PREGUNTAS E HISTORIAS
DE LOS PADRES

Preguntas que se hacen los padres

1. ¿Es importante que siempre le demuestre empatía a mi hijo?

No. Muchas de las conversaciones que sostenemos con nuestros hijos consisten en intercambios informales.

Si un niño dijera: «Mamá, el día de hoy decidí ir a casa de David después de la escuela», parecería innecesario que el padre respondiera, «De manera que has tomado la decisión de visitar a tu amigo esta tarde». Un simple «gracias por avisarme» sería una aceptación suficiente. El momento indicado para mostrar empatía es cuando un niño quiere hacerle saber cómo se siente. La reflexión sobre sus sentimientos positivos plantea muy pocos problemas. No resulta difícil responder a esta efusiva afirmación de un chico, «¡Hoy obtuve una calificación de noventa y siete en mi examen de matemáticas!», con un entusiasta «¡Noventa y siete! ¡Debes sentirte muy contento!»

Sus emociones *negativas* son las que requieren toda nuestra habilidad, ahí es donde debemos superar la vieja tentación de pasar por alto, negar, moralizar, etcétera. Un padre de familia dijo que lo que le ayudó a ser más sensible a las necesidades emocionales de su hijo fue cuando empezó a comparar heridas y lesiones físicas con los sentimientos de infelicidad del niño. De alguna manera, la imagen de una cortada o de una herida, le ayudó a entender que su hijo necesitaba una atención tan inmediata y seria para sus sentimientos heridos, como la que necesitaría para una rodilla lastimada.

2. ¿Qué hay de malo con preguntarle directamente a un niño: «por qué te sientes así»?

Algunos niños pueden decirle de inmediato por qué están atemorizados, enojados o infelices; sin embargo, para muchos, la pregunta de ¿por qué? sólo viene a sumarse a sus problemas. Además de su congoja inicial, ahora deben analizar la causa y encontrar una explicación razonable. Muchas veces los niños no saben por qué se sienten como se sienten; otras veces, se muestran renuentes a decirlo porque temen que a los ojos del adulto su razón no le parecerá muy válida («¿y por *eso* estás llorando?»).

Para un pequeño que se siente infeliz es mucho más útil escuchar, «Veo que hay algo que te ha entristecido», en vez de interrogarlo con «¿Qué fue lo que sucedió?», o «¿Por qué te sientes así?» Es más sencillo hablar con una persona adulta que entiende lo que el niño siente, en vez de hacerlo con alguien que lo presiona para que dé alguna explicación.

3. ¿Está usted diciendo que debemos hacerles saber a nuestros hijos que estamos de acuerdo con sus sentimientos?

Los niños no necesitan que estemos de acuerdo con sus sentimientos; lo que necesitan es que los reconozcamos. El comentario de «tienes toda la razón», podrá ser satisfactorio por el momento, pero también puede impedir que un niño piense por sí mismo en las cosas.

Ejemplo:

NIÑO: La maestra dijo que suspenderá la obra de nuestro salón. ¡Es muy mala!

PADRE: ¿Después de todos esos ensayos? Estoy de acuerdo contigo. ¡Debe ser muy mala para hacer una cosa así! Fin de la discusión.

Observe que para un niño es mucho más sencillo pensar en forma constructiva cuando se aceptan sus sentimientos.

NIÑO: Mi maestra dice que cancelará la obra de nuestro salón. Es muy mala.

PADRE: Eso debió ser una gran decepción para ti. Lo esperabas con tanta ansia.

NIÑO: Claro, y sólo porque algunos niños se dedican a jugar durante los ensayos. La culpa es de *ellos*.

PADRE: (*escucha en silencio*).

NIÑO: Además también está enojada porque nadie se sabe su papel.

PADRE: Ya veo.

NIÑO: Nos dijo que si «mostrábamos algún progreso», quizá nos daría una oportunidad... Más vale que vuelva a repasar mi papel. ¿Quieres ayudarme esta noche dándome las entradas?

Conclusión: lo que a las personas de cualquier edad les gusta escuchar en un momento de aflicción no es una palabra de acuerdo o de desacuerdo; necesitan que alguien reconozca lo que están experimentando.

4. Si es tan importante demostrarle a mi hijo que lo entiendo, ¿qué tiene de malo decirle simplemente: «Entiendo cómo te sientes»?

El problema al decir «entiendo cómo te sientes», es que algunos niños, sencillamente no lo creen. Responderán, «No, no lo entiendes». Pero si usted se toma la molestia de ser más específico («El primer día de clases puede ser muy atemorizante, hay tantas cosas nuevas a las que tienes que acostumbrarte»), entonces el niño sabe que usted realmente lo entiende.

5. Supongamos que trato de identificar un sentimiento y resulta que estoy equivocado, ¿qué sucederá entonces?

No habrá causado ningún daño; su hijo muy pronto lo corregirá.

Ejemplo:

NIÑO: Papá, retrasaron nuestro examen hasta la próxima semana.

PADRE: Debiste sentir un gran alivio.

HIJO: ¡No, me causó enojo! Ahora tendré que volver a estudiar lo mismo la próxima semana.

PADRE: Ah, entiendo, esperabas terminar ya con eso.

NIÑO: ¡Por supuesto!

Sería presuntuoso que alguien asumiera que siempre puede saber lo que está sintiendo la otra persona. Todo lo que podemos hacer es tratar de comprender los sentimientos de nuestros hijos; no siempre lo lograremos, pero por lo común, ellos aprecian nuestros esfuerzos.

6. Sé que debemos aceptar los sentimientos, pero encuentro difícil saber cómo debo reaccionar cuando escucho, «Eres muy mala» o «Te odio» en labios de mi propio hijo.

Si ese «te odio» le perturba, quizá desee hacerle saber a su hijo, «No me agradó lo que acabo de escuchar. Si estás enojado por algo, dímelo de otra manera, entonces quizá pueda ayudarte».

7. ¿Hay alguna manera de ayudar a un niño que está enfadado, además de hacerle saber que entiendo sus sentimientos? Mi hijo tiene muy poca tolerancia hacia cualquier clase de frustración. A veces sí parece ayudarle que yo reconozca sus sen-

timientos y le comento algo como, «¡Eso debió ser muy frustrante!», pero por lo general, cuando se encuentra en un estado demasiado emotivo, ni siquiera me escucha.

Los padres que asisten a nuestros grupos han descubierto que cuando sus hijos están muy alterados, en ocasiones un poco de actividad física logra ayudar a mitigar parte de esos sentimientos dolorosos. Hemos escuchado incontables historias acerca de niños furibundos que se han tranquilizado después de pegarle a una almohada, de darle de martillazos a algunas cajas viejas de cartón, de golpear y amasar arcilla, de rugir como leones o de lanzar dardos. Pero la actividad que a los padres les parece más cómoda de observar y a los niños les satisface más, es dibujar lo que sienten. Los dos ejemplos siguientes ocurrieron con una semana de diferencia:

Acababa de regresar de una sesión en el taller y encontré a mi hijo de tres años de edad tirado en el suelo, con un gran berrinche. Mi esposo solamente estaba parado ahí, muy disgustado, y me dijo: «Muy bien, especialista en niños, veamos si puedes controlar a este pequeño». Creí que debía portarme a la altura de las circunstancias. Miré a Joshua, que seguía pataleando y gritando, tomé un lápiz y el bloc que estaba cerca del teléfono. Luego me arrodillé a su lado y le entregué el lápiz y el bloc diciendo, «Vamos, enséñame qué tan enojado estás. Haz un dibujo que demuestre cómo te sientes».

De inmediato Joshua se puso en pie de un salto y empezó a dibujar furiosos círculos; luego me los enseñó y dijo, «¡Así de enojado estoy!»

Yo respondí, «¡Realmente *estás* enojado!», y desprendí otra hoja de papel del bloc. «Muéstrame más», le pedí.

Empezó furioso a pintarrajear en la hoja y volví a decirle, «¡Vaya, qué enojado estás!»; repetimos todo una vez más.

Cuando le entregué la cuarta hoja de papel, definitivamente estaba más calmado. Se le quedó mirando durante largo tiempo y después declaró, «ahora te enseñaré mis sentimientos felices» y trazó un círculo con dos ojos y una boca sonriente. Era increíble. En dos minutos pasó de la histeria a la sonrisa, sólo porque le permití demostrarme cómo se sentía. Luego mi esposo me comentó, «sigue asistiendo a ese grupo».

En la siguiente sesión de nuestro grupo, otra madre nos habló de su experiencia empleando esa misma habilidad.

La semana pasada, cuando me enteré del caso de Joshua, mi primer pensamiento fue: cómo me gustaría *poder usar ese enfoque en Todd*. También tiene tres años de edad, pero tiene parálisis cerebral. Todo lo que los demás niños hacen de manera natural, a él le parece una tarea monumental, ponerse de pie sin caerse, mantener la cabeza erguida. Ha hecho notables progresos, pero aun así es muy fácil que se sienta frustrado. Cada vez que trata de hacer algo y no lo logra, se dedica a gritar durante horas interminables y no hay forma alguna de que yo pueda llegar a él. Lo peor de todo es que empieza a patearme y trata de morderme; creo que piensa que de alguna manera todas sus dificultades son culpa mía, y que yo debería poder remediarlas. La mayor parte del tiempo está enojado conmigo.

Cuando regresaba a casa después del taller de la semana pasada, pensé, *¿qué tal si atrapo a Todd antes de que haga su berrinche completo?* Esa tarde jugaba con su rompecabezas nuevo. Era uno muy simple, sólo de unas cuantas piezas grandes. En fin, él no lograba encajar la última pieza, y después de varios intentos comenzó a tener esa mirada en su rostro. Pensé: *oh no, ¡ya vamos a empezar!* Corrí hacía él gritándole «¡Espera!... ¡no hagas nada!... ¡no te muevas!... ¡voy a buscar algo!» Parecía muy sorprendido. Frenéticamente busqué en los estantes de su librero y encontré un gran crayón de color rojo y una hoja de papel para dibujar. Me senté en el suelo a su lado y le pregunté, «Todd, ¿así de enojado te sientes?», y entonces empecé a trazar grandes líneas en zigzag, hacia arriba y hacia abajo, una y otra vez.

«Sí», respondió y me arrebató el crayón, trazando con él grandes líneas desordenadas, como cuchilladas. Luego perforó el papel una y otra vez hasta que quedó lleno de agujeros. Yo sostuve la hoja contra la luz y dije, «Estás muy enojado... ¡Estás absolutamente furioso!» Todd me arrebató la hoja, sin dejar de llorar y la rompió una y otra vez hasta que sólo quedó un montón de pedazos. Una vez que terminó, alzó la vista y me dijo, «Te quiero, mami». Fue la primera vez que me dijo eso.

Desde entonces he vuelto a intentarlo, pero no siempre funciona. Creo que debo buscar algún otro escape físico para él, como una bolsa de arena para que pueda pegarle, o algo por el estilo. Pero estoy empezando a darme cuenta de que lo más importante es que mientras él está golpeando, pegando o dibujando, yo esté ahí, vigilándolo y haciéndole comprender que puedo entender y aceptar incluso sus sentimientos de mayor enojo.

8. Si acepto todos los sentimientos de mi hijo, ¿no le dará eso la idea de que estaré de acuerdo con cualquier cosa que haga? No quiero convertirme en un padre permisivo.

Nosotros también nos preocupábamos por ser permisivos, pero gradualmente nos fuimos dando cuenta de que el enfoque sólo era permisivo en el sentido de que estaban permitidos toda clase de sentimientos. Por ejemplo, «Veo que te diviertes haciendo dibujos con tu tenedor en la mantequilla».

Pero eso no quiere decir que usted deba permitirle a un niño que se comporte de una manera que resulte inaceptable. En el momento de quitarle la mantequilla, puede hacerle saber al «joven artista» que la mantequilla no es para jugar. «Si quieres jugar, puedes usar tu arcilla».

Hemos descubierto que cuando aceptamos los sentimientos de nuestros hijos, ellos aceptan de mejor manera los límites que les fijamos.

9. ¿Cuál es la objeción a la idea de darles un consejo a los niños cuando tienen un problema?

Si les damos un consejo a los niños, o les ofrecemos una solución instantánea, los estamos privando de la experiencia que se obtiene cuando luchan con sus propios problemas.

¿Hay alguna vez un momento para dar un consejo? Por supuesto.

Para una discusión más detallada de cuándo y cómo dar consejos, ver las páginas 194 a 196.

10. ¿Hay algo que sea posible hacer después de haberle dado a su hijo una respuesta que no le ayudó? El día de ayer mi hija llegó de la escuela a casa muy alterada. Quería contarme cómo algunos niños la habían molestado en el patio de recreo. Yo estaba cansada y preocupada, de modo que no le presté mucha atención y le pedí que dejara de llorar, que eso no era el fin del mundo. Parecía muy infeliz y se fue a su recámara. Sé que lo arruiné todo, ¿qué puedo hacer ahora?

Cada vez que un padre se dice a sí mismo, «Ojalá no hubiera dicho eso», o «Por qué no pensé decirle…», automáticamente tiene otra oportunidad. La vida con los niños es totalmente abierta; siempre hay otra oportunidad, más adelante, esa misma hora, día o semana, para decir, «He estado pensando en lo que antes me comentaste acerca de los niños que te molestaron en el patio de recreo, y me doy cuenta de que eso debió enojarte mucho».

La compasión siempre es bien recibida y apreciada, ya sea que surja más tarde o más temprano.

ADVERTENCIAS

I. Los niños, por lo común, objetan cuando alguien les repite sus palabras exactas.

Ejemplo:

NIÑO: Ya no me agrada David.
PADRE: Ya no te agrada David.
NIÑO: (molesto) Eso es lo que acabo de decir.

Ese niño quizá habría preferido una respuesta menos parecida a la de un loro, como:

«Hay algo que te molesta de David».

O bien:

«Me parece que en verdad estás molesto con él».

II. Hay pequeños que prefieren que no se les diga una sola palabra cuando están alterados; para ellos, es suficiente con la presencia de mamá o papá.

Una madre nos comentó que al entrar a la sala de su casa vio a su hija de diez años desplomada sobre el sofá con los ojos llenos de lágrimas. La mamá se sentó a su lado y abrazándola, murmuró: «¿Te sucedió algo?», y permaneció en silencio al lado de su hija durante cinco minutos. Al fin su hija suspiró y expresó, «Gracias, mamá, ahora ya me siento mejor». La madre nunca se enteró de lo que había sucedido; todo lo que supo fue que su consoladora presencia debió ser útil, porque una hora después escuchó a su hija tararear quedamente en su recámara.

III. Algunos niños se irritan cuando expresan una intensa emoción y la respuesta de sus padres es «correcta», pero fría.

Una adolescente que asiste a uno de nuestros talleres nos comentó que una tarde llegó enfurecida a casa porque su mejor amiga había traicionado un secreto muy personal. Le contó a su madre lo sucedido, pero ella le respondió en una forma de lo más desapasionada: «Estás enojada». La jovencita dijo que no pudo evitar una sarcástica respuesta, «No me digas».

Le preguntamos qué le habría gustado que su madre le dijera, se quedó pensando durante un momento y respondió, «No fueron las palabras, sino la forma de decirlas. Fue como si hablara de los sentimientos de alguien que no le preocupara. Creo que yo quería que me demostrara que estaba de mi parte; si sólo hubiera dicho algo como: "¡Vaya, Cindy, debes estar *furiosa* con ella!" Entonces yo habría sentido que me comprendía».

IV. Tampoco ayuda cuando los padres responden con mayor intensidad de la que experimenta el niño.

Ejemplo:

ADOLESCENTE: (*gruñendo*) Steve me dejó esperando en la esquina durante media hora y después inventó una historia que sé que no es cierta.

MAMÁ: ¡Eso es algo imperdonable! ¿Cómo pudo hacerte una cosa así? Es de lo más desconsiderado e irresponsable. Debes sentirte con ganas de no volver a verlo jamás.

Probablemente a ese adolescente jamás se le ocurrió reaccionar de manera tan violenta con su amigo, o considerar una represalia tan drástica. Quizá todo lo que necesitaba de su madre era un *gruñido* comprensivo y un movimiento de cabeza que indicara que compartía su irritación ante la conducta de su amigo. No necesitaba la carga adicional de tener que enfrentarse a las violentas emociones de su madre.

V. Los niños no aprecian que sus padres repitan los calificativos que ellos se aplican a sí mismos.

Cuando un niño dice que es feo, tonto o gordo, en nada ayuda responderle, «Oh, de modo que crees que eres tonto» o «En verdad piensas que eres feo». No debemos cooperar con él cuando se aplica ciertos calificativos; podemos aceptar su dolor sin repetir el calificativo.

Ejemplo:

NIÑO: El maestro dijo que se suponía que sólo debemos dedicar quince minutos cada noche a las matemáticas, pero necesité toda una hora para terminar mi tarea. Debo ser tonto.

PADRE: Puede ser muy desalentador cuando un trabajo requiere más tiempo del que uno espera.

Ejemplo:

NIÑO: Me veo terrible cuando sonrío; todo lo que se ve son mis frenos. Soy feo.

PADRE: Realmente no te agrada como te ves con esos aparatos. Y es probable que no te ayude a saber que para mí tu apariencia es de lo más agradable.

Esperamos no le hayan asustado nuestras *advertencias*. Posiblemente ya es obvio para usted que enfrentarse a los sentimientos es un arte, no una ciencia. Sin embargo, tenemos fe (basada en años de observación), en que los padres, después de algunos ensayos y de cometer errores, puedan dominar este arte. Con el paso del tiempo, se dará cuenta de lo que es útil para su hijo y de lo que no lo es. Con la práctica, muy pronto descubrirá qué le consuela; qué crea una distancia y qué invita a la intimidad; qué lo hiere y qué lo alivia. No hay ningún sustituto para su propia sensibilidad.

Historias de los padres

A todos los grupos les enseñamos los mismos principios básicos, sin embargo, nunca deja de sorprendernos la originalidad de los padres o la variedad de situaciones en las cuales se aplican estos principios. Cada una de las siguientes historias se presenta tal y como las escriben los padres. En la mayoría de los casos se han cambiado los nombres de los niños. Podrá darse cuenta de que no todas las cosas que dicen los padres son una respuesta «modelo», pero su buena disposición para escuchar y su actitud de aceptación hacen la gran diferencia.

A los padres que contaron las dos primeras historias al grupo se les hacía difícil creer que cuando se abstenían de dar un consejo, el niño empezaba a esforzarse por encontrar su propia solución. Esta mamá inició su historia diciendo, «¡Escuchen lo poco que dije!»

Nicky, de ocho años de edad, llega de la escuela a casa y dice: «Me gustaría darle un puñetazo a Jeffrey».

YO: ¡En *verdad* estás enojado con Jeffrey!

NICKY: ¡Claro!, siempre que jugamos futbol y yo tengo la pelota, me dice «dámela, Nicky, yo soy mejor que tú». ¿No crees que eso haría que *cualquiera* se enojara?

YO: Por supuesto.

NICKY: Pero realmente Jeffrey no es así; en primer año siempre era amable, creo que cuando Chris entró a segundo año, Jeffrey le copió la costumbre de presumir.

YO: Ya veo.

NICKY: Vamos a llamar por teléfono a Jeffrey para invitarlo a
            que vaya al parque con nosotros.

Mi hijo es alumno de primer año y no es agresivo ni toma parte
en las peleas; por consiguiente, tiendo a sobreprotegerlo porque
me parece muy vulnerable. El lunes llegó de la escuela a casa y me
comentó que un niño de tercer año, mucho más grande que él, le
envío a un «delegado» para informarle que al día siguiente lo mo-
lestarían «a golpes». Mi primera reacción fue de histeria por prote-
gerle; llamar al maestro, enseñarle defensa personal de la noche a la
mañana, cualquier cosa para evitar el miedo y el dolor.

En vez de mostrarle mi alarma, decidí escuchar con atención
y sólo respondía, «Mmm». Entonces Douglas se lanzó a un monó-
logo ininterrumpido, dijo: «Así es, de manera que he ideado tres
estrategias para defenderme. Primero, trataré de convencerle de no
pelear; le explicaré que no debemos pelear porque eso no es civili-
zado. Luego, si eso no da resultado, me pondré mis anteojos (aquí
hizo una pausa y se quedó meditando), pero si es un *bully*, eso no
lo detendrá, y debe serlo porque yo ni siquiera he hablado nunca
con él y ahora quiere golpearme. Y si nada da resultado, le pediré a
Kenny que lo ataque. Kenny es tan fuerte que ese *bully* se asustará
sólo de verlo».

Estaba tan sorprendida que sólo logré responder, «Oh», y él prosiguió, «Muy bien... todo saldrá bien... tengo algunos planes que
puedo usar», y salió más relajado de la habitación. Estaba muy impresionada de mi hijo. No tenía idea de que pudiera ser tan valien-
te o creativo para manejar sus propios problemas. Y todo sucedió
como él dijo, yo solamente escuché y me hice a un lado.

Pero eso no terminó ahí. No le dije nada a Douglas y esa tarde
llamé a su maestra para alertarla acerca de lo que estaba sucediendo. Ella dijo que estuvo bien que yo hubiera llamado, pues en el
mundo actual ninguna amenaza debe pasarse por alto.

Al día siguiente tuve que recurrir a todo el control sobre mí misma para no preguntarle qué había pasado, pero durante la cena me comentó, «Mami, adivina qué pasó, hoy ni siquiera se me acercó el *bully* ése».

Algunos padres informaron de su sorpresa ante el efecto tranquilizante que tuvieron sus comentarios de *aceptación*. Las viejas frases de «¡cálmate!» o «¡ya basta!» sólo parecían agitar más a los chicos. Pero unas cuantas palabras de aceptación a menudo calmaban los sentimientos más feroces y el estado de ánimo en una forma de lo más dramática. Este primer ejemplo es de un padre:

Mi hija Holly salió de la cocina.

HOLLY: La señora G. en verdad me gritó hoy en el gimnasio.
PADRE: Oh.
HOLLY: Me gritó.
PADRE: Estaba realmente enojada.
HOLLY: Me gritó «en el volibol no debes pegarle de esa manera a la pelota; ¡debes hacerlo así!» ¿Cómo iba a saberlo? Nunca antes nos enseñó cómo debemos pegarle.
PADRE: ¡Y te enojaste con ella porque te gritó!
HOLLY: Me hizo sentirme muy enojada.
PADRE: Puede ser de lo más frustrante que te griten sin una buena razón.
HOLLY: ¡No tenía derecho de hacerlo!
PADRE: Crees que no debió gritarte.
HOLLY: No, estoy tan enojada con ella que podría pisotearla, me gustaría clavarle alfileres a una muñeca con su imagen y hacerla sufrir.
PADRE: Y colgarla de los pulgares.

HOLLY: Y hervirla en aceite.

PADRE: Y hacerla girar sobre un asador.

En ese punto, Holly sonrió y también sonreí; entonces ella empezó a reír y yo también lo hice. Luego me comentó que en realidad la manera en que le gritó la señora G. había sido de lo más tonta, y añadió: «Por supuesto, *ahora* ya sé cómo debo pegarle a la pelota para complacerla».

Por lo común, yo habría respondido, «Es probable que hayas hecho algo mal para que te gritara. La próxima vez escucha cuando la maestra te corrija y entonces sabrás lo que debes hacer». Y quizás Holly hubiera azotado la puerta y corrido enojada a su habitación, pensando qué insensiblemente idiota era su padre y qué mezquina era su maestra.

Escenario: Mi cocina.

Acabo de acostar a la bebita para que duerma la siesta. Evan llega a casa después de asistir al jardín de niños, muy emocionado porque va a ir a jugar a la casa de Chad.

EVAN: ¡Hola, mami, vamos ahora mismo a casa de Chad!

MAMÁ: Nina (*la bebita*) está durmiendo ahora, pero iremos más tarde.

EVAN: (*empezando a alterarse*) Quiero ir ahora; tú dijiste que podíamos ir.

MAMÁ: ¿Qué te parece si vas en tu bicicleta y yo te acompaño?

EVAN: ¡No!, quiero que te quedes conmigo (*y empieza a llorar histérico*). ¡Quiero ir ahora! (*se apodera de los dibujos que acaba de traer de la escuela, los arruga y los arroja a la basura*).

MAMÁ: (*se me prende el foco*) ¡Vaya, qué furioso estás! Te sientes tan enojado que has tirado tus dibujos; en

	verdad debes estar alterado, llegaste ansioso por ir a jugar con Chad, y Nina está dormida, qué decepción para ti.
EVAN:	Claro, quería ir a casa de Chad (*deja de llorar*). Mami, ¿puedo ver televisión?
MAMÁ:	Por supuesto.

La situación: papá se iba de pesca y Danielle, de cuatro años de edad, quería acompañarlo.

PAPÁ:	De acuerdo, querida, puedes venir, pero recuerda que estarás parada al aire libre durante mucho tiempo y esta mañana hace mucho frío allá afuera.
DANIELLE:	(*en su rostro se veía una gran confusión y respondió con grandes titubeos*) He cambiado de opinión, quiero quedarme en casa.

Dos minutos después de que papá salió, empezaron las lágrimas.

DANIELLE:	¡Papá me dejó y sabía que yo quería ir!
MAMÁ:	(*preocupada en ese momento y sin ánimo de enfrentarse a la situación*) Danielle, las dos sabemos que tú decidiste quedarte en casa. Tu llanto me distrae y no quiero escucharlo, de manera que si vas a seguir llorando, vete a tu habitación.

La pequeña corre sollozando a su habitación. Varios minutos después, mamá decide intentar el nuevo método.

MAMÁ: (*dirigiéndose a la recámara de Danielle y sentándose en su cama*) Realmente querías ir con tu papá, ¿no es cierto? Danielle dejó de llorar, asintiendo con un movimiento de cabeza.

MAMÁ: Te sentiste confundida cuando papá mencionó que hacía mucho frío. No pudiste decidir.

El alivio apareció en sus ojos; volvió a asentir y se secó las lágrimas.

MAMÁ: Piensas que no tuviste tiempo suficiente para decidirte.

DANIELLE: No, no tuve tiempo.

En ese momento la abracé. Saltó de la cama y se fue a jugar.

También parece que a los niños les ayuda saber que pueden experimentar dos sentimientos muy diferentes al mismo tiempo.

Después de que nació el bebé, siempre le decía a Paul que quería mucho a su nuevo hermano. Paul sacudía la cabeza y gritaba «¡Nooooo! ¡Nooooo!»

Durante este último mes le he estado diciendo, «Paul, me parece que experimentas dos sentimientos muy diferentes hacia el bebé. A veces te alegras de tener un hermano, dices que es divertido verlo y jugar con él; y otras veces no te agrada tenerlo cerca de ti, quisieras que se fuera a alguna parte».

A Paul le agradó eso; ahora, por lo menos una vez a la semana, me pide: «Háblame de mis dos sentimientos, mami».

Algunos padres aprecian en particular el hecho de poseer las habilidades para ser útiles cuando el estado de ánimo del niño es de desaliento o desesperación, se alegran de saber que no tienen por qué hacer suya la infelicidad de sus hijos. Una madre comentó, «Apenas empiezo a percatarme de la presión tan innecesaria a la que yo misma me sometía para asegurarme de que mis hijos fueran felices todo el tiempo. La primera vez que me di cuenta de lo lejos que había llegado, fue al verme tratando de pegar con cinta adhesiva una galleta pretzel rota para que mi hijo de cuatro años dejara de llorar. También he empezado a percibir la carga que les he impuesto a mis hijos. ¡Piensen en ello! No sólo están alterados por el problema original, se alteran aún más porque ven que su sufrimiento me afecta. Mi madre acostumbraba hacerme eso y recuerdo que yo me sentía tan culpable, como si hubiera algo malo en mí por no ser feliz todo el tiempo. Quiero que mis hijos sepan que tienen todo el derecho de sentirse infelices sin que su madre se caiga a pedazos».

Mi hijo Ron entró cabizbajo y con el overol lleno de lodo.

PAPÁ: Veo mucho lodo en tus pantalones.

RON: Sí, lo arruiné todo en el futbol.

PAPÁ: Tuviste un juego difícil.

RON: Sí, no puedo jugar; soy muy débil, incluso Jerry me derriba.

PAPÁ: Es muy frustrante que te derriben.

RON: Sí, quisiera ser más fuerte.

PAPÁ: Quisieras ser como Superman.

RON: Sí, así podría derribarlos yo.

PAPÁ: Podrías correr encima de los tacleadores.

RON: Podría encontrar mucho espacio para correr.

PAPÁ: Podrías correr.

RON: También podría rebasarlos. Soy bueno para los pases cortos, pero no puedo tirar un pase largo.

PAPÁ: Puedes correr y dar pases.

RON: Sí, puedo jugar mejor.

PAPÁ: Sientes que puedes jugar mejor.

RON: La próxima vez voy a jugar mejor.

PAPÁ: Sabes que jugarás mejor.

Normalmente hubiese animado a Ron con algunas observaciones como: «Eres un buen jugador, sólo tuviste un mal juego. No te preocupes, lo harás mejor la próxima vez». Probablemente se hubiera ido enfurruñado a su cuarto.

He hecho un gran descubrimiento en este grupo. Mientras más tratas de alejar los sentimientos de infelicidad en un niño, más se aferra a ellos; mientras más cómodamente puedas aceptar los malos sentimientos, es más fácil para los niños dejarlos ir. Sé que podrían decir que si quisieran tener una familia feliz, más vale estar preparados para permitir que se exprese mucha infelicidad.

Hans ha estado atravesando por un periodo difícil. Tiene un maestro que es muy exigente con él, y además no le agrada. Cuando se siente más infeliz consigo mismo y más hundido en el melancolía, en casa generalmente se desquita con nosotros de las presiones de la escuela, y se califica de «estúpido»; siente que no le agrada a nadie porque es un estúpido; dice que es el más estúpido de su clase, etcétera.

Una de esas noches mi esposo se sentó a su lado, con todo el interés del mundo:

FRANK: (*con ternura*) Hans, tú no eres estúpido.

HANS: Soy demasiado estúpido; soy un estúpido, estúpido.

FRANK: Pero, Hans, tú no eres estúpido. En realidad eres uno de los niños de ocho años más listos que conozco.

HANS: No lo soy. Soy un estúpido.

FRANK: (*aún con cariño*) No eres estúpido.

HANS: Soy demasiado estúpido.

Y así siguieron; yo no quise intervenir, y no podía soportar seguirlos escuchando, entonces salí de la habitación. Debo reconocer que Frank en ningún momento perdió la paciencia, pero Hans se fue a la cama todavía diciendo que era estúpido y sumido en profundo desánimo.

Fui a su lado. Había tenido un día terrible con él; la mayor parte de la tarde y de la noche se dedicó a exasperarme, y no creía tener fuerzas para enfrentarme a mucho más. Pero ahí estaba acostado en su cama sintiéndose triste y diciendo que era estúpido y que todos lo odiaban, así que entré. Ni siquiera sabía qué podría decirle, sólo me senté agotada en el borde de la cama. Entonces me vino a la mente una frase que utilizábamos en la clase y la repetí en una forma casi mecánica: «Es difícil guardar esa clase de sentimientos».

Hans dejó de decir que era estúpido y durante un minuto quedó en silencio; luego dijo, «Sí». De alguna manera eso me dio fuerza para seguir adelante y empecé a hablarle de manera dispersa sobre algunas cosas agradables o especiales que había dicho o hecho a lo largo de los años. Escuchó durante un momento y empezó a participar en la conversación con sus propios recuerdos. Comentó, «Recuerdo que no encontrabas las llaves de tu auto y las buscaste por toda la casa, y yo te sugerí que las buscaras en el auto y ahí estaban». Después de unos diez minutos de esto, pude darle el beso de las buenas noches a un niño que había recobrado la fe en sí mismo.

Algunos padres se sienten muy contentos con la idea de concederles a sus hijos en la fantasía, lo que no pueden darles en la realidad. Para esos padres es mucho más fácil decir, «me gustaría que tuvieras…», en vez de sostener una interminable discusión sobre quién tiene la razón y por qué.

DAVID: (*de diez años*) Necesito un nuevo telescopio.
PAPÁ: ¿Un nuevo telescopio? ¿Por qué? No hay nada malo con el que tienes.

DAVID   (*acalorándose*) ¡Es un telescopio para niños!

PAPÁ: Es perfectamente adecuado para un niño de tu edad.

DAVID: No, no lo es, necesito un telescopio con una potencia de 200.

PAPÁ: (*me di cuenta de que estábamos a punto de entablar una gran discusión, y decidí amoldarme a la situación*) De manera que en verdad te gustaría tener un telescopio con una potencia de 200.

DAVID: Sí, porque así podría ver los cráteres.

PAPÁ: Quieres verlos realmente cerca.

DAVID: ¡Así es!

PAPÁ: ¿Sabes lo que me gustaría? Pues me gustaría tener el dinero suficiente para comprarte ese telescopio. Y por tu interés en la astronomía, tener el dinero suficiente para comprarte un telescopio con una potencia de 400.

DAVID: Un telescopio con una potencia de 600.

PAPÁ: Un telescopio con una potencia de 800.

DAVID: (*empezando a entusiasmarse*) ¡Un telescopio con una potencia de 1000!

PAPÁ: Un… un…

DAVID: (*muy exaltado*) ¡Lo sé… lo sé…, si pudieras, me comprarías el telescopio que tienen en el Monte Palomar!

Mientras ambos reíamos, comprendí en qué radicaba la diferencia. Una de las claves para conceder algo en la fantasía es dejarse llevar realmente por la imaginación, ser «muy» fantástico. Aun cuando David sabía que eso no sucedería, pareció apreciar que yo tomara tan en serio su deseo.

Mi esposo y yo llevamos a Jason y a Leslie, su hermana mayor, al Museo de Historia Natural. En verdad lo disfrutamos y el comportamiento de los niños fue fantástico, pero a la salida cruzamos frente a una tienda de regalos. Jason, nuestro hijo de cuatro años, enloqueció al ver los *souvenirs* que ahí vendían. Casi todos tenían precio excesivo, pero al fin le compramos una pequeña colección de rocas. Pero luego empezó a gimotear porque quería una figura de un dinosaurio. Traté de explicarle que ya habíamos gastado más de lo que debíamos; su padre le dijo que dejara de quejarse, que debía sentirse contento con lo que le habíamos comprado. Jason empezó a llorar; mi esposo le ordenó que se callara, señalándole que estaba actuando como un bebé. Jason se tiró al suelo y se puso a llorar más fuerte.

Todos miraban y yo me sentía tan avergonzada, que quería que el suelo se abriera y me tragara. Entonces, no sé cómo me vino a la mente la idea, pero saqué de mi bolsa un lápiz y un papel y empecé a escribir. Jason me preguntó qué estaba haciendo y le respondí, «Estoy anotando que Jason quiere un dinosaurio». Se me quedó viendo y añadió, «y también un prisma»; yo escribí, «también un prisma».

Luego hizo algo que me dejó aturdida. Corrió hacia su hermana, que contemplaba toda la escena, y le dijo, «Leslie, dile a mamá lo que quieres. Ella también anotará lo que deseas». Y no lo creerán, pero ahí acabó todo. Regresó muy tranquilo a casa.

Desde entonces, he recurrido muchas veces a ese concepto. Siempre que me encuentro con Jason en alguna juguetería, y él se dedica a correr por todas partes señalando todas las cosas que quiere, saco un lápiz, una hoja de papel y lo anotó todo en su «lista de deseos». Eso parece satisfacerle, pero no quiere decir que tenga que comprarle cualquiera de esos juguetes, a menos de que se trate de una ocasión especial. Creo que lo que le agrada a Jason de su «lista de deseos» es que le demuestra que no sólo sé lo que quiere, sino además ver que me intereso lo suficiente para escribirlo.

Esta última historia habla por sí sola:

Acabo de pasar por una de las experiencias más desgarradoras de mi vida. Suzanne, mi hija de seis años, ya antes había padecido *crup* (laringotraqueobronquitis), pero nunca un ataque como éste. Me sentí aterrorizada, ella no podía respirar y empezaba a perder color. No logré conseguir una ambulancia, por lo que tuve que manejar el auto para llevarla a la sala de urgencias junto con mi hijo Brian y mi madre, que ese día había ido a visitarnos.

Mi madre estaba completamente histérica y no cesaba de repetir: «¡Oh, Santo Dios!, no puede respirar. ¡Jamás llegaremos a tiempo! ¿Qué le has hecho a ésta niña?».

En voz más fuerte que la de mi madre, dije: «Suzie, sé que tienes problemas para respirar y eso da mucho miedo, ya vamos en camino a buscar ayuda; pronto estarás bien. Si quieres, puedes apretarme la pierna mientras manejo». Y así hizo.

En el hospital, dos médicos y varias enfermeras se amontonaron alrededor de nosotros. Mi madre seguía despotricando y desvariando, y Brian me preguntó si Suzie realmente moriría como decía su abuela. No tuve tiempo de responderle porque los médicos trataban de mantenerme fuera de la sala, y yo sabía que Suzie necesitaba que yo estuviera a su lado. Por su mirada podía ver que estaba aterrorizada.

Le pusieron una inyección de adrenalina y le pregunté, «¿Te dolió, verdad?» La niña asintió. Después le introdujeron un tubo por la garganta y le dije: «Sé que ese tubo debe lastimarte, pero te ayudará». Aún no respiraba normalmente y la colocaron en una tienda de oxígeno; le expresé, «Debes sentirte muy extraña con todo ese plástico a tu alrededor, pero eso también te ayudará a respirar y a curarte». Luego introduje mi mano por la abertura de la tienda y le tomé su mano, sosteniéndola en la mía y asegurándole, «No te dejaré sola, me quedaré aquí a tu lado incluso si estás dormida. Estaré aquí todo el tiempo que me necesites».

Su respiración se hizo un poco más fácil, pero su condición todavía era crítica y me quedé a su lado durante setenta y dos horas, prácticamente sin dormir. Gracias a Dios, salió adelante.

Sé que sin esos talleres las cosas hubieran sido muy diferentes; yo me habría encontrado en absoluto estado de pánico. Al hablarle en la forma que lo hice, haciéndole saber que comprendía por lo que estaba pasando, logré relajarla de manera que no luchara contra el tratamiento médico que estaba recibiendo.

En verdad siento que ayudé a salvar la vida de Suzie.

2

Cómo obtener cooperación

Es muy probable que sus hijos ya le hayan brindado incontables oportunidades para poner en práctica sus habilidades para escucharlos. Por lo común, los niños nos hacen saber en voz alta y con toda claridad, cuando algo les molesta. Sé que en mi propio hogar, cualquier día con los niños era como una noche en el teatro. Un juguete extraviado, un corte de cabello «demasiado corto», un informe retrasado para la escuela, unos *jeans* nuevos que no ajustan bien, una pelea con el hermano o la hermana, cualquiera de esas crisis podía generar una cantidad de lágrimas y pasión suficientes para un drama de tres actos; nunca nos faltó material.

La única diferencia es que en el teatro cae el telón y el auditorio puede irse a casa; pero los padres no podemos darnos ese lujo. De algún modo debemos enfrentarnos a todos los sentimientos heridos, de ira y de frustración, y a pesar de todo conservar nuestra cordura.

Ahora sabemos que los viejos métodos no dan resultado. Todas nuestras explicaciones y comentarios tranquilizantes no les ofrecen ningún alivio a los niños y a nosotros nos agotan. Sin embargo, los nuevos métodos también pueden presentar ciertos problemas. Aun cuando estamos conscientes de que una respuesta de empatía puede resultar mucho más consoladora, no es fácil pronunciarla. Para muchos de nosotros el lenguaje es nuevo y extraño. Muchos padres me han dicho:

- «Al principio me sentía tan torpe, como si no fuese yo mismo, como si estuviera representando un papel».

- «Me sentía como un farsante, pero debo haber hecho algo bien porque mi hijo, que nunca dice nada más que "sí", "no", y "¿tengo qué hacerlo?", de pronto empezó a hablar conmigo».

- «Me sentí cómodo, pero los niños parecían incómodos; me veían con cierta desconfianza».

- «Descubrí que nunca antes había escuchado a mis hijos. Acostumbraba a esperar a que ellos terminaran de hablar para decir lo que yo tenía que decir. Escuchar, verdaderamente, es una labor ardua; es necesario concentrarse si no queremos dar sólo una respuesta a la ligera».

Un padre informó: «Lo intenté y no dio resultado. Mi hija llegó a casa después de la escuela dominical con una cara larga. En vez de mi acostumbrado comentario de "¿por qué esa cara de aguafiestas?", le dije, "Amy, pareces muy alterada por algo". Estalló en llanto, corrió a su habitación y azotó la puerta».

Le expliqué a ese padre que incluso cuando *no da resultado, sí funciona*. Amy escuchó un sonido distinto ese día, una voz que le decía que alguien se preocupaba por sus sentimientos. Lo exhorté a que no renunciara. Con el tiempo, Amy sabrá que puede contar con una reacción de aceptación de su padre y se sentirá segura para hablar acerca de lo que le molesta.

Quizá la reacción más memorable que he escuchado fue la de un adolescente que sabía que su madre acudía a mis talleres. El niño llegó a casa de la escuela murmurando enojado, «No tenían ningún derecho de expulsarme del equipo el día de hoy, sólo porque no llevaba el pantalón corto de gimnasia. Tuve que quedarme sentado y observar todo el partido, ¡fue muy injusto!»

«Eso debió enfadarte mucho», respondió interesada su mamá.

El muchacho espetó bruscamente, «¡Oh, tú siempre te pones de su parte!»

La madre lo tomó por el hombro. «Jimmy, creo que no me escuchaste bien, dije que eso debió enfadarte mucho».

Jimmy parpadeó, se le quedó viendo y luego declaró «¡Papá también debería asistir a ese curso!»

Hasta ahora nos hemos concentrado en la forma que los padres pueden ayudar a sus hijos a enfrentar sus sentimientos negativos. Ahora nos gustaría centrarnos en la forma de ayudar a los padres a lidiar con algunos de sus sentimientos negativos.

Una de las frustraciones de la paternidad es la lucha cotidiana por lograr que nuestros hijos se comporten de manera aceptable, tanto con nosotros como ante la sociedad. Esto puede ser una ardua labor cuesta arriba. Parte del problema radica en el conflicto de necesidades. El adulto necesita cierto aspecto de limpieza, orden, cortesía y rutina; al niño todo eso no le interesa en lo más mínimo. ¿Cuántos de ellos, por su propia voluntad, estarían dispuestos a darse un baño, a decir *por favor* o *muchas gracias*, o aun a cambiarse la ropa interior? ¿Cuántos de ellos incluso usarían ropa interior? Hay una buena dosis de pasión paterna dedicada a ayudar a los niños a ajustarse a las normas de la sociedad; y de alguna manera, mientras mayor sea la intensidad con que actuamos, mayor es la resistencia de ellos.

Sé que ha habido muchas ocasiones en las cuales mis propios hijos pensaban que yo era la «enemiga», la que siempre les obligaba a hacer lo que ellos no querían hacer: «Lávate las manos… Usa tu servilleta… Habla en voz baja… Cuelga tu saco… ¿Ya hiciste la tarea?... ¿Estás seguro de que ya te cepillaste los dientes?... Regresa y jala al escusa—do… Ponte la pijama… Vete a la cama… Ya es hora de ir a dormir».

También era yo quien impedía que hicieran lo que se les daba la gana hacer: «No comas con los dedos… No estés pateando la mesa… No tires basura… No saltes sobre el sofá… No le jales la cola al gato… ¡No te metas los frijoles en la nariz!»

La actitud de los niños se convirtió en «Voy a hacer lo que quiera», y la mía en «Harás lo que yo diga», y la lucha prosiguió. Llegó hasta el punto que sentía que las entrañas se me retorcían cada vez que tenía que pedirle a alguno de los chicos que hiciera la cosa más sencilla.

Ahora tómese algunos minutos para pensar en cuáles son las cosas que usted insiste que sus hijos hagan, o no hagan, durante un día típico. Después haga una lista de sus diarios «haz esto» o «no hagas esto» personales en el espacio a continuación.

En un solo día reviso que mis hijos (o mi hijo) hagan lo siguiente:

Por la mañana	Por la tarde	Por la noche

También reviso que mis hijos (o mi hijo) no hagan lo siguiente:

Por la mañana	Por la tarde	Por la noche

Ya sea larga o corta su lista, sus expectativas realistas o no realistas, cada detalle representa su tiempo y su energía, además, contiene todos los ingredientes necesarios para una lucha de voluntades.

¿Hay algunas soluciones?

Primero veamos varios de los métodos que los adultos emplean más comúnmente para hacer que los niños cooperen. A medida que lea el ejemplo que ilustra cada uno de los métodos, retroceda en el tiempo y finja que es un niño que escucha hablar a su padre. Deje que las palabras se graben en su mente. ¿Cómo lo hacen sentir? Una vez que tenga su respuesta, anótela. (Otra forma de hacer este ejercicio es pedirle a un amigo que le lea cada ejemplo en voz alta mientras usted escucha con los ojos cerrados).

I. Culpar y acusar

«¡Otra vez estoy viendo en la puerta las sucias huellas de tus dedos! ¿Por qué siempre tienes que hacer lo mismo?... ¿Qué es lo que pasa contigo, quieres decirme? ¿Nunca podrás hacer nada bien?... ¿Cuántas veces tengo que decirte que uses la perilla de la puerta? El problema contigo es que nunca escuchas».

Como niño, yo me sentiría _____

_____

II. Uso de calificativos

«¡El día de hoy la temperatura está bajo cero, y tú te pones una camisa ligera! ¿Hasta qué punto eres tonto? Vamos, lo que haces es realmente estúpido».

«Veamos, déjame arreglarte la bicicleta, bien sabes que no tienes dotes para la mecánica».

«¡Mira tu manera de comer! Eres repugnante».

«Debes ser un patán para tener una recámara tan inmunda. ¡Vives como un animal!»

Como niño, yo me sentiría _____

_____

III. Amenazas

«Atrévete a tocar esa lámpara una vez más y recibirás una bofetada».

«Si no escupes ese chicle en este instante, te abriré la boca y te lo sacaré».

«¡Si no terminas de vestirte para el momento en que cuente hasta tres, me iré sin ti!»

Como niño, yo me sentiría _____

_____

IV. Órdenes

«Quiero que limpies y ordenes de tu recámara en este mismo momento».

«Ayúdame a meter los paquetes, ¡deprisa!»

«¿Todavía no sacas la basura? ¡Hazlo ahora mismo!... ¿Qué esperas? ¡Muévete!».

Como niño, yo me sentiría _____

_____

V. Discursos y sermones

«¿Crees que lo que acabas de hacer fue algo muy agradable, arrebatarme ese libro? Ya veo que no te das cuenta de lo importantes que son los buenos modales. Debes entender es que si esperamos que las personas sean amables con nosotros, entonces debemos ser amables con ellas. No te gustaría que alguien te arrebatara algo de las manos, ¿verdad? Entonces tú tampoco lo hagas. Debemos hacer con los demás lo nos gustaría que hicieran con nosotros».

Como niño, yo me sentiría _____

_____

VI. Advertencias

- «¡Cuidado, te vas a quemar!»
- «¡Ten precaución o te atropellará un automóvil!»
- «¡No te subas ahí! ¿Quieres caerte?»
- «Ponte el suéter, porque te vas a resfriar».

Como niño, yo me sentiría _____

_____

VII. Comentarios de mártir

«¡Quieren dejar de gritar los dos! ¿Qué tratan de hacer... enfermarme, provocarme un ataque cardiaco?»

«Esperen a que tengan sus propios hijos, entonces sabrán lo que es exasperarse».

«¿Ven todas estas canas?, pues se las debo a ustedes. Me están enviando a la tumba».

Como niño, yo me sentiría _____

_____

VIII. Comparaciones

«¿Por qué no puedes ser como tu hermano? Él siempre termina sus deberes con anticipación».

«Lisa tiene tan buenos modales en la mesa.... nunca la sorprenderás comiendo con los dedos».

«¿Por qué no te vistes como Gary? Él siempre se ve tan arreglado... el cabello corto y la camisa metida. Es un placer verlo».

Como niño, yo me sentiría· _____

_____

IX. Sarcasmo

«¿Sabías que mañana tenías un examen y dejaste el libro en la escuela? ¡Ah, qué listo eres! Lo que hiciste fue muy brillante».

«¿Es la ropa que piensas ponerte hoy... lunares y cuadros? Seguro este día escucharás muchos cumplidos».

«¿Es la tarea que llevarás mañana a la escuela? Bueno, quizá tu maestro pueda leer chino, porque yo no».

Como niño, yo me sentiría _____

_____

X. Profecías

«Me mentiste acerca de tus calificaciones, ¿verdad? ¿Sabes lo que llegarás a ser cuando seas adulto? Una persona en quien nadie podrá confiar».

«Sigue siendo egoísta, y ya verás, nadie querrá jugar nunca contigo. Así jamás tendrás amigos».

«Todo lo que haces es quejarte. Nunca has tratado de ayudarte a ti mismo; puedo verte dentro de diez años, con los mismos problemas y todavía quejándote».

Como niño, yo me sentiría _____

_____

Ahora ya sabe cómo reaccionaría el «niño» que hay en usted ante estos planteamientos; quizá le interese averiguar las reacciones de otras personas que han hecho estos ejercicios. Es evidente que niños diversos reaccionen en forma diferentes a las mismas palabras. He aquí algunos modelos de reacciones de un grupo.

Culpar y acusar. «¿La puerta es más importante que yo?»... «Mentiré, y le diré que no fui yo»... «Soy un ser despreciable»...

«Me estoy acobardando»… «Quisiera insultarla»… «Dices que nunca escucho, entonces no te escucharé».

Uso de calificativos. «Tiene razón, soy un estúpido y no tengo dotes para la mecánica»… «¿Para qué intentarlo siquiera?»… «Ya me desquitaré»… «La próxima vez ni siquiera me pondré un suéter»… «La odio»… «Ja, ja, ¡ya volvió a empezar!»

Amenazas. «Tocaré cuando ella no me vea»… «Quisiera llorar»… «Tengo miedo»… «Déjame en paz».

Órdenes. «Trata de obligarme a hacerlo»… «Estoy asustado»… «No quiero moverme»… «Odio su coraje»… «Haga lo que haga, siempre me meto en problemas»… «¿Cómo lograré que me transfieran de este asqueroso equipo?»

Discursos y sermones. «Bla, bla, bla… ¿quién la escucha siquiera?»… «Soy un tonto»… «No valgo nada»… «Quisiera irme muy lejos»… «Aburrido, aburrido, aburrido».

Advertencias. «El mundo es atemorizante, peligroso»… «¿Cómo podré arreglármelas sin ayuda de nadie? Haga lo que haga, estaré en problemas».

Comentarios de mártir. «Me siento culpable»… «Estoy asustado; tengo la culpa de que se enfermara»… «¿Y a quién le importa?»

Comparaciones. «Ella quiere a todos más que a mí»… «Odio a Lisa»… «Me siento como un fracasado»… «Y también odio a Gary».

Sarcasmo. «No me gusta que se burlen de mí. Ella es malvada»… «Me siento humillado, confundido»… «¿Para qué intentarlo?»… «Me vengaré de ella»… «No importa lo que haga, no puedo ganar»… «Estoy a punto de estallar de rencor».

Profecía. «Ella tiene razón, jamás serviré para nada»... «Sí que podrán confiar en mí; le demostraré que se equivoca»... «No tiene caso»... «Renuncio»... «Estoy condenado al fracaso».

Si como adultos experimentamos estos sentimientos con sólo leer unas palabras escritas en una página, ¿cómo se sentirán los hijos?

¿Hay alternativas? ¿Existen formas de obtener la cooperación de nuestros hijos sin causarles ningún daño a su amor propio, o sin dejarles con ese remolino de sentimientos negativos? ¿Existen métodos más fáciles para los padres, que les exijan un menor esfuerzo?

Nos gustaría compartir con ustedes cinco habilidades que han sido útiles para nosotras y para los padres que asisten a nuestros talleres. No todas darán resultado con cada niño, no todas se adaptarán a su personalidad y ninguna de éstas será efectiva todo el tiempo. No obstante, lo que sí logran esas habilidades es crear un ambiente de respeto en el cual puede empezar a crecer el espíritu de cooperación.

Para obtener la cooperación

1. Describa lo que ve o describa el problema.
2. Dé información.
3. Dígalo con una palabra.
4. Hable de sus sentimientos.
5. Escriba una nota.

I. Describa

Describa lo que ve o describa el problema.

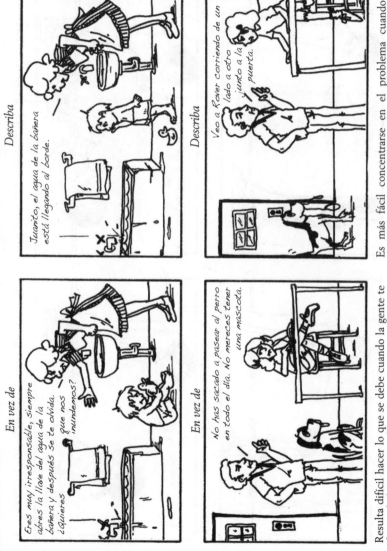

Describa

Juanito, el agua de la bañera está llegando al borde.

En vez de

Eres muy irresponsable, siempre abres la llave del agua de la bañera y después se te olvida. ¿Quieres que nos inundemos?

Describa

Veo a Rover corriendo de un lado a otro y junto a la puerta.

En vez de

No has sacado a pasear al perro en todo el día. No mereces tener una mascota.

Es más fácil concentrarse en el problema cuando alguien solamente te lo describe.

Resulta difícil hacer lo que se debe cuando la gente te dice todo lo que tiene de malo.

Cuando los adultos describen el problema, eso les brinda a los niños una oportunidad de decirse a sí mismos lo que deben.

Dé información

Niños, la leche se agria cuando no está refrigerada.

En vez de

¿Quién tomó leche y la dejó afuera del refri?

Dé información

El lugar para los corazones de manzana es el cesto de basura.

En vez de

¡Eso es repugnante!, mira esos corazones de manzana. ¡Vives como un cerdo!

La información es mucho más fácil de aceptar que las acusaciones.

II. Dé información (continuación)

En vez de

Si vuelvo a sorprenderte una vez más escribiendo en las paredes, ¡te daré unos azotes!

Dé información

Las paredes no son para escribir en ellas. El papel es para escribir.

En vez de

¿Jamás se te ocurriría ayudarme un poco con el trabajo de la casa, ¿verdad?

Dé información

Me sería de gran ayuda si la mesa ya estuviera puesta para la cena.

Cuando se les da la información a los niños, por lo general piensan por sí solos qué es necesario hacer.

Dígalo con una palabra

Vea el contraste entre el efecto de un párrafo largo, y el efecto de una sola palabra.

En vez de

Dígalo con una palabra

En este caso «menos es más».

Dígalo con una palabra (continuación)

En vez de   *Dígalo con una palabra*

En vez de   *Dígalo con una palabra*

A los niños les desagrada escuchar discursos, sermones y largas explicaciones. Para ellos, mientras más breve sea el recordatorio, mucho mejor.

IV. Hable de sus sentimientos

No haga ningún comentario acerca del carácter o la personalidad del niño.

Los niños tienen derecho de escuchar los sentimientos honestos de sus padres. Al describirles lo que sentimos, podemos ser genuinos sin ser hirientes.

Observe, cuando los padres quieren ayudar, sólo hablan de sus sentimientos. Emplean la palabra «Yo», o «Me siento…»

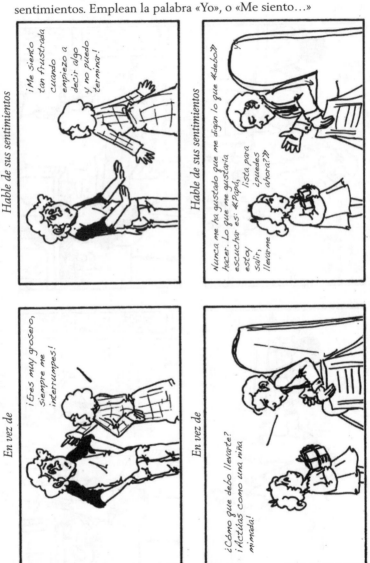

Es posible cooperar con alguien que esté expresando irritación o cólera, siempre y cuando usted no se sienta atacado.

A veces, nada de lo que decimos es tan efectivo como la palabra escrita. La nota a continuación la escribió un padre que ya estaba cansado de quitar los largos cabellos de su hija del desagüe del lavabo.

Esta nota fue escita por una mamá que trabaja, y la pegó en el aparato de televisión de la familia.

Esta nota se puso en la puerta de una recámara; era un aviso por ambos lados, que les brindó a dos fatigados padres de familia una hora adicional de sueño el domingo por la mañana. Cuando ya estaban dispuestos a permitirles entrar a los niños, volteaban el letrero.

Este padre se cansó de hablar, y al fin decidió que una nota se encargara de hablar por él.

Mamá echó a volar un avión de papel con algunas palabras escritas en él, dirigidas a su hijo y a su amigo, ninguno de los dos sabía leer. Corrieron a preguntarle qué decían esas palabras y, cuando lo averiguaron, corrieron a guardar sus juguetes.

Ahí las tiene, cinco habilidades que fomentan la cooperación y no dejan el menor residuo de sentimientos negativos.

Si por casualidad sus hijos están en la escuela o en la cama, o si por algún milagro están jugando tranquilamente, entonces ahora es su oportunidad de disponer de algunos minutos de práctica. Puede perfeccionar sus habilidades con algunos niños hipotéticos antes de que sus propios hijos le caigan encima.

Ejercicio I. Entra a su recámara, y se encuentra con que su hijo recién bañado dejó la toalla mojada sobre su cama.

A. Escriba un comentario típico que podría hacerle al niño, y no sería útil.

_____

_____

B. En la misma situación, demuestre cómo podría usar cada una de las habilidades mencionadas para invitar a su hijo a cooperar.

1. Describa: (lo que ve o el problema.) _____

_____

2. Dé información: _____

_____

3. Dígalo con una palabra:_____

_____

4. Hable de sus sentimientos: _____

_____

5. Escriba una nota: _____

_____

Acaba de aplicar cinco habilidades diferentes a la misma situación.

En las siguientes situaciones, elija la habilidad que crea que resultaría más efectiva con su propio hijo.

Ejercicio II.
Situación A. Está a punto de envolver un paquete y no puede encontrar sus tijeras. Su hijo tiene sus propias tijeras, pero constantemente le pide las suyas, y no se las devuelve.

Comentario inútil: _____

_____

Reacción hábil: _____

_____

Habilidad utilizada: _____

_____

Situación B. Su hijo adolescente sigue dejando sus zapatos de gimnasia en la puerta de la cocina.

Comentario inútil: _____

_____

Reacción hábil: _____

_____

Habilidad utilizada: _____

_____

Situación C. Su hijo acaba de colgar su impermeable mojado en el clóset.

Comentario inútil: _____

_____

Reacción hábil: _____

_____

Habilidad utilizada: _____

_____

Situación D. Usted se da cuenta de que últimamente su hijo no se cepilla los dientes:

Comentario inútil: _____

_____

Reacción hábil: _____

_____

Habilidad utilizada: _____

_____

Recuerdo mi propia experiencia cuando puse en práctica por vez primera estas habilidades. Me sentía tan entusiasmada de saber que utilizaría este nuevo enfoque en mi familia, que al llegar a casa después de una junta, me tropecé con los patines de mi hija que estaban tirados en el pasillo, y con toda dulzura le indiqué: «El lugar de los patines es dentro del clóset». Pensé que había estado de maravilla, pero cuando me vio con una mirada en blanco y volvió a la lectura de su libro, le pegué.

Desde entonces he aprendido dos cosas:

1. *Es importante ser auténtico:* Si mi tono de voz suena paciente al sentirme enojada, eso sólo funciona en mi contra. No

sólo dejo de comunicarme en forma honesta, sino que por ser «demasiado amable», acabo por desquitarme con mi hija más adelante. Habría sido más útil si hubiera vociferado: «¡El lugar de los patines es dentro del clóset!» Con eso, quizá mi hija se habría sentido incitada a la acción.

2. *Sólo porque no «logro comunicarme» la primera vez, eso no quiere decir que debo volver a las antiguas costumbres.* Tengo a mi disposición más de una habilidad. Puedo utilizarlas en combinación y, de ser necesario, aumentar la intensidad. Por ejemplo, en el caso de la toalla mojada, podría empezar por comentarle con toda calma a mi hija: «Esa toalla está mojando mi cobertor».

Podría combinar esos comentarios con, «El lugar de las toallas mojadas es el baño».

Si la veo perdida en sus ensueños y realmente quiero adentrarme en sus pensamientos, podría aumentar el volumen: «Jill, ¡la toalla!»

Supongamos que ni siquiera se mueve, y eso empieza a molestarme; puedo hablarle con voz más alta, «¡Jill, no quiero tener que dormir toda la noche en una cama mojada y fría!»

Quizá desee ahorrarme las palabras. Podría dejarle una nota en su omnipresente libro: «¡Las toallas mojadas sobre mi cama me enfurecen!»

Incluso podría imaginarme a mí misma lo bastante enojada para decirle, «No me gusta que no me hagan caso. ¡Voy a quitar de ahí tu toalla mojada, pero ahora tienes una madre ofendida!»

Hay muchas formas de igualar el mensaje con el estado de ánimo.

Ahora quizás usted desee aplicar estas habilidades a la realidad de su propio hogar. De ser así, tómese unos minutos para repasar su lista de «lo que debe hacerse y lo que no debe hacerse» en la página

51. ¿Es posible que algunas «obligaciones» de esta lista pudieran ser más fáciles para usted y para su hijo si utiliza las habilidades con que acaba de trabajar? Quizá las habilidades que presentamos en el Capítulo 1, sobre cómo aceptar los sentimientos negativos de un niño, también podrían ayudar a aliviar la situación.

Medite en ello y anote las habilidades que crea que le agradaría intentar esta semana.

El problema	Las habilidades que podría usar
_____	_____
_____	_____
_____	_____
_____	_____
_____	_____
_____	_____
_____	_____

Algunos de ustedes quizás estén pensando: *Pero supongamos que a pesar de todo mi hijo no reacciona, ¿qué puedo hacer entonces?* En el siguiente capítulo exploraremos algunas habilidades más avanzadas para obtener la cooperación de nuestros hijos. Hablaremos de la forma de resolver los problemas y de otras alternativas para el castigo. Su tarea para la próxima semana le ayudará a consolidar los puntos en que ha trabajado hasta ahora. Mientras tanto, espero que las ideas que ofrecemos en este capítulo le hagan más llevaderos los próximos días.

Tarea ———————————————————————————

I. Una cosa inútil que no dije esta semana: (En ocasiones, lo que no decimos, puede ser tan útil como lo que decimos).

Situación: _____

_____

No dije: _____

_____

II. Dos nuevas habilidades que puse en práctica esta semana:

Situación 1. _____

Habilidad que utilicé: _____
Reacción del niño: _____
Mi reacción: _____

Situación 2. _____

Habilidad que utilicé: _____
Reacción del niño: _____
Mi reacción: _____

III. Una nota que escribí: _____

_____

IV. Lea la Segunda Parte de «Cómo obtener la cooperación»

———————————————————————————————————

Un rápido recordatorio. . .

Para obtener la cooperación de un niño

1. DESCRIBA LO QUE VE O DESCRIBA EL PROBLEMA.
«Hay una toalla mojada sobre la cama».

2. DÉ INFORMACIÓN.
«La toalla está mojando mi cobertor».

3. DÍGALO CON UNA PALABRA.
«¡La toalla!»

4. DESCRIBA LO QUE SIENTE.
«¡No me agrada dormir en una cama mojada!»

5. ESCRIBA UNA NOTA.
(arriba del toallero)

Favor de volver a dejarme aquí para que pueda secarme.

¡Gracias!
Tu toalla

SEGUNDA PARTE

COMENTARIOS, PREGUNTAS E HISTORIAS
DE LOS PADRES

Preguntas

1. **¿Es tan importante la forma «cómo» se le dice algo a un niño, como «qué» se le dice?**

Sin duda, lo es. La actitud detrás de sus palabras es tan importante como las palabras mismas. La actitud con la cual prosperan los niños es una que comunique lo siguiente: *Básicamente eres una persona capaz y digna de ser amada. Justo ahora hay un problema que requiere atención. Una vez que estés consciente de él, es probable que reacciones de manera responsable.*

La actitud que frustra a los niños es la que comunica: «Básicamente eres irritante e inepto. Siempre estás haciendo algo mal y este último incidente es una prueba más de tus errores».

2. **Si la actitud es tan importante, ¿para qué molestarse con las palabras?**

Una mirada de disgusto de los padres o un tono de desprecio pueden herir profundamente, pero si además de eso, el niño se ve sujeto a ciertas palabras como «estúpido», «descuidado», «irresponsable», «jamás aprenderás», se sentirá doblemente herido. De algún modo, las palabras tienen una forma de quedarse flotando en el ambiente, envenenándolo. Y lo peor de todo es que los niños a veces sacan a relucir esas palabras más adelante y las emplean como armas en contra de sí mismos.

3. ¿Qué hay de malo con decirle «por favor» a un niño cuando queremos que haga algo?

Ciertamente, para pedir pequeños favores, tales como «por favor, pásame la sal» o «por favor, detén la puerta», la expresión «por favor» es señal común de buena educación, una forma de quitarles el aguijón a las órdenes que de otra manera serían bruscas: «pásame la sal» o «detén la puerta».

Les decimos «por favor» a nuestros hijos como el modelo de una forma socialmente aceptable de pedir un pequeño favor. Pero la expresión de «por favor» se presta más para nuestros momentos relajados.

Cuando en verdad estamos alterados, un amable «por favor» también puede conducir a problemas. Considere el siguiente diálogo:

MADRE: (*tratando de ser amable*) Por favor, no brinques en el sofá.

NIÑO: (*sigue saltando*)

MADRE: (*en voz más alta*) ¡Por favor, no hagas eso!

NIÑO: (*vuelve a saltar*)

MADRE: (*de pronto le pega con fuerza al niño*) Te lo pedí «por favor», ¿no es así?

¿Qué sucedió? ¿Por qué razón la madre pasó de la cortesía a la violencia en cuestión de segundos? El hecho es que cuando usted se ha esforzado y le han ignorado, de inmediato surge el enojo. Usted se inclina a pensar, «¿cómo es posible que este niño se atreva a desafiarme después de que he sido tan amable? ¡Le demostraré quién soy! ¡Zas!»

Cuando usted quiere que se ejecute algo de inmediato, es buena idea hablar con energía, en vez de suplicar. Un comentario firme y en voz alta, «¡los sofás no son para brincar sobre ellos!», probablemente detendrá desde mucho antes al saltarín. (Si el pequeño insiste, siempre podría quitarlo de ahí a toda prisa, repitiendo en un tono de voz severo «¡¡los sofás no son para brincar sobre ellos!!»)

4. ¿Hay alguna forma de explicar el hecho de que a veces mis hijos sí reaccionen cuando les pido que hagan algo, y a veces me parece que no logro comunicarme con ellos?

En una ocasión les preguntamos a varios niños en edad escolar por qué motivo a veces no escuchan a sus padres. He aquí lo que nos comentaron:

- «Cuando llego de la escuela a casa estoy cansado, y si mi madre me pide que haga algo, finjo no escucharla».
- «A veces estoy tan ocupado jugando o viendo televisión que en realidad no la escucho».
- «A veces estoy enojado por algo que sucedió en la escuela, y no me siento con ganas de hacer lo que ella me pide».

Además de estos pensamientos de los niños, he aquí algunas preguntas que usted puede hacerse a sí mismo cuando crea que no está logrando *comunicarse*:

¿Tiene sentido mi petición, en términos de la edad y capacidad de mi hijo? (¿Estoy esperanzado en que un niño de ocho años tenga modales perfectos cuando se sienta a la mesa?)

¿Él cree que lo que le pido es irrazonable? («¿Por qué mi madre me fastidia con que me lave detrás de las orejas? Nadie ve esa parte de mi cuerpo»).

¿Puedo ofrecerle una elección acerca de *cuándo debe hacer algo*, en vez de insistirle en que lo haga «ahora mismo»? («¿Quieres bañarte antes de tu programa de televisión, o inmediatamente después?»)

¿Puedo ofrecerle una elección acerca de *cómo* haga algo? («¿Quieres bañarte con tu muñeco, o con tu barquito?»)

¿Hay cambios físicos que podrían hacerse en la casa e invitarían a la cooperación? (¿Sería posible instalar unos colgadores a menor altura en el clóset, para eliminar la lucha con los ganchos para la ropa? ¿Varios estantes adicionales en la habitación del niño harían menos abrumadora la limpieza?).

Por último, ¿la mayor parte de los momentos que paso con mi hija los dedico a pedirle que «haga ciertas cosas»? ¿O estoy dedicando un tiempo a estar a solas con ella sólo para *estar juntas*?

5. Debo confesar que en el pasado le dije a mi hija todo lo que se supone que no se debe decir. Ahora que trato de cambiar, ella me hace pasar momentos muy difíciles; ¿qué puedo hacer?

La niña que ha recibido fuertes dosis de críticas puede ser muy sensible, incluso un amable «aquí está tu desayuno» puede parecerle una acusación más de su «naturaleza olvidadiza». Esa niña quizá necesita que se pasen por alto muchas cosas y una buena dosis de aprobación, antes de que empiece a escuchar cualquier cosa que se asemeje al más ligero indicio de desaprobación. Más adelante, en este libro encontrará algunas formas de ayudar a su pequeña a considerarse a sí misma de manera más positiva. Mientras tanto, es probable que haya un período de transición durante el cual reaccione con desconfianza o aun con hostilidad al nuevo enfoque de sus padres.

Pero no se deje desanimar por la actitud negativa de su hija. Todas las habilidades que ha leído, son formas de demostrarle respeto a otra persona; la mayoría de la gente reacciona a eso, tarde o temprano.

6. El buen humor funciona con mi hijo, le fascina que le pida en forma graciosa hacer las cosas. ¿Está bien hacerlo?

Si puede llegar a la mente de su hijo a través de su sentido del humor, ¡tendrá usted mayor autoridad! No hay nada como un poco de buen humor para animar a los hijos a que entren en acción y para reavivar el estado de ánimo en el hogar. El problema para muchos padres es que su sentido natural de lo que es divertido se desinfla debido a la irritación cotidiana de vivir con niños.

Un padre comentó que una forma segura de introducir un poco de espíritu de juego en la tarea por desempeñar es utilizar una voz o un acento diferentes. La voz favorita de sus hijos es la de un robot: «Aquí –RC3C-. La próxima –persona-que-saque-hielo –y -no-vuelva-a-llenar-la-charola-será-puesta-en-órbita-en-el-espacio-exterior. Favor de- tomar-una-acción-positiva».

7. A veces descubro que repito una y otra vez la misma cosa. Aun cuando utilizo estas habilidades, doy la impresión de que persisto en el regaño. ¿Hay alguna forma de evitar esto?

A menudo, lo que nos hace repetir las cosas es un niño que actúa como si no nos hubiese escuchado. Cuando se sienta tentado a recordarle algo a un niño por segunda o tercera vez, deténgase; en vez de eso, *indague con él si lo ha escuchado*. Por ejemplo:

MADRE: Billy, nos iremos dentro de cinco minutos.
BILLY: (*no responde y sigue leyendo las tiras cómicas*).
MADRE: ¿Quisieras repetirme lo que acabo de decirte?
BILLY: Dijiste que nos iremos dentro de cinco minutos.
MADRE: De acuerdo, ahora ya lo sabes, no te lo volveré a mencionar.

8. Mi problema es que cuando pido ayuda, mi hijo responde, «sí papá, al rato», y después nunca lo hace. ¿Qué puedo hacer entonces?

He aquí un ejemplo de la forma en que un padre manejó ese problema:

PADRE: Steven, ya pasaron dos semanas desde que podaste el césped, me gustaría que lo hicieras el día de hoy.

HIJO: Por supuesto, papá, al rato.

PADRE: Me sentiría mejor si supiera exactamente a qué hora planeas hacerlo.

HIJO: Tan pronto como termine este programa.

PADRE: ¿Y cuándo será eso?

HIJO: Más o menos dentro de una hora.

PADRE: Muy bien, ahora sé que puedo contar con que podarás el césped dentro de una hora. Gracias, Steve.

Comentarios, advertencias y anécdotas
acerca de cada habilidad

I. Describa. Describa lo que ve o describa el problema.

La mejor parte de emplear un lenguaje descriptivo es que elimina los ademanes de señalar con el dedo y las acusaciones, y ayuda a todos a concentrarse en lo que es necesario hacer.

- «La leche se derramó, necesitamos una esponja».
- «El frasco se rompió, necesitamos una escoba».
- «Esta pijama está descosida, necesitamos aguja e hilo».

Quizá desee intentar cada uno de los comentarios anteriores consigo mismo, sólo que esta vez empiece cada frase con un «tú». Por ejemplo, «Tú derramaste la leche… Tú rompiste el frasco… Tú descosiste tu pijama…» ¿Se da cuenta de la diferencia? Muchas personas afirman que el «tú» les hace sentirse acusadas y luego les pone a la defensiva. Cuando describimos lo sucedido (en vez de hablar de lo que «tú hiciste»), parece que le facilitamos al niño escuchar cuál es el problema y enfrentarse a éste.

Me enfurecí cuando mis dos hijos pequeños se presentaron a cenar cubiertos de pintura de agua color verde, pero estaba decidida a no perder la paciencia y empezar a gritarles. Recurrí a mi lista de habilidades, que había pegado sobre la puerta de la despensa, y utilicé la primera que vi: *Describa lo que ve*. He aquí lo que sucedió.

YO: ¡Veo dos niños con pintura verde en las manos y la cara! Ambos se miraron el uno al otro y corrieron al baño a lavarse.

Unos minutos después entré al baño y una vez más estuve a punto de empezar a gritar. ¡Los azulejos estaban cubiertos de pintura! Pero perseveré en mi única habilidad.

YO: ¡Veo pintura verde en las paredes del baño!

Mi hijo mayor corrió en busca de un trapo, diciendo, «¡Al rescate!». Cinco minutos después me llamó para que volviera a inspeccionar el baño.

YO: (*aferrándome a la descripción*) Veo que alguien útil limpió toda la pintura verde de las paredes del baño.

Mi hijo mayor estaba rebosante de alegría. Entonces el más pequeño dejó escuchar su voz, «¡Y ahora *yo* voy a limpiar el lavabo!»

De no haberlo visto, jamás lo habría creído.

Advertencia: Es posible utilizar esta habilidad de forma que resulte irritante. Por ejemplo, un padre nos platicó que estaba parado cerca de la puerta del frente de su casa, un día que hacía mucho frío, y le comentó a su hijo que acababa de entrar, «La puerta está abierta». Y el muchacho respondió, «¿Y por qué no la cierras?»

El grupo decidió que el niño interpretó el comentario descriptivo de su padre como «Estoy tratando de que hagas lo correcto, (*indirecta, indirecta*)». El grupo decidió que los comentarios descriptivos funcionan mejor cuando el niño siente que verdaderamente se necesita ayuda.

II. Dé información. Lo que más nos agrada acerca de dar información es que, en cierto sentido, se le está ofreciendo al niño un don que podrá emplear eternamente. Durante el resto de su vida necesitará saber que «la leche se agria cuando no está refrigerada», que «las heridas abiertas deben mantenerse limpias», que «la fruta debe lavarse antes de ser consumida», que «las galletas se hacen rancias cuando se deja abierta la caja», etcétera. Los padres nos han relatado que la habilidad de dar información no resulta difícil; según dicen, lo que es difícil es olvidarse del insulto al final, como por ejemplo, «El lugar de la ropa sucia es el cesto de la ropa para lavar. Nunca aprenderás, ¿o sí?»

También nos gusta darles información a los chicos, porque el pequeño parece percibir eso como un acto de confianza en él. Se dice a sí mismo: *Los adultos confían en que yo actuaré de una manera responsable una vez que esté enterado de los hechos.*

Monique llegó a casa después de su reunión de las niñas exploradoras y llevaba su uniforme. Empezó a jugar en el jardín. Debí gritarle dos o tres veces que se cambiara y se pusiera unos pantalones. Seguía preguntando, «¿Por qué?»

Y yo seguía diciendo, «Vas a romper tu uniforme».

Por último, le indiqué, «Los pantalones son para jugar en el jardín; los uniformes son para ir a reuniones de niñas exploradoras».

Con gran sorpresa de mi parte, interrumpió lo que estaba haciendo y de inmediato entró a cambiarse.

Un padre compartió la siguiente experiencia acerca de él mismo y de su recién adoptado hijo coreano de cinco años de edad.

Kim y yo caminábamos juntos por la acera para ir a visitar a un vecino y devolverle su escalera. Cuando estábamos a punto de tocar el timbre, unos niños que estaban jugando en la calle señalaron hacia Kim y gritaron, «¡Es un chino! ¡Es un chino!» Kim se veía confundido y perturbado, aunque no entendía el significado de las palabras.

Muchos pensamientos cruzaron por mi mente: «Ni siquiera es el país correcto, esos pequeños canallas, me gustaría darles un buen susto y llamar a sus padres, pero acabarían por desquitarse luego con Kim. Para bien o para mal, éste es su vecindario y tiene que encontrar la forma de vivir aquí».

Me dirigí a los niños y con toda la calma les dije, «Los apodos pueden herir los sentimientos».

Parecieron desconcertados por lo que les dije. (Tal vez creían que iba a gritarles). Me dirigí a la casa de mi amigo, pero al entrar dejé la puerta abierta. No insistí en que Kim entrara; cinco minutos después me asomé por la ventana y vi a Kim jugando con todos los niños.

Al levantar la vista pude ver a Jessica, de tres años, siguiendo en su triciclo a su hermano, de ocho años, que andaba en bicicleta por la calle. Por fortuna, no había ningún vehículo a la vista. La llamé, «Jessica, dos ruedas pueden andar por la calle; el lugar para tres ruedas es en la banqueta».

Jessica se bajó del triciclo, con toda solemnidad contó las ruedas, y se lo llevó a la banqueta, donde continuó su paseo.

Advertencia. Absténgase de darle a un niño información que ya conoce. Por ejemplo, si le dijera a una niña de diez años, «La leche se agria cuando está refrigerada», podría llegar a la conclusión de que usted cree que es estúpida, o bien que está siendo sarcástico.

III. El comentario de una palabra. Muchos padres nos han dicho lo mucho que aprecian esta habilidad. Afirman que ahorra tiempo, palabras inútiles y tediosas explicaciones.

Los adolescentes con quienes hemos trabajado también han declarado que prefieren una sola palabra, «puerta»… «perro»… o «platos», y que encuentran un gran alivio en vez del acostumbrado sermón.

Creemos que el valor de los comentarios de una sola palabra radica en el hecho de que, en lugar de una orden tiránica, les damos a los niños una oportunidad de ejercitar su propia iniciativa y su propia inteligencia. Cuando el niño escucha decir, «El perro», tiene que pensar «¿Qué sucede con el perro?... Ah, claro, todavía no lo he sacado a pasear esta tarde. Creo que será mejor hacerlo ahora mismo».

Advertencia. No use el nombre de su hija como su comentario de una sola palabra. Cuando una niña escucha en tono desaprobador «Susie» muchas veces durante el día, empieza a asociar su nombre con la desaprobación.

IV. Describa lo que siente. La mayoría de los padres experimenta un gran alivio al descubrir que puede ser útil compartir con sus hijos sus verdaderos sentimientos, y que no es necesario ser eternamente pacientes. Los niños no son frágiles; son perfectamente capaces de enfrentarse a comentarios como:

- «Ahora no es un buen momento para que lea tu composición; estoy tenso y distraído. Después de la cena podré concederle toda la atención que se merece».
- «Sería buena idea que te mantuvieras alejado de mí durante un rato. Me siento irritable y eso no tiene nada que ver contigo».

Una madre sola que educa a dos hijos pequeños comentó que acostumbraba sentirse alterada consigo misma porque a menudo no tenía paciencia con ellos. Al fin decidió tratar de aceptar mejor sus sentimientos, e informárselo a sus hijos en términos que pudieran comprender.

Empezó a decirles cosas como «En este momento tengo tanta paciencia como una sandía»; un poco después, «Bien, justo ahora tengo tanta paciencia como una toronja»; y más adelante anunciaba, «Ahora es más o menos del tamaño de un chícharo. Creo que deberíamos olvidarnos de esto antes de que se encoja más».

Supo que sus hijos la habían tomado en serio, porque una noche su hijo le preguntó, «Mamá, ¿de qué tamaño es tu paciencia ahora? ¿Podrías leernos un cuento esta noche?»

Otros más expresaron su preocupación por describir sus sentimientos. Si compartían sus emociones más honestas, ¿no los haría eso más vulnerables? Supongamos que le dijeran al niño, «Eso me molesta», y el niño respondiera, «¿Y eso a quién le importa?»

Nuestra experiencia ha sido que los niños cuyos sentimientos son respetados, con toda probabilidad respetarán los sentimientos de los adultos. Pero bien pudiera haber un periodo de transición en el cual usted quizás escuche un descortés «¿A quién le importa?» Si llega a eso, puede hacerle saber al niño: «A mí; yo sí me preocupo por lo que siento, y también me preocupo por la forma en que *tú* sientes. ¡Y espero que ésta sea una familia en la cual todos nos preocupemos por los sentimientos de los demás!»

Advertencia. Algunos niños son muy sensibles a la desaprobación de sus padres. Para ellos, comentarios enérgicos como «Estoy enojado» o «Eso me hace sentir furioso», son más de lo que pueden soportar. En represalia responderán en tono combativo, «Bueno, ¡entonces yo también estoy furioso contigo!» Con ese tipo de niños, es mejor que solamente manifieste lo que espera de ellos. Por ejemplo, en vez de «Estoy enojado contigo porque le jalaste la cola al gato», sería más útil decir, «Espero que seas amable con los animales».

V. Escriba una nota. A la mayoría de los niños le fascina recibir notas, tanto los que saben leer como los que aún no. Por lo común, los pequeños se sienten muy emocionados cuando reciben un mensaje escrito de sus padres; eso les anima a escribir notas o dibujar en respuesta a las de sus padres.

A los niños mayores también les agrada recibir notas. Adolescentes de un grupo con el que trabajamos, nos comentaron que una nota les hace sentir bien, «como si recibieran una carta de un amigo». Se sentían conmovidos al ver que sus padres se preocupaban por ellos lo suficiente para tomarse el tiempo y la molestia de escribirles. Un jovencito declaró que lo que más apreciaba de las notas era «que no subían de tono».

Asimismo los padres han manifestado que a ellos también les agrada utilizar notas. Dicen que es una forma rápida y sencilla de comunicarse con un niño, y además deja un sabor agradable.

Una madre nos comentó que siempre tiene un bloc y un viejo tarro de café con una docena de lápices en el mostrador de su cocina. Varias veces a la semana se encuentra en alguna situación en la que, o bien los niños la han escuchado pedirles lo mismo con tanta frecuencia que no le hacen caso, o por el contrario, está dispuesta a prescindir de sus hijos y hacer ella misma el trabajo.

Confiesa que en esos momentos necesita menos esfuerzo para tomar un lápiz que para abrir la boca.

He aquí una muestra de algunas de sus notas:

QUERIDO BILLY,
    NO HE SALIDO DESDE ESTA MAÑANA,
    DAME UNA OPORTUNIDAD.
        TU PERRO,
        HARRY

QUERIDA SUSAN,
    ESTA COCINA NECESITA VOLVER A ESTAR ORDENADA.
POR FAVOR, HAZ ALGO CON:
    1. LOS LIBROS SOBRE LA ESTUFA
    2. LAS BOTAS EN LA PUERTA
    3. EL SACO EN EL SUELO
    4. LAS MIGAJAS DE GALLETA SOBRE LA MESA
    GRACIAS ANTICIPADAS,
    MAMÁ

AVISO:

ESTA NOCHE LA HORA DE CONTAR CUENTOS SERÁ A LAS 7:30. TODOS LOS NIÑOS QUE ESTÉN EN PIJAMA Y CON LOS DIENTES CEPILLADOS ESTÁN INVITADOS.

CON AMOR,

MAMÁ Y PAPÁ

Un toque de buen humor en las notas no es absolutamente necesario, pero puede ayudar; sin embargo, a veces la situación no es divertida, y el sentido del humor resulta inadecuado. Estamos pensando en el papá que nos contó que su hija arruinó su CD nuevo por haberlo dejado en el suelo, donde alguien lo pisó. Él dijo que si no hubiese podido ventilar su ira por escrito, la habría castigado. En vez de eso, escribió:

Alison,

¡¡¡ESTOY A PUNTO DE ESTALLAR!!!

Alguien tomó sin mi permiso mi nuevo CD,

y ahora está todo rayado y ya no se escucha.

TU ENOJADO PAPÁ

Un poco después, el padre recibió la siguiente nota de su hija:

Querido papá,

En verdad lo siento. Este sábado te compraré otro y puedes rebajar su costo del dinero que me das a la semana.

Alison

Nunca deja de maravillarnos ver la forma en que los niños que aún no saben leer, se las arreglan para «leer» las notas que les escriben sus padres. He aquí el testimonio de una joven madre que trabaja:

Para mí, el peor momento cuando llego a casa después del trabajo, son esos veinte minutos tratando de preparar la cena mientras los niños corren de un lado a otro entre el refrigerador y la caja del pan. Para cuando la cena está servida, ya no tienen apetito.

El lunes pasado en la noche puse una nota escrita con crayón en la puerta:

COCINA CERRADA

HASTA LA HORA DE LA CENA

Mi hijo de cuatro años de inmediato quiso saber qué decía la nota, así que le expliqué cada palabra. Respetó esa nota a tal grado que ni siquiera puso los pies en la cocina; siguió jugando afuera de la puerta con su hermanita hasta que yo retiré la nota y los llamé.

La noche siguiente volví a poner la nota. Mientras preparaba las hamburguesas, escuché a mi hijo enseñándole a su hermanita de dos años lo que quería decir cada palabra; entonces vi a la pequeña señalar cada palabra y «leerla»: «Cocina... cerrada... hasta... la... hora... de... la ... cena».

El más extraordinario empleo de una nota fue el que nos contó una mamá que es estudiante de medio tiempo. He aquí su historia:

En un momento de debilidad ofrecí mi casa para una junta de veinte personas. Me sentía tan nerviosa pensando en que todo debería estar a tiempo, que salí más temprano de la escuela.

Al llegar a casa eché una mirada a mí alrededor y el corazón se me cayó a los talones. El lugar era un desorden... montones de periódicos, correspondencia, libros, revistas, el baño sucio, las camas sin hacer. Tenía poco más de dos horas para ordenar todo y empecé a sentirme al borde de la histeria. Los niños llegarían a casa en cualquier momento y sabía que no tendría la calma suficiente para enfrentarme a una sola exigencia, ni a sus pleitos. Pero no quería verme obligada a hablar ni a dar explicaciones.

Entonces decidí escribir una nota, sólo que en toda la casa no había una sola superficie despejada donde colocarla. De manera que tomé un pedazo de cartulina, le hice dos agujeros, le amarré un cordel y me colgué el letrero del cuello:

BOMBA DE TIEMPO HUMANA
¡¡¡EXPLOTARÁ SI LA MOLESTAN
O LA HACEN ENFADAR!!!
TENDREMOS VISITAS
¡SE SOLICITA AYUDA CON URGENCIA!

Luego me dediqué a trabajar con furia. Cuando los niños llegaron de la escuela, leyeron mi letrero y se ofrecieron voluntarios para recoger sus libros y juguetes. Después, sin que yo les dijera una sola palabra, hicieron sus camas… ¡y la mía! Increíble.

Estaba a punto de empezar con el baño cuando sonó el timbre. Durante un momento me invadió el pánico, pero sólo era el hombre que llevaba las sillas alquiladas. Le indiqué que pasara y me pregunté por qué no se movía; lo único que hacía era contemplar mi tórax.

Miré hacia abajo y vi el letrero que aún estaba ahí. Al empezar a explicarle, me interrumpió, «No se preocupe, señora, cálmese. Sólo dígame dónde quiere las sillas y yo se las instalo».

Muchas personas nos han preguntado: «Si utilizo estas habilidades en forma apropiada, ¿siempre reaccionarán mi hijos?»

Nuestra respuesta es: Esperamos que no. Los niños no son robots. Además, nuestro propósito *no* es establecer una serie de técnicas para manipular la conducta de manera que los niños siempre respondan. Nuestro propósito es dirigirnos a lo que hay de bueno en nuestros hijos: su inteligencia, su iniciativa, su sentido de responsabilidad, su sentido del humor y su capacidad de ser sensibles a las necesidades de los demás.

Queremos ponerle fin a un lenguaje que hiere el espíritu, y buscar el lenguaje que fomente la autoestima.

Queremos crear un ambiente emocional que anime a los niños a colaborar, porque se preocupan por sí mismos, y se preocupan por nosotros.

Queremos demostrar la clase de comunicación respetuosa que esperamos que nuestros hijos usen con nosotros, ahora, durante sus años de adolescencia y por último como nuestros amigos adultos.

3

Alternativas para el castigo

Primera Parte

A medida que empezó a utilizar algunas de las habilidades para obtener cooperación, ¿descubrió que es necesario meditar y tener control de sí mismo para no decir algunas de las cosas que por lo común dice? Para muchos de nosotros, el sarcasmo, los sermones, las advertencias, el uso de calificativos despectivos y las amenazas estuvieron entretejidos en el lenguaje que escuchábamos durante nuestro crecimiento. No resulta fácil renunciar a lo familiar.

A menudo los padres nos han comentado lo alterados que se sentían debido a que, incluso después de asistir a una sesión, todavía se encontraban a sí mismos diciendo a sus hijos las mismas cosas que no les agradan. La única diferencia era que ahora se oían a sí mismos. En realidad, escucharse a uno mismo representa un progreso; es el primer paso hacia el cambio.

Sé por experiencia propia que el proceso del cambio no se da fácilmente. Me oía utilizando las antiguas formas inútiles: «Niños, ¿qué pasa con ustedes? Nunca se acuerdan de apagar la luz del baño». Después me sentía molesta conmigo misma y decidía que jamás volvería a repetir eso. Y luego volvía a hacerlo. Qué remordimiento. «Jamás aprenderé este asunto... ¿De qué otra manera habría podido decirlo?... Ya sé... debí decir, "Niños, la luz del baño está encendida" O mejor todavía, "Niños, ¡la luz!"». Entonces me preocupaba pensando que jamás tendría la oportunidad de decirlo.

No tenía por qué preocuparme; siempre dejan encendida la luz del baño. Pero la siguiente vez, ya estaba preparada para indicarles: «Niños, la luz». Y alguien corría a apagarla. ¡Qué éxito!

Además, había ocasiones en que yo decía todas las «cosas adecuadas» y nada parecía dar resultado; los niños no me hacían caso o, lo que era aún peor, me desafiaban. Y cuando eso sucedía, lo único que quería hacer era: ¡CASTIGARLOS!

Con objeto de comprender más a fondo lo que sucede entre las personas cuando una castiga a otra, por favor lea las dos escenas siguientes y responda las preguntas respectivas.

Escena uno:

MAMÁ: Deja de correr de un lado a otro por todos los pasillos... Quiero que te quedes junto al carrito de mamá mientras hacemos las compras... ¿Por qué tienes que tocar todo? Ya te lo dije, ¡quédate a un lado del carrito!... Vuelve a poner esos plátanos donde estaban... No, no vamos a comprarlos; tenemos muchos en casa... ¡Y deja de apachurrar los jitomates! Te lo advierto, si no te quedas junto al carrito, te arrepentirás... Saca la mano de ahí, ¿quieres? *Yo escogeré* el helado... Otra vez empezaste a correr, ¿quieres caerte?

                 ¡Ahora sí, la hiciste buena! ¿Sabes que estuviste a punto de derribar a esa anciana? Recibirás un castigo. Esta noche no probarás una sola cucharada del helado que acabo de comprar. ¡Tal vez eso te enseñará a no comportarte como un animal salvaje!

Escena dos:

PAPÁ: Billy, ¿tú utilizaste mi sierra?

BILLY: No

PAPÁ: ¿Estás seguro?

BILLY: Lo juro, ¡ni siquiera la toqué!

PAPÁ: Entonces, ¿por qué la encontré tirada allá afuera,

toda enmohecida, junto a ese carrito que están haciendo tú y tu amigo?

BILLY: ¡Ah sí!, la estuvimos usando la semana pasada, luego empezó a llover y nos metimos a la casa y creo que se me olvidó.

PAPÁ: ¡De manera que mentiste!

BILLY: No te mentí, en verdad me olvidé.

PAPÁ: ¡Claro, en la misma forma que olvidaste mi martillo la semana pasada y mi desarmador hace dos semanas!

BILLY: Vamos, papá, en verdad no quise hacerlo. A veces solamente se me olvida.

PAPÁ: Pues bien, quizá esto te ayudará a recordar. No sólo no volverás a tener oportunidad de utilizar mis herramientas, sino que por mentirme encima de todo, ¡mañana que vayamos al cine tú te quedarás en casa!

Preguntas.

1. ¿Qué fue lo que motivó a los padres en cada una de esas escenas a castigar a sus hijos?

Escena I _____

_____

Escena II _____

_____

2. ¿Cuáles cree que podrían ser los sentimientos de los niños que recibieron el castigo?

Escena I _____

_____

Escena II _____

_____

¿Castigar o no castigar?

Siempre que surge esa interrogante en un grupo, por lo general pregunto, «¿Por qué? ¿Por qué castigamos?» He aquí algunas de las respuestas que han dado los padres:

- Si no se les castiga, los niños tratarán de salirse con la suya.
- A veces me siento tan frustrada, que no sé qué otra cosa puedo hacer.
- ¿Cómo aprenderá mi hijo que lo que hizo estuvo mal y no debe volver a hacerlo, si no, lo castigaré de nuevo?
- Si castigo a mi hijo es porque es la única forma de hacerle entender.

Cuando pido a los padres que recuerden sus propios sentimientos al castigar a sus hijos, obtengo las siguientes respuestas:

- Yo odiaba a mi madre y pensaba: es una arpía; después me sentía culpable.
- Yo acostumbré a pensar: *Mi padre tiene razón, soy muy malo y merezco que me castiguen.*
- Yo tenía la fantasía de que algún día enfermaría de gravedad y mis padres se arrepentirían de lo que me habían hecho.
- Recuerdo que pensaba: *Son unos malvados, pero yo me desquitaré. Volveré a hacerlo, pero la próxima vez no me descubrirán.*

Mientras hablaban esos padres, más conscientes estaban que el castigo sólo puede conducir a sentimientos de odio, venganza, desafío, culpabilidad, desmerecimiento y autocompasión. Sin embargo, seguían preocupándose:

- Si renuncio a los castigos, ¿no estaré concediéndoles a mis hijos una posición de autoridad?

- Tengo miedo de perder mi último método de control y de quedarme impotente.

Yo comprendía su preocupación. Recuerdo haberle preguntado al doctor Ginnott: *¿En qué momento está bien castigar a un niño que no nos hace caso o nos desafía? ¿Debe haber alguna consecuencia para un niño que tiene un mal comportamiento?*

Él respondió que un niño *debería* experimentar las consecuencias de su mala conducta, pero no un castigo. Creía que en una relación de amor, el castigo no tenía cabida.

Yo seguía presionándolo: *Pero supongamos que un niño sigue obedeciendo; entonces, ¿no está bien castigarlo?*

El doctor Ginott decía que el problema con el castigo es que no funciona, que es una distracción, y en vez de que el niño se arrepienta por lo que hizo y piense en la forma de enmendarse, se preocupa con fantasías de venganza. En otras palabras, al castigar a un niño en realidad lo privamos del importantísimo proceso interno de enfrentarse a su propio mal comportamiento.

Esta manera de pensar, que el castigo no da resultado porque es una distracción, fue algo demasiado nuevo para mí. Además me dejó otra pregunta: ¿qué podía hacer en lugar de eso?

Tómese ahora un tiempo para pensar acerca de cómo los padres podrían haber manejado las dos situaciones que acaba de leer. Vea qué ideas se le ocurren.

1. ¿Cuáles son otras posibilidades, que no sean un castigo, para controlar al niño en el supermercado?

_____

_____

2. ¿Cuáles son otras probabilidades, que no sean un castigo, para controlar al niño que tomó las herramientas de su padre y no las regresó a su lugar?

Siempre me impresiona el ingenio de los padres. Si les concede-
mos un poco de tranquilidad y tiempo para pensar, por lo común
encuentran una gran variedad de formas para controlar los problemas, sin recurrir al castigo. Por ejemplo, veamos las sugerencias que
surgieron en un grupo:

La madre y el hijo podrían ensayar en casa con una «supuesta»
tienda y varios objetos para ayudarse. Mientras juegan y actúan juntos, la madre puede repasar los puntos básicos del proceder en un
supermercado.

Juntos podrían escribir un libro muy sencillo, con dibujos, titu-
lado *Juanito va al supermercado*. Este libro incluiría las responsabilidades de Juanito como miembro activo del equipo que va de
compras, el que empuja el carrito, ayuda a cargar y descargar los
productos y a acomodarlos.

O bien Juanito, con ayuda de su mamá, podría preparar la lista
de compras con palabras o dibujos de los productos que se encar-
gará de buscar y acomodar en el carrito.

El padre y el hijo podrían idear un sistema de tarjetas tipo biblioteca para controlar la salida de cada herramienta, la cual deberá
regresar antes de pedir prestada la siguiente.

El papá podría comprarle al hijo un equipo de herramienta para
principiantes, en su próximo cumpleaños; o bien, el hijo podría
empezar a ahorrar para su propio equipo.

Observe que todas estas sugerencias hacen hincapié en medidas
preventivas. ¿No sería maravilloso prevenir los problemas si planeamos con anticipación? Para esos momentos en que no tenemos ni
la previsión ni la energía necesarias, he aquí algunas alternativas al
castigo, las cuales podrían utilizarse en el acto.

Alternativas para el castigo

1. Señalar una forma de ser útil.

2. Expresar una desaprobación enérgica (sin atacar el carácter del niño).

3. Indicarle lo que usted espera de él o ella.

4. Demostrarle al niño cómo cumplir en forma satisfactoria.

5. Ofrecerle una elección.

6. Emprender alguna acción.

7. Permitir que el niño experimente las consecuencias de su mal comportamiento.

Alternativas para el castigo

En vez de

Indique una forma de ser útil.

En vez de

Exprese una enérgica desaprobación (sin atacar el carácter del niño)

Alternativas para el castigo

En vez de

Ofrezca una elección

En vez de

Emprenda alguna acción
(retirarlo o refrenarlo)

Pero supongamos que se porta tan mal que la madre se ve obligada a salir de la tienda. ¿Qué sucede entonces? Al siguiente día, sin discursos ni sermones, ella puede dejarlo que experimente las consecuencias de su mal comportamiento.

Déjelo que experimente las consecuencias

Alternativas para el castigo

Exprese sus sentimientos con energía   *Indique lo que espera de él*

Demuestre al niño cómo cumplir en forma satisfactoria.

Para muchos niños, estos enfoques bastarían para alentarlos a actuar de manera más responsable.

Pero supongamos que el niño sigue tomando las cosas prestadas y olvidándose de devolverlas.

Ofrezca una elección

Y si a pesar de todo sigue haciendo lo mismo...
Emprenda alguna acción.

Ahora veamos otra forma en que los padres pueden controlar un problema constante de disciplina. Al final de uno de los talleres, una madre describió las dificultades que enfrentaba para lograr que su hijo, Bobby, llegara a casa a tiempo. Nos habló de sus constantes excusas, de sus promesas incumplidas y de sus relojes descompuestos. Al reconocer las quejas que se escucharon cuando habló, era obvio que su problema no era nada fuera de lo común.

Antes de nuestra siguiente sesión, preparé un ejercicio para el grupo. Tomé la situación original y la expresé de acuerdo con lo que creí sería el punto de vista de Bobby. Después escribí tres posibles formas en que los padres podrían controlar las demoras crónicas de Bobby.

Ahora, por favor, trate de hacer este mismo ejercicio por sí mismo. Después de leer la historia de Bobby y la reacción de cada uno de los padres ante ésta anote cómo cree que podría sentirse Bobby.

La historia de Bobby. Cuando salgo de clases, me gusta jugar con mis amigos en la cancha de la escuela. Sé que se supone que debo estar en casa a las 5:45, pero a veces me olvido de ello. Ayer y anteayer llegué tarde a casa. Hoy mi madre estaba tan enojada conmigo, que me aseguré de preguntarle la hora a mi amigo; no quería que mi madre volviera a gritarme de esa manera. Mi amigo me informó que eran las 6:15, así que dejé de jugar de inmediato y me fui corriendo hasta llegar a casa. Le expliqué a mi madre que *sí* recordé preguntar la hora, pero ya era demasiado tarde y corrí a casa con tanta rapidez como pude.

Primera reacción de los padres:
- ¡Ya estoy harta de tus excusas! Ahora veo que no es posible confiar en ti; pero esta vez recibirás un castigo. La próxima semana todos los días regresarás a casa al terminar las clases y *permanecerás* aquí. Y no creas que podrás quedarte sentando viendo la televisión, porque incluso si yo no estoy en casa, le

diré a la niñera que no habrá televisión para ti. Y ahora puedes irte directamente a tu recamara, porque la cena ha terminado.

¿Qué podría decirse Bobby a sí mismo?

_____

_____

_____

Segunda reacción de los padres:

* Oh, querido, estás muy acalorado por haber corrido. Déjame ir por una toallita para secarte la cara. Prométeme que no volverás a llegar tarde.

* Me estás convirtiendo en un manojo de nervios. Ahora ve a lavarte las manos y por favor date prisa, porque tu cena se enfría... Ah, quizá mamá volverá a calentarla para que cenes.

  ¿Qué podría decirse Bobby a sí mismo?

_____

_____

_____

Tercera reacción de los padres:

* Me estás diciendo que hiciste un esfuerzo y me alegro de escucharlo; pero aun así estoy alterada. No quiero tener que volver a pasar por esa clase de preocupación. Espero que cuando digas que estarás en casa a las 5:45, podré contar con ello.

* Ya cenamos, no quedó pollo, pero si quieres puedes prepararte un sándwich.

  ¿Qué podría decirse Bobby a sí mismo?

_____

_____

_____

Es obvio que no hay forma alguna para determinar lo que el verdadero Bobby se diría a sí mismo, pero quizá le interese saber los pensamientos de los padres del grupo que hizo este ejercicio. Pensaron que la primera madre fue demasiado castigadora.

(El niño podría pensar: «Es muy mala; me vengaré de ella»). La segunda madre actuó como alguien que gusta de sufrir sin protestar. (El niño pensaría: «Puedo hacer lo que me dé la gana con ella»). La tercera madre estuvo «simplemente bien»; fue asertiva sin ser castigadora. (Su hijo podría pensar para sí mismo: «Mamá en verdad estaba enojada; más vale que a partir de ahora llegue a casa a tiempo; además, tiene confianza en mí, no puedo decepcionarla... Y no me agradó tener que prepararme yo mismo un sándwich»).

Teniendo en mente este ejercicio, la verdadera madre se fue a casa e intentó ese último planteamiento. Y le dio resultado... durante tres semanas; después Bobby regresó a sus antiguos hábitos. La madre ya estaba al colmo de su paciencia. A medida que describía su frustración, en el grupo surgían muchas preguntas: *¿Qué puede hacerse en un caso como éste? Supongamos que en verdad usted lo ha intentado todo, y el problema continúa... ¿Qué podemos hacer cuando parece que lo único que nos queda es castigar?*

Si un problema persiste, por lo común suponemos que es más complejo de lo que parecía originalmente. Para un problema complejo, se necesita una habilidad más compleja. Los educadores, los padres, los negociadores laborales y los consejeros matrimoniales han ideado excelentes métodos detallados para resolver conflictos difíciles. He aquí la versión que le presenté al grupo.

Para resolver los problemas

Paso I.   Hable de los sentimientos y necesidades del niño.

Paso II. Hable de sus propios sentimientos y necesidades.

Paso III. Busquen juntos alguna idea genial para encontrar una solución que convenga a ambos.

Paso IV. Anote todas las ideas, sin hacer ninguna evaluación.

Paso V.   Decida cuáles sugerencias le agradan, cuáles no le agradan y cuáles piensa poner en práctica.

Solución de problemas

Paso I.

Hable de los sentimientos y necesidades del niño.

Paso II.

Hable de sus propios sentimientos y necesidades.

Solución de problemas (continuación)

Paso III.

Busquen juntos alguna idea genial para encontrar una solución que convenga a ambos.

Paso IV.

Anote todas las ideas sin hacer ninguna evaluación.

Paso V.
Decida cuáles sugerencias le agradan, cuáles no le agradan y cuáles piensa poner en práctica.

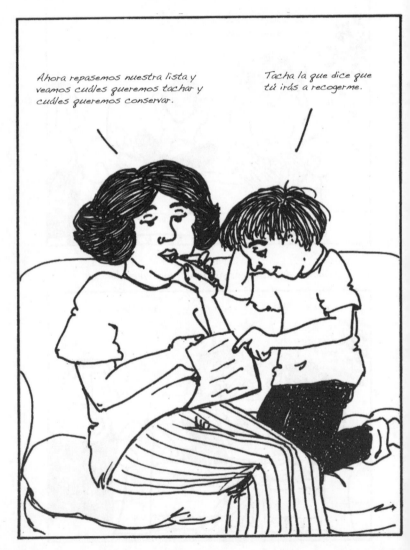

Después de resumir al grupo los pasos del planteamiento de la resolución de problemas, decidimos que sería útil si representábamos los papeles de esa situación. Yo hice el papel de la madre y la verdadera madre hizo el papel de su hijo Bobby. He aquí el guión del diálogo que sostuvimos esa noche, tomado de la grabación que lo registró. Como pueden ver, la madre representó de todo corazón el papel de su hijo.

MAMÁ: Bobby, hay algo que quisiera discutir contigo. ¿Es buen momento para ti?

BOBBY: (*con desconfianza*) De acuerdo, ¿de qué se trata?

MAMÁ: Se trata del problema de que llegues a casa a tiempo. Ya te dije, lo he estado intentando, ¡pero siempre debo salirme justo cuando estamos a la mitad del partido!

MAMÁ: ¿Cómo?

BOBBY: Nadie más tiene que llegar tan temprano como yo, ¡nadie!

MAMÁ: Mmm.

BOBBY: Y yo tengo que estar preguntando la hora, porque mi estúpido reloj está descompuesto, y siempre me responden: ¡cállate, eres una plaga!

MAMÁ: Ah, y eso duele.

BOBBY: ¡Claro! Y después Kenny me dice que soy un bebé.

MAMÁ: ¡También eso!... Por lo que me dices, te encuentras bajo una gran presión de parte de los demás niños para que te quedes.

BOBBY: ¡Así es!

MAMÁ: Bobby, ¿sabes cuál es mi punto de vista?

BOBBY: Sí, quieres que llegue a casa a tiempo.

MAMÁ: Eso es parte del problema, pero sobre todo me preocupo cuando llegas tarde.

BOBBY: ¡Pues entonces no te preocupes!

MAMÁ: Quisiera no preocuparme... Escucha, vamos a buscar

juntos alguna idea y analizar de nuevo el problema para ver si podemos encontrar alguna solución conveniente para los dos. (*La madre saca un lápiz.*) Tú empiezas.

BOBBY: Yo llegaré tarde a casa, y no te preocuparás.

MAMÁ: De acuerdo, la anotaré. ¿Qué más?

BOBBY: No sé.

MAMÁ: Mira, se me ocurre algo. Yo podría ir a la cancha y recogerte.

BOBBY: No, eso no me parece bien.

MAMÁ: Estamos anotando todas nuestras ideas; después veremos cuáles nos agradan y cuáles no. ¿Algo más?

BOBBY: (*una larga pausa*) Creo que podría mandar a arreglar mi reloj.

MAMÁ: (*escribe «Llevar a arreglar el reloj»*). ¿Algo más?

BOBBY: ¿Por qué siempre tenemos que cenar juntos? ¿No puedes dejarme mi cena?

MAMÁ: (*anota «Dejar la cena»*). Ahora los días son más largos; supongo que podríamos cenar quince minutos más tarde.

BOBBY: ¡Sólo quince minutos!

MAMÁ: Así que te gustaría que fuera más tarde, mmm. (*Escribe, «cenar 15 minutos después»*). ¿Tienes alguna otra idea, o quieres que ahora repasemos nuestra lista para ver lo que queremos tachar y lo que queremos conservar?

BOBBY: Veamos.

MAMÁ: (*leyendo*) Posibles soluciones.
Bobby llega tarde a casa; mamá no se preocupa.
Recoger a Bobby en el campo de juego.
Mandar arreglar el reloj.
Dejar la cena en el horno.
Cenar quince minutos después.

BOBBY: Tacha que irás a recogerme todos los días. Kenny en verdad se burlaría de mí si lo hicieras.

MAMÁ: De acuerdo… Bien, tendremos que tachar «Llegar tarde a casa», porque a decir verdad, sí me preocupo. Pero veamos la siguiente idea. Supongo que podría cambiar la hora de la cena a la seis y cuarto. ¿Te ayudarían esos quince minutos?

BOBBY: No... bueno, quizá un poco.

MAMÁ: Y supongo que podría dejarte la cena en el horno ocasionalmente, si me avisaras con anticipación.

BOBBY: Claro, y también deja «Mandar a arreglar el reloj».

MAMÁ: Bueno, el problema aquí es que ésta es la segunda vez que el reloj se descompone, y creo que me molesta volver a pagar por la reparación.

BOBBY: Yo tengo algún dinero ahorrado; son casi cuarenta pesos.

MAMÁ: ¿Bastaría con eso para que lo arreglen?
No creo... pero, ciertamente, ayudaría. Supongo que papá y yo podríamos pagar el resto.

BOBBY: Seré más cuidadoso, te lo juro. Me lo quitaré cuando Kenny y yo juguemos vencidas. Y veré la hora cuando estemos jugando, para saber cuándo debo irme.

MAMÁ: ¿Lo harás?... Mmm (*y consulta la lista*). Bueno, veamos lo que hemos decidido hasta ahora. Yo cambiaré la cena a las seis y cuarto; eso te dejará quince minutos adicionales para jugar. Reuniremos el dinero y mandaremos arreglar el reloj. Y ocasionalmente, si me avisas con anticipación, puedo guardarte la cena caliente. ¿Qué te parece todo esto?

BOBBY: ¡Muy bien!

Cuando tuvimos nuestra siguiente sesión, todos le preguntaron de inmediato a la madre de Bobby: «¿Trataste de resolver el problema?... ¿Qué sucedió?»

Sonriendo, respondió que lo intentó esa misma noche y que Bobby se había sentido intrigado con la idea. «Resultó casi divertido», declaró. «Toda nuestra discusión se redujo a que odiaba usar el reloj, pero que si la familia podía cenar quince minutos después, estaría atento para escuchar el silbato de las seis de la tarde de la estación de bomberos, y que ésa sería la señal para irse a casa».

«Y hasta ahora», añadió, «¡Ha cumplido su palabra!»

No parece demasiado difícil, ¿verdad? Pero lo es. Y la parte más difícil no es el aprendizaje de los pasos individuales, porque eso se logra con un poco de estudio. Lo más complicado es cuando tenemos que cambiar de actitud. Debemos dejar de pensar en el niño como en «problema» que requiere corrección; debemos renunciar a la idea de que por ser adultos siempre tenemos la respuesta correcta; debemos dejar de preocuparnos pensando que si no somos «lo bastante firmes», el niño se aprovechará de nosotros.

Se requiere un gran acto de fe para creer que si nos tomamos el tiempo para sentarnos a compartir nuestros verdaderos sentimientos con una personita y escuchamos sus sentimientos, encontraremos soluciones para ambos.

En este planteamiento hay un importante mensaje que nos dice: *Cuando hay un conflicto entre nosotros, ya no tenemos que movilizar nuestras fuerzas el uno contra el otro y preocuparnos por quién saldrá victorioso y quién resultará derrotado. En vez de ello, podemos dedicar nuestra energía a la búsqueda de la clase de soluciones que respeten las necesidades de ambos individuos.* Les estamos enseñando a nuestros hijos que no tienen por qué ser nuestras víctimas, ni nuestros enemigos. Estamos brindándoles las herramientas que les permitirán ser participantes activos en la solución de los problemas que enfrentan ahora, mientras todavía están en casa, y en el difícil y complejo mundo que los aguarda.

Tarea

I. La próxima semana, utilice una alternativa para el castigo. ¿Qué alternativa utilizó? ¿Cuál fue la reacción de su hijo?

_____

_____

_____

_____

_____

_____

II. Piense en un problema que se presente con regularidad en su hogar y que pueda mitigarse mediante el enfoque de la resolución del problema. Encuentre un momento que sea conveniente para ambos, un lugar donde nadie los interrumpa, y resuelva el problema junto con su hijo.

III. Lea la Segunda Parte de Alternativas para el castigo, Advertencias, Preguntas e Historias de los Padres.

Un rápido recordatorio. . .

En vez de un castigo

1. EXPRESE SUS SENTIMIENTOS CON ENERGÍA, SIN ATACAR EL CARÁCTER DEL NIÑO.
   «¡Estoy furioso porque dejaste mi sierra nueva afuera y se oxidó con la lluvia!»

2. MANIFIESTE LO QUE ESPERA.
   «Espero que me devuelvas mis herramientas después de que las tomes prestadas».

3. ENSÉÑELE AL NIÑO A CUMPLIR CON SATISFACCIÓN.
   «Lo que ahora necesita esta sierra es una estopa de acero y una buena dosis de trabajo».

4. OFRÉZCALE UNA ELECCIÓN AL NIÑO.
   «Puedes tomar prestadas mis herramientas y devolvérmelas, o bien puedes renunciar al privilegio de usarlas. Tú decides».

5. EMPRENDA ALGUNA ACCIÓN.

SEGUNDA PARTE

COMENTARIOS, PREGUNTAS E HISTORIAS DE LOS PADRES

Preguntas acerca del castigo

1. Si un niño pequeño que todavía no habla toca algo que no debería tocar, ¿está bien darle un manazo?

Sólo porque el niño no habla, no significa que no pueda escuchar o comprender. Los niños pequeños aprenden cada minuto de cada día. La pregunta es, *¿qué es lo que están aprendiendo?* Aquí la madre o el padre tienen una opción. Puede darle repetidos manazos al pequeño, enseñándole así que la única forma de aprender lo que no debe hacer es con manazos. O bien, puede tratar al niño como un ser humano con dignidad, brindándole una información que puede utilizar ahora y durante el resto de su vida. Al retirar de ahí al niño (o al objeto), puede indicarle con toda firmeza y claridad:

- «Los cuchillos no son para lamerlos; si quieres, puedes lamer esta cuchara».
- «Este perro de porcelana se puede romper; tu perro de peluche no se rompe».

Quizá necesite repetir muchas veces la misma información, pero la información repetida transmite un mensaje muy diferente a los repetidos manazos.

2. ¿Cuál es la diferencia entre el castigo y las consecuencias naturales? ¿No son sólo palabras distintas para la misma cosa?

Consideramos castigo cuando el padre deliberadamente priva al niño de algo durante cierto periodo de tiempo, o cuando le inflige algún dolor, con objeto de enseñarle una lección. Las consecuencias, por otra parte, surgen como resultado natural de la conducta del niño. En una ocasión, un padre de uno de nuestros grupos compartió una experiencia que para nosotras resume la diferencia entre castigo y consecuencias. He aquí esa experiencia, en sus propias palabras:

Mi hijo adolescente me pidió prestado mi suéter azul marino porque dijo que se veía «fantástico» con sus nuevos *jeans*. Le respondí «de acuerdo, pero cuídalo», y después me olvidé del asunto. Una semana más tarde quise ponérmelo y lo encontré debajo de un montón de discos en el piso de su recámara. Tenía la espalda cubierta de gis y todo el frente manchado de algo que parecía salsa de espagueti.

Me sentí tan enojado... porque además ésta no era la primera vez, que juro que si hubiese llegado en ese momento, le habría dicho que se olvidara de ir conmigo el domingo al partido de beisbol. Le regalaría su boleto a otra persona.

Sea como sea, cuando lo vi ya me había calmado un poco, pero aun así le eché una buena reprimenda. Me respondió que lo lamentaba y todo eso, pero le importó un bledo y una semana después volvió a pedírmelo. Le respondí, «de ninguna manera». Nada de sermones ni discursos; él sabía por qué.

Un mes después de eso, me pidió prestada mi camisa a cuadros para un día de campo organizado por la escuela. Le dije, «Escucha, antes de volver a prestarte nada, necesito por escrito cierta seguridad de que me devolverás mi camisa en las mismas condiciones que se encontraba cuando te la presté». Esa noche encontré una nota sobre mi correspondencia, decía:

Querido papá:
Si me permites usar tu camisa, haré todo lo posible para conservarla limpia.
No me apoyaré en el pizarrón y no guardaré mi pluma en el bolsillo. Y cuando coma, me cubriré de servilletas de papel.
Te quiere,
Mark

Pues bien, me quedé muy impresionado con esa nota. Pensé que si se había tomado la molestia de escribirla, probablemente también se tomaría la molestia de hacer lo que decía.

P.D. Me devolvió la camisa la noche siguiente, colgada en un gancho ¡y estaba limpia!

Para nosotras esa historia demostró lo que son las consecuencias naturales en acción. Una de las consecuencias naturales de devolver una propiedad prestada en malas condiciones es el descontento del propietario; otra consecuencia natural es la renuncia de este último cuando se trata de volver a prestar cualquier cosa. También es posible que el propietario pueda cambiar de opinión si obtiene alguna evidencia concreta de que esto no volverá a suceder. Pero obviamente, la responsabilidad de cambiar es de quien pide prestado; el propietario no tiene que hacer nada para enseñarle una lección. Resulta mucho más fácil aprender de la dura realidad de las verdaderas reacciones de la gente, que de una persona que decide castigar a alguien «por su propio bien».

3. **La semana pasada encontré un montón de cáscaras y semillas de naranja en el sofá. Cuando les pregunté a mis hijos, "¿quién lo hizo?", ambos se señalaron el uno al otro. Si no es buena idea averiguar cuál de los niños es el culpable y castigarlo, ¿qué puedo hacer?**

La pregunta «¿quién lo hizo?», por lo común conduce a un automático «yo no fui», que a su vez conduce al comentario de «pues uno de los dos debe estar mintiendo». Mientras más tratamos de llegar a la verdad, con más fuerza protestan los niños a favor de su inocencia. Cuando vemos algo que nos enoja, es más útil manifestar enojo que tratar de encontrar al culpable y castigarlo.

- «¡Me enfurezco cuando veo algo de comida sobre el sofá! Las cáscaras de naranja pueden dejar una mancha permanente».

- En ese punto puede escuchar un coro de «Pero yo no lo hice»... «El me obligó a hacerlo»... «El perro lo hizo»... «Fue el bebé».

Ésta es su oportunidad para hacerles saber a todos:

No me interesa saber quién lo hizo. No me interesa culpar a nadie por lo que sucedió en el pasado. ¡Lo que sí me interesa es ver alguna mejora en el futuro!

Al no culpar ni castigar, dejamos a los niños en libertad para que se concentren en asumir la responsabilidad, en vez de que se concentren en la forma de vengarse.

- «Ahora quisiera que los dos ayudaran a quitar del sofá todas esas cáscaras y semillas».

4. **Dicen que la única alternativa para el castigo es expresar desaprobación. Cuando lo hago, mi hijo parece tan culpable y se muestra tan triste durante el resto del día, que eso me altera. ¿Es posible que esté exagerando?**

Podemos entender su preocupación. La doctora Selma Fraiberg, en su libro *The Magic Years* (Los años mágicos), comenta: *En ciertos momentos, un niño necesita sentir nuestra desaprobación, pero si nuestra reacción tiene tal fuerza que el niño se siente inútil y despreciado por su ofensa, hemos abusado de nuestro poder como padres y hemos creado la posibilidad de que los exagerados sentimientos de culpa y el odio hacia sí mismo desempeñen una parte importante en el desarrollo de la personalidad de ese niño.*

Por esta razón creemos que siempre que sea posible, junto con nuestra desaprobación, también debemos indicar el camino para ayudar a un niño a enmendarse. Después del remordimiento inicial, el niño necesita una oportunidad para restaurar los sentimientos positivos acerca de sí mismo y para considerarse una vez más como un miembro respetado y responsable de la familia. He aquí algunos ejemplos:

- «¡Estoy furiosa! La bebita estaba jugando feliz hasta que tú le quitaste su sonaja. ¡Espero que ahora encuentres alguna forma de ponerle fin a su llanto!»
  (En vez de: «Volviste a hacer llorar a la bebita; ahora tendré que pegarte»).
- «En verdad me altera llegar casa y encontrar el fregadero lleno de trastes sucios, después de que me prometiste que los lavarías. ¡Quiero verlos lavados y guardados antes de irte a dormir!»
  (En vez de: «Puedes olvidarte de salir mañana por la noche. Tal vez eso te enseñará a cumplir tu palabra»).
- «¡Vaciaron en el piso del baño toda una caja de jabón en polvo! Me siento tan enojada al ver todo ese desorden. ¡El jabón en polvo no es para jugar! Necesitamos una bolsa, una escoba y un recogedor. ¡Rápido antes de que se riegue por toda la casa!»
  (En vez de: «Vean todo el trabajo que me han ocasionado. ¡Esta noche no podrán ver la televisión!»)

Comentarios como los anteriores le dicen al niño, «No me agrada lo que hiciste y espero que te encargues de remediarlo». Esperamos que más adelante en la vida, como adulto, cuando haga algo de lo cual se arrepienta, podrá pensar para sí mismo, «¿Qué puedo hacer para enmendarme y que las cosas vuelvan a estar bien?»; en vez de: «Lo que acabo de hacer sólo demuestra que soy una persona que no vale nada y merece ser castigada».

5. **Ya no he vuelto a castigar a mi hijo, pero ahora, cuando lo re-prendo por hacer algo mal, me responde, «Lo siento». Y al día**

siguiente vuelve a hacer lo mismo. ¿Qué puedo hacer para remediarlo?

Algunos niños acostumbran decir «lo siento» como una forma de calmar a un padre enojado. Son muy rápidos para disculparse e igual de rápidos para repetir su mal comportamiento. Para esos pequeños es importante que se den cuenta de que si en verdad se arrepienten, sus sentimientos de remordimiento deben traducirse en acción. Al «ofensor reiterado» se le puede hacer cualquiera de los siguientes comentarios:

- Decir lo siento significa comportarse de una manera diferente.
- Decir lo siento significa ciertos cambios.
- «Me alegro de oírte decir que lo sientes. Es el primer paso. El segundo paso será preguntarte a ti mismo qué puedes hacer para remediar la situación».

Los expertos hablan sobre el castigo

De vez en cuando aparece un artículo cantando las alabanzas del castigo y diciéndonos cómo debemos aplicarlo. («Explique el castigo con anticipación»... «Castigue tan pronto sea posible»... «Haga que el castigo sea adecuado al crimen»). A menudo, para los padres enojados y molestos, esta clase de consejos parece tener sentido. Las siguientes son algunas citas de diversos profesionales en el terreno de la salud mental, que tienen otro punto de vista acerca del castigo.

> *El castigo es un método de disciplina de lo más ineficaz... ya que por extraño que parezca, ¡el castigo tiene el efecto de enseñarle al niño a comportarse exactamente en la forma opuesta a como los padres desearían que se comportara! Muchos padres emplean el castigo simplemente porque nadie les ha enseñado mejores formas de disciplinar a sus hijos.*
>
> (*How to Father* [Cómo ser padre], doctor Fitzhugh Dodson, Signet, 1974)

El acto de disciplinar a un niño puede ser de lo más frustrante. Sin embargo, desde un principio es necesario hacer hincapié en que disciplina significa educación. La disciplina es una guía esencialmente programada que ayuda a las personas a desarrollar el control interno de sí mismas, a autodirigirse y a ser eficientes. Si se pretende que funcione, la disciplina requiere respeto y confianza mutuos. Por otra parte, el castigo requiere control externo sobre una persona por medio de la fuerza y la coerción. Los agentes del castigo muy rara vez respetan o confían en la persona castigada.

(«El caso contra los azotes», Brian G. Gilmartin, Ph.D., en *Human Behavior*
[Conducta humana], febrero de 1979, Tomo 8, Número 2)

Basándonos en un análisis de la literatura, podemos concluir que el castigo físico impartido por los padres no inhibe la violencia y con toda probabilidad la fomenta. El castigo frustra al niño y a la vez le ofrece un modelo para imitarlo y del cual puede aprender.

(*Violence and the Struggle for Existence* [La violencia y la lucha por la existencia], un trabajo del Comité sobre la Violencia del Departamento de Psiquiatría, Escuela de Medicina de la Universidad Stanford, editado por el doctor David N. Daniels, el doctor Marshall F. Gilula y el doctor Frank M. Ochberg, Little, Brown & Company, 1970.)

Los padres confundidos y perplejos esperan, erróneamente, que el castigo en algún momento dará resultado, sin darse cuenta de que en realidad no están llegando a ninguna parte con sus métodos…

El empleo del castigo sólo ayuda al niño a desarrollar un mayor poder de resistencia y de desafío.

(*Children: The Challenge* [Niños: el desafío], doctor Rudolf Dreikurs, Hawthorn, 1964.)

Hay numerosas posibilidades de enseñanza distintas a la que proporcionan las nalgadas, y ninguna de éstas las tienen en mente los padres. El niño puede aprender la manera de evitar, con éxito, cualquier sentimiento de culpa generado por su mal comportamiento, estableciendo un ciclo en el cual el castigo anula el «crimen», y el niño, una vez que ha pagado por su travesura, está en libertad de repetir el mismo acto en otro momento, sin los sentimientos de culpa que conlleve.

El niño que hace todo lo posible para provocar unas nalgadas, es un niño que lleva a cuestas una deuda secreta en la columna de «pecados» del libro mayor y que invita a sus padres a cancelarla mediante unos azotes. ¡Y unos azotes son justamente lo que el niño no necesita!

(*The Magic Years* [Los años mágicos],
Selma H. Fraiberg, Scribners, 1959.)

Los investigadores creen que uno de cada cinco padres ha sufrido... un abuso en manos de sus hijos, quizás una expresión de la confusión del adolescente que puede desbordarse: objetos lanzados contra su cabeza, empujones, furiosos ataques verbales... hay una «absoluta evidencia» de que el abuso físico de los padres en realidad se aprende sobre las piernas del padre.

(*Newsday*, 15 de agosto de 1978).

En vez de castigar
(Experiencias compartidas por los padres en nuestros grupos)

Marnie, mi hija de cuatro años, siempre ha sido una niña de lo más difícil; me hace enfurecer a tal grado, que no puedo controlarme. La semana pasada llegué a casa para encontrarme con que llenó de garabatos el papel tapiz de su recámara con un crayón. Estaba tan enfurecida que le di unos buenos azotes; después le dije que le quitaría sus crayones, y lo hice. A la mañana siguiente desperté y sentí que me moría; la niña tomó mi lápiz labial, y rayó todos los azulejos del baño. Tenía ganas de estrangularla, traté de controlarme. Con toda calma le pregunté: «Marnie, ¿hiciste esto porque estabas enojada conmigo por quitarte tus crayones?»

Asintió con un movimiento de cabeza.

Entonces le comenté, «Marnie, me siento muy pero muy alterada cuando rayas las paredes. Para mí significa mucho trabajo lavarlas y volver a dejarlas limpias».

¿Saben lo que hizo? Tomó un trapo para lavar y empezó a tratar de quitar el lápiz labial. Le enseñé cómo usar el agua y el jabón y se dedicó a trabajar en los azulejos durante unos diez minutos; después llamó para enseñarme que había desaparecido casi todo el lápiz labial de las paredes. Le di las gracias y después le devolví sus crayones y le di unas hojas de papel para que las guardara en su recámara y las utilizara siempre que quisiera dibujar.

Me sentí tan orgullosa de mí misma que llamé a mi esposo al trabajo para contarle lo que acababa de hacer.

Ha transcurrido más de un mes y desde entonces Marnie no ha vuelto a garabatear en las paredes.

La semana pasada, después de nuestra última sesión, tan pronto como crucé la puerta de casa recibí una llamada telefónica de la profesora de matemáticas de Donny. Parecía muy enojada. Me comentó que mi hijo se estaba atrasando en su trabajo, que era una mala influencia en el salón de clases, que todavía no se sabía las tablas de multiplicar y que quizá lo que necesitaba era más «disciplina» en casa. Le di las gracias por llamar, pero en mi interior estaba temblando. Mi primer pensamiento fue, «Debería recibir un castigo. No podrá ver televisión hasta que no se aprenda esas tablas de multiplicar y empiece a comportarse bien en clase».

Por fortuna, tuve una hora para calmarme antes de que él regresara a casa de la escuela. Cuando Donny llegó, sostuvimos la siguiente conversación:

YO: La señora K. llamó por teléfono y estaba muy molesta.

DONNY: Oh, siempre está molesta por algo.

YO: Considero que se trata de un asunto muy serio cuando recibo una llamada de la escuela. Me informó que tienes un mal comportamiento en el salón y que no te sabes las tablas de multiplicar.

DONNY: Bueno, lo que pasa es que Mitchell me está pegando en la cabeza con su cuaderno todo el tiempo; así que yo también le pego con el mío.

YO: ¿Crees que tienes que desquitarte?

DONNY: ¿Qué es desquitarse?

YO: Devolverle el golpe.

DONNY: Así es. Y a veces me escribe una nota y me vuelve loco, pues empieza a patear mi silla hasta que le contesto.

YO: No me sorprende que no puedas trabajar.

DONNY: Me sé las tablas hasta la del seis; las únicas que no me sé son las del siete y el ocho.

YO: Mmm... Donny, ¿crees que te ayudaría a concentrarte en la clase si tú y Mitchell no se sentaran uno cerca del otro?

DONNY: No lo sé... tal vez... si estudiara, podría aprenderme las tablas del siete y el ocho.

YO: Creo que la señora K. debería saber eso. Qué tal si le escribimos una carta, ¿te parece bien? (*Donny asintió*). Saqué mi lápiz y escribí:

>   Estimada señora K.:
>
>   Discutí con Donny nuestra conversación telefónica y me comentó... Donny, ¿qué le digo?

DONNY: Dile que me cambie de lugar, lejos de Mitchell.

YO: (*escribiendo*) «Dice que le gustaría que lo cambiara de lugar para que no esté cerca de Mitchell». ¿Está bien?

DONNY: Sí.

YO: ¿Algo más?

DONNY: (*una larga pausa*) Dile que escribiré mis tablas del siete y el ocho y las repetiré en voz alta.

YO: (*escribo y después le leo lo que escribí*) «También piensa escribir sus tablas del siete y del ocho y memorizarlas».

	¿Algo más?
DONNY:	No.
YO:	Terminaré diciendo, «Gracias por informarnos de este problema».

Volví a leerle la carta a Donny, *ambos* la firmamos y al día siguiente la llevó a la escuela. Sé que algo debió cambiar, porque al llegar a casa lo primero que me comentó fue que la señora K. lo había cambiado de lugar, y añadió, «hoy fue muy amable conmigo».

La siguiente historia fue narrada por una mamá que durante nuestras primeras sesiones había permanecido sentada con un gesto sombrío, moviendo la cabeza. Durante la cuarta sesión pidió la palabra para contarnos lo siguiente:

No creía que nada de lo que aquí se decía pudiera aplicarse a mi hijo. Van es tan obstinado, tan incontrolable, que lo único que entiende es el castigo. La semana pasada casi me desmayé cuando mi vecina me comentó que lo había visto cruzando una calle de mucho tráfico que le tenemos estrictamente prohibido cruzar. Ya no sabía qué hacer; ya le había quitado su bicicleta, la televisión y su dinero semanal… ¿Qué más podía hacer? Desesperada, decidí intentar algunas de las cosas que se han estado discutiendo en el grupo. Al llegar a casa le comenté, «Van, tenemos un problema. Creo que sé cómo te sientes; quieres cruzar al otro lado de la calle cuando lo desees, sin tener que pedirle a alguien que te ayude, ¿verdad?» Asintió con un movimiento de cabeza. «Te diré lo que yo siento. Me preocupo porque un niño de seis años cruce una calle tan peligrosa, donde han ocurrido tantos accidentes.

«Cuando hay un problema, necesitamos una solución. Piensa en ello y a la hora de la cena dime cuáles son tus ideas».

Van empezó a hablar de inmediato, pero le pedí: «Ahora no. Es un problema muy serio y me gustaría que los dos meditáramos muy bien en ello. Hablaremos a la hora de la cena, cuando papá esté aquí».

Esa noche preparé a mi esposo con anticipación, para que «sólo escuchara». Van se lavó las manos y rápidamente fue a sentarse en la mesa, y tan pronto como entró su padre, comentó muy excitado: «¡Ya tengo una solución! Todas las noches, cuando papá llegue a casa, iremos a la esquina y ahí me enseñará a ver las luces para saber cuándo debo cruzar». Luego hizo una pausa y añadió, «Y cuando cumpla siete años, podré cruzar yo solo».

Mi esposo casi se cayó de la silla. Creo que ambos hemos estado subestimando a nuestro hijo.

Nicky, de diez años, informó en un tono preocupado, (mientras yo me apresuraba a preparar la cena antes de salir) que no encontraba tres de sus libros de texto y que yo debía enviar nueve dólares. Sentí explotar por dentro. Mi primer impulso fue pegarle o castigarlo, pero aun cuando estaba al borde de la ira, de alguna manera logré controlarme y empezar mis frases con la palabra *Yo*. Creo que estaba gritando tan alto como es humanamente posible.

«¡Yo estoy furiosa! ¡Estoy encolerizada! ¡Has perdido tres libros y ahora yo tengo que pagar nueve dólares! ¡Estoy tan enojada que me siento a punto de explotar! Y enterarme de esto cuando estoy preparando la cena a toda prisa porque voy a salir. ¡Y ahora debo interrumpir lo que estoy haciendo y tomarme el tiempo para pedir por teléfono los problemas y escribirlos para que hagas tu tarea! ¡ESTOY A PUNTO DE ESTALLAR!»

Cuando dejé de gritar, apareció en la puerta un pequeño rostro preocupado, y Nicky declaró, «Mamá, lo siento. Tú no tienes que poner los nueve dólares; yo los pondré del dinero de mi semana».

Creo que la mayor sonrisa que jamás sonreí apareció en mi rostro; y por supuesto, *nunca* había dejado de estar enojada en una forma tan rápida y tan completa. ¡Qué son unos cuantos libros per-didos para una persona que tiene un hijo que en verdad *se preocupa* por los sentimientos de su madre!

TERCERA PARTE

MÁS ACERCA DE LA RESOLUCIÓN DE PROBLEMAS

Antes de la solución de problemas

Hemos descubierto que para que dé resultado la resolución de problemas debemos, como dirían los niños, «sintonizarnos». Debemos decirnos a nosotros mismos:

- Voy a demostrarle a mi hijo que lo acepto y a sintonizarme con él hasta donde sea posible. Voy a escuchar la información y los sentimientos que tal vez nunca antes he escuchado.
- Intentaré evitar los juicios, las evaluaciones y los sermones. No trataré de persuadirlo ni de convencerlo.
- Tomaré en consideración cualquier idea nueva, sin importar lo avanzada que sea.
- No me dejaré presionar por el tiempo. Si no podemos encontrar una solución inmediata, quizá eso signifique que debemos meditar más, investigar más y charlar más.

La palabra clave es *respeto*, hacia mi hijo, hacia mí mismo y hacia las ilimitadas posibilidades de lo que puede suceder cuando dos personas de buena voluntad intercambian ideas.

Advertencias acerca de cada uno de los pasos del proceso de la solución de problemas

Antes de empezar, pregúntese a sí mismo: *¿Sigo desbordante de emoción, o en este momento estoy lo bastante tranquilo para iniciar este proceso?* (No se puede resolver ningún problema cuando se está muy excitado.) Después indague cuál es el estado de ánimo de su hijo. *¿Es ahora un buen momento para que tú hables?* Si responde «sí», entonces:

1. Hable acerca de los sentimientos del niño. («Me imagino que debes sentirte...»)

No apresure esta parte. Deje que su actitud sea de «En verdad estoy tratando de aclarar cómo *te sientes* acerca de esto». Sólo cuando el niño se siente escuchado y comprendido podrá considerar los sentimientos de usted.

2. Hable de sus propios sentimientos. («He aquí cómo me siento acerca de esto...»)

Haga que esta parte sea breve y clara. A un niño le resulta difícil escuchar a un padre que no deja de hablar de su preocupación, su enfado o su resentimiento.

3. Invite al niño a esforzarse por encontrar una solución mutuamente aceptable.

De ser posible, deje que el niño ofrezca las primeras ideas. Aquí el punto decisivo es abstenerse de evaluar o comentar cualquiera de esas ideas. En el instante mismo en que usted dice, «Bueno, eso no me parece bien», concluye todo el proceso y usted habrá anulado toda su labor. Cualquier idea debe ser bien recibida; con frecuencia, las más improbables pueden conducir a excelentes soluciones factibles. La frase clave es: «Estamos anotando todas nuestras ideas». No es esencial escribir, pero alguna manera el hecho de anotar cada idea le ofrece una gran cantidad de dignidad a cada contribución. (Alguien escuchó a una niña que comentó: «Mi madre es muy inteligente, escribe todas mis ideas»).

4. Decida cuáles ideas le agradan, cuáles no le agradan y cuáles quiere poner en práctica.

Cuídese de los comentarios «humillantes», como «Esa idea me parece muy tonta». En vez de eso, describa sus reacciones personales:

«No me sentiría cómodo con ello porque...» o bien
«Eso me parece que es algo que yo podría hacer.»

5. *Continúe con la acción.*

Aquí el peligro radica en dejarse llevar a tal grado por sus sentimientos positivos por haber encontrado una solución factible, y que no se molesten en preparar un plan específico para tomar acción. Es importante que añada:

- «¿Qué pasos deberemos seguir para poner en práctica este plan?»
- «¿Quién será responsable de qué?»
- «¿Para cuándo lo habremos terminado?»

6. *No permita que el niño le acuse o le culpe en ningún momento.*

NIÑO: Sí, pero eso no daría resultado porque tú siempre... Tú nunca...

(Es importante que el padre sea firme cuando esto suceda.)

PAPÁ: Nada de acusaciones ni de hablar del pasado. ¡Lo que estamos haciendo ahora es concen-trarnos en una solución para el futuro!

Preguntas acerca de la solución de problemas

1. Supongamos que el plan que han convenido ambos da resultado durante un tiempo y después falla por completo. ¿Qué hacer entonces?

Esas son las ocasiones que ponen a prueba nuestra determina-ción. Podemos volver a los sermones y los castigos, o bien podemos volver a trazar los planes. Por ejemplo:

PADRE: Estoy decepcionado porque nuestro enfoque ya no
                está dando resultado. He descubierto que yo estoy
                haciendo tu trabajo y eso me resulta inaceptable.
                ¿Quieres que le demos otra oportunidad al antiguo
                plan?... ¿O quieres que hablemos acerca de lo que
                se está interponiendo en el camino?... ¿O tratamos
                de buscar otra solución?

Como adultos, nos damos cuenta de que muy pocas soluciones
son permanentes. Lo que dio resultado para el niño cuando tenía
cuatro años, quizá ya no funcione ahora que tiene cinco; lo que
dio resultado en el invierno tal vez ya no resulte en la primavera.
La vida es un proceso continuo de ajustes y reajustes. Lo que es
importante para el niño es que siga considerándose como parte de
la solución, en vez de como parte del problema.

**2. ¿Siempre debo seguir todos los pasos para resolver el
problema?**
No, un problema puede resolverse en cualquiera de los pasos
a lo largo del camino. A veces una simple descripción de sus
necesidades en conflicto puede llevar a una rápida solución. Por
ejemplo:

MAMÁ: Aquí tenemos un verdadero problema. Tú quieres
                que te lleve ahora a comprar tus zapatos de gimnasia.
                Yo quiero terminar de separar la ropa que se va a
                lavar y después debo empezar a preparar la cena.
NIÑA: Quizá yo podría terminar con la ropa mientras tú te
                arreglas para salir, y después, cuando regresemos a
                casa, te ayudaré a preparar la cena.
MAMÁ: Creo que eso daría resultado.

3. Supongamos que seguimos todos los pasos y aun así no encontramos una solución en la que ambos podamos convenir. ¿Qué hacer entonces?

Eso puede suceder, pero nada se ha perdido. Al discutir el problema, cada uno de ustedes se vuelve más sensible a las necesidades del otro. En una situación difícil, esto es siempre lo mejor que se puede esperar. Y a veces sólo es cuestión de necesitar más tiempo para pensar, para «dejar que se cuezan los frijoles» antes de llegar a una solución.

4. Supongamos que un niño se rehúsa a sentarse y a tratar de resolver el problema con usted. ¿Qué hacer entonces?

Hay algunos niños que se sienten incómodos con este enfoque. Para esos pequeños, una nota, basada en el mismo principio, puede ser un sustituto muy efectivo.

Querido Juanito:

Me gustaría saber cuáles son tus ideas para resolver el problema de... Probablemente tú (quieres, necesitas, sientes...).

Yo (quiero, necesito, siento...).

Por favor, hazme saber si puedes encontrar algunas soluciones en las cuales los dos estemos de acuerdo.

Te quiere,

Papá

5. ¿No es éste un enfoque que funciona mejor con los niños mayores?

Los padres de niños pequeños han comentado que tienen mucho éxito con este enfoque. En las siguientes páginas encontrarán algunas historias en las cuales los padres utilizaron sus habilidades en la resolución de problemas con niños de diversas edades.

La resolución de problemas en acción

Situación: Me acababan de devolver la cuna que le había presta-do a una amiga y la instalé en la recámara. Brian, de dos años, la examina y está fascinado por la cesta que se balancea.

BRIAN: Mami, yo subo a la cuna.

MAMÁ: Querido, ya eres demasiado grande para esa cuna.

BRIAN: Sí, yo subo a la cuna (*y empieza a tratar de subirse*).

MAMÁ: (*impidiéndoselo*) Brian, mami te dijo que ya eres demasiado grande, la cuna puede romperse si te acuesto en ella.

BRIAN: ¡Por favor, mami! quiero subir a la cuna… ¡AHORA! (*y empieza a llorar*)

MAMÁ: Ya te lo dije, ¡¡No!! (*un paso en falso por parte de mamá.* Me di cuenta tan pronto como el llanto de Brian empezó a convertirse en una pequeña rabieta. Decidí intentar la resolución del problema.)

MAMÁ: Querido, comprendo que quieras acostarte en la cuna en este momento. Quizá te parece muy divertido mecerte en ella, a mí también me gustaría hacerlo. El problema es que no quepo, y tú tampoco. Somos demasiado grandes.

BRIAN: Mami es muy grande… como Briney (Brian sale de la recámara y regresa con Goover, su oso de peluche y lo instala en la cuna. Empieza a merecerlo).

BRIAN: ¿Ves, mami? Briney mece a Goover, ¿está bien?

MAMÁ: (*¡Qué alivio!*) Goover tiene el tamaño adecuado.

Después de grandes frustraciones con todo el proceso de entrenar a mi hijo para ir al baño, decidí intentar la técnica de la solución del problema cuando él tenía tres años. Nos sentamos juntos frente a la mesa y le dije, «David, he estado pensando en lo difícil que es para un niño tan pequeño como tú aprender a usar el baño. Apuesto que a veces estás tan ocupado jugando que ni siquiera te das cuentas de que tienes que ir».

Se me quedó mirando con unos ojos muy grandes, pero no respondió nada. Entonces añadí, «Te apuesto que a veces, incluso cuando te das cuenta, te resulta difícil llegar a tiempo al baño y subirte a ese inodoro».

Asintió con un movimiento de cabeza, «Sí».

Entonces le pedí que me llevara una hoja de papel y un crayón para que pudiéramos anotar todas las ideas que nos vinieran a la mente y pudieran ayudarnos. Corrió a su recamara y regresó con una hoja de papel amarillo y un crayón rojo. Me senté a su lado y empezamos a escribir.

Empecé anotando dos ideas.

Comprar un banquito como el que tiene Jimmy en su baño.

Mamá le preguntará a David si necesita «ir».

Entonces David empezó a hablar. «Bárbara y Peter me ayudarán». (Peter es su amigo, que ya sabe ir al baño, y Bárbara es su madre).

Después añadió, «Peter usa pantalones de niño grande».

Escribí, «Comprarle a David unos pantalones para niño grande».

Al siguiente día fui a comprarle un barquito y un montón de pantalones de entrenamiento. David se sintió fascinado con mis compras y se las mostró a Peter y a Bárbara, quienes le aseguraron que aprendería.

Volvimos a hablar de reconocer cuándo debería «ir», la presión en su estómago y la necesidad de ir al baño y quitarse los pantalones a tiempo.

Sabía que yo comprendía las dificultades involucradas.

Ya han pasado cerca de tres meses y casi está completamente entrenado. ¡Y se siente tan orgulloso de sí mismo!

Esperaba con impaciencia la próxima sesión; tenía algo maravilloso que quería compartir con el grupo. ¡Al fin me había liberado!, y también Rachel, mi hija de tres años y medio. Todo empezó el martes por la mañana cuando sonó el teléfono.

—Susie, ¿podrías cuidar a Danielle esta tarde?

—Por supuesto —respondí.

Después de colgar, recordé que debía ir de compras y tendría que llevar conmigo a *dos* niñas. Ahora bien... Rachel estaba asistiendo a un grupo preescolar de 45 minutos al aire libre por las mañanas. Sin embargo, sólo aceptaba ir si yo me quedaba afuera sentada en una banca, al alcance de su vista. Las demás madres dejaban a sus hijos y se iban, pero ¡yo me quedaba!

Le dije a Rachel, «Hoy tengo que ir de compras mientras tú vas al jardín de niños. Danielle estará con nosotras esta tarde y no tendré tiempo para ir de compras».

Lágrimas de Rachel. He aquí mi oportunidad de aplicar mis habilidades para resolver el problema. Expliqué a Rachel, «Tenemos un problema. ¿Cómo podemos resolverlo? Vamos a anotar todo esto».

Los ojos de Rachel se iluminaron de alegría mientras yo escribía:

Problema: Mamá tiene que ir a comprar leche; no tiene tiempo de hacerlo después del jardín de niños, de manera que deberá hacerlo a esa hora.

Sugerencias para resolver el problema:

(Mía):	1. Ir mientras Rachel está en la escuela, y volver pronto.
(De Rachel):	2. No comprar leche.
(De Rachel):	3. Ir después de la escuela.
(Mía):	4. Mientras mamá va de compras, Rachel podría cantar, dibujar y jugar.
(Mía):	5. Rachel se quedará en el jardín de niños mientras mamá va de compras.

(De Rachel):   6. Mamá sólo comprará una cosa y regresará
                rápido.
(Mía):   7. Mañana iremos juntas a comprar chicles.
(De Rachel):   8. Si Rachel quiere llorar, llorará.

Leímos la lista y le aclaré que si no compraba la leche, Rachel y papá se sentirían decepcionados, de manera que tachamos eso de la lista. Volví a explicarle que no tendría tiempo de ir después de la escuela... y también tachamos eso.

Rachel parecía satisfecha.

Nos fuimos caminando al jardín de niños y Rachel se despidió de mí con un abrazo y un beso. Me recordó que sólo debería ir a una tienda y después fue a sentarse en el círculo con los demás niños.

Me apresuré a ir a la tienda y regresé a tiempo para ver a Rachel felizmente absorta en un juego con sus amigos. A la salida de la escuela, me saludó preguntando, «¿Fuiste?».

«Claro que sí. Debes sentirte orgullosa, te quedaste tú sola».

Rachel asintió.

Miércoles por la mañana.

RACHEL: (*se veía tensa*) ¿Hoy es día de ir al jardín de niños?
YO: (esperando la pregunta, «¿Te quedarás?») Sí.
RACHEL: Ah, mami... bueno, si quiero llorar, lloraré. ¡Y si
           no quiero llorar, no lo haré!
YO: Vamos a escribir eso.

Lo hice, y ella añadió que se sentaría al lado de una amiga. Después declaró, «Mami, cuando regreses, hazlo pronto, tan pronto que te caerás. ¡Corre!»

La llevé al jardín de niños; me dio un abrazo y un beso y me recordó que corriera.

Regresé 45 minutos después.

YO: ¡Te quedaste tú sola!
RACHEL: ¡Sí, estoy muy orgullosa!

Viernes por la mañana:

RACHEL: Mamá, ¿hay jardín de niños hoy?
YO: Así es.
RACHEL: Bueno, escribe esto: me sentaré al lado de una
             amiga.

Problema resuelto. Rachel va al jardín de niños ¡y mamá va de compras! Ahora que medito en ello, comprendo que se necesitó un gran esfuerzo para disciplinarme a mí misma y dedicar el tiempo necesario a sentarme con Rachel y discutir nuestro problema. Me alegro de haberlo hecho ¡y Rachel también!

Mi hijo, Michael Howard, tiene cinco años y medio y va al jardín de niños. Lee libros de tercero a sexto año; tiene un vocabulario muy amplio y ha decidido que quiere ser cirujano plástico. Le gusta que le lea acerca de las diferentes partes del cuerpo en los libros de medicina. Con frecuencia, se va a mi cama por las noches; he intentado todo para evitar que lo haga, sin hacerle sentir indeseado. Traté de permanecer despierto hasta las 2:30 a.m., pero cuando me quedaba profundamente dormido llegaba a mi cama con su almohada, sus pantuflas y su bata, y se metía debajo de las cobijas en mi cama grande; por la mañana, lo encontraba acurrucado a mi lado. Incluso sugirió que yo durmiera en su cama y él dormiría en la mía. Cuando llegué a casa después de un taller, decidí intentarlo en otra forma.

Le pregunté a Michael Howard qué podríamos hacer para que no fuera a mi cama por las noches, y respondió, «Déjame pensarlo». Se fue a su recámara y diez minutos después regresó con un bloc

amarillo y una pluma, diciendo, «Papá, escribe un memorándum».
Después me dictó lo que debía escribir:

QUERIDO MICHAEL:
POR FAVOR, NO VENGAS EN LA NOCHE.
    TE QUIERE,
    PAPÁ

Volvió a salir y regresó con una cinta métrica y cinta adhesiva.
Midió 1.12 metros (en la parte de la puerta de mi recamara), tomó
el memorándum y lo pegó al salir.

Michael dijo: «Si no quieres que venga (había pegado un pedazo de cinta adhesiva atrás del memorándum, en la parte inferior),
pega la parte de abajo sobre la parte de arriba de la nota. Eso quiere
decir que puedo entrar».

Le respondí, «Gracias».

A las 6:02 a.m., Michael se presentó en mi cama (yo me levanto
alrededor de las 6:00 a.m. los días de trabajo), y comentó, «Ves,
papá, me levanté cuando estaba oscuro y no podía ver nada, pero tu
nota estaba hacia abajo y la leí mentalmente, entonces regresé a mi
cama. Como ves, papá, todo lo que tienes que hacer es pedírmelo
y yo te ayudaré a resolver tus problemas».

Eso ha durado dos fines de semana, con muy buenos resultados.
Es la mejor forma. Gracias.

EL DILEMA DE JENNIFER A LA HORA DE DORMIR

El martes por la noche, todavía entusiasmada por la sesión de la
noche anterior, abordé el problema con Jennifer (de cinco años).

MAMÁ: ¿Tienes tiempo para hablar?
JENNIFER: Sí.

MAMÁ: Me gustaría hablar de nuestro problema «a la mitad de la noche».

JENNIFER: Ah, de acuerdo.

MAMÁ: ¿Quieres decirme cómo te sientes con esta situación que nos está haciendo tan infelices a ambas?

JENNIFER: Algo me pasa, mamá (*con una mueca en el rostro y los puños apretados*), y no puedo quedarme en mi recámara. Sólo quiero venir a la tuya.

MAMÁ: Oh, ya veo.

JENNIFER: Sé que tú odias eso, ¿no es cierto?

MAMÁ: Bueno, déjame decirte cómo me siento. Después de un largo día, lo único que quiero es meterme a la cama, acurrucarme bajo los cobertores y quedarme bien dormida. Cuando me despiertan, simplemente no soy una mamá muy amistosa.

JENNIFER: Lo sé.

MAMÁ: Veamos si podemos encontrar alguna solución que nos haga felices a las dos, ¿de acuerdo? (*saca bloc y pluma*).

JENNIFER: ¿Vas a escribirlo? ¿Harás una lista? (*muy impresionada*).

MAMÁ: Así es. ¿Puedes empezar?

JENNIFER: Me gustaría ir a la cama de papá y mamá.

MAMÁ: De acuerdo (*escribiendo*). ¿Algo más?

JENNIFER: En vez de eso, sólo podría despertarte.

MAMÁ: Mmm… (*escribiendo*).

JENNIFER: Podría leer con mi lamparita de noche si me siento angustiada.

MAMÁ: Apuesto que podrías hacerlo…

JENNIFER: Pero si tuviera una lámpara… ¿podría tener una?

MAMÁ: (*escribiendo*) ¿Qué harías con una lámpara?

JENNIFER: (*empezando a emocionarse*) Podría leer un libro, jugar con mis abatelenguas (*papá es médico*), escribir mis cartas…

MAMÁ: Alguien parece muy emocionada.

JENNIFER: De acuerdo, ¿qué hay del número cuatro (*de la lista*)?

MAMÁ: ¿Tienes más ideas?

JENNIFER: (*rápidamente*) Podría pedir algo de beber.

MAMÁ: Mmm (*escribiendo*)

JENNIFER: Y el número 5 podría ser ir a ver si estás bien.

MAMÁ: ¡Vaya lista! Vamos a repasarla.

Jen de inmediato escribió una x al lado de la primera y la segunda soluciones. Habló de comprar una lámpara, un bloc y crayones al día siguiente. Escogimos una horrible lámpara color naranja (*su elección*) que hiciera juego (¿?) con su recámara decorada en rojo y blanco. Esa noche todo fue muy bien y a la mañana siguiente recibí una caja de zapatos (*su idea*) llena de dibujos. Ya ha pasado toda una semana y me ha dejado dormir. Tengo los dedos cruzados.

Los padres nos comentan que una vez que sus hijos se acostumbran a la solución de problemas, son más capaces de resolver sus diferencias con sus hermanas y hermanos, lo que es un beneficio adicional para los padres. En vez de tener que intervenir, de tomar partido, de hacer las veces de jueces para encontrar una solución, plantean el problema de otra manera y lo dejan en el lugar que le corresponde: en manos de los niños. El comentario que pareció activar más a los niños para que asumieran la responsabilidad de resolver sus propios conflictos, fue el siguiente: *Niños, es un problema difícil, pero confío en que ustedes dos podrán intercambiar ideas y encontrar una solución en la cual ambos estén de acuerdo.* Este primer ejemplo es de un padre:

Brad (de cuatro años) y Tara (de dos y medio) estaban jugando afuera. Brad andaba en el triciclo de Tara y ella quería usarlo. Tara empezó a ponerse histérica y Brad se rehusaba a bajarse.

Por lo común, yo no habría titubeado en decir, «Brad, bájate de ahí; ese triciclo es de tu hermana, ¡tú tienes tu bicicleta!» Pero en vez de tomar partido por Tara, les indiqué, «Veo que tienen un problema. Tara, tú quieres andar en tu triciclo, y tú, Brad, también quieres andar en él y ella no quiere que lo hagas». Después les pedí a ambos, «Creo que deberían encontrar una solución al problema, que sea aceptable para los dos».

Tara seguía llorando y Brad se quedó pensando durante un momento y después me respondió, «Creo que Tara podría pararse en la parte de atrás y sostenerse de mi cintura mientras yo conduzco».

Le dije, «Eso debes discutirlo con Tara, no conmigo». ¡Entonces Brad le preguntó a Tara y ella accedió! Ambos se alejaron en el atardecer.

Lo que nunca deja de sorprendernos es el tipo de soluciones que elaboran los niños. Por lo común, son completamente originales y más satisfactorias que cualquier sugerencia que pudieran hacer los padres.

Cuando regresé a casa después de nuestra última sesión sobre la solución de problemas, mis dos hijos se encontraban a la mitad de una discusión acerca de una chamarra roja que ambos querían ponerse. Esa chamarra antes era de mi hija de seis años y ahora la usa mi hijo de tres. Se estaban preparando para salir y los dos gritaban y peleaban acerca de quién debería ponerse la chamarra.

Llamé su atención, comentándoles, «Veo a dos niños que quieren usar la misma chamarra roja.

«Veo a una niña que antes era la dueña de esa chamarra y todavía quiere tenerla.

«Veo a otro niño que quiere usar la chamarra roja porque ahora es suya.

«Creo que ambos pueden encontrar una solución para este problema. Cuando estén listos, estaré en la cocina».

Me dirigí a la cocina, y mi esposo y yo escuchábamos sorprendidos mientras los dos iniciaban una discusión. Cinco minutos después entraron a la cocina, diciendo, «¡Ya encontramos una solución! Josh llevará la chamarra roja al restaurante y cuando salgamos para ir a la feria, ¡yo usaré la chamarra y Josh puede usar mi nueva chamarra amarilla!»

Esta historia final nos habla de un niño que trata de resolver el problema de cómo enfrentarse a sus propias emociones violentas:

Scott (de ocho años) tiene problemas para ventilar sus sentimientos de ira. Esa noche, en particular, algo lo hizo estallar a la hora de la cena y se paró furioso de la mesa, con los puños apretados y sin saber cuál podría ser una forma aceptable de liberarse de toda su furia.

Camino a su recamara, por accidente derribó uno de mis floreros favoritos. Al verlo caer al suelo y romperse, me puse furiosa y, desafortunadamente, empecé a gritar como loca; él corrió a su habitación, y azotó la puerta.

Después de que mi esposo logró pegar el florero y el tiempo mitigó mi sentimiento de enojo, me dirigí a su recámara y toqué la puerta. Dijo, «¿Quién es?», y le pregunté si podía entrar y si creía que era un buen momento para hablar.

Se me quedó viendo con gratitud y respondió, «¡Sí!»; fue como si por el solo hecho de mi presencia, se sintiera seguro de que yo aún lo amaba y pensaba en él como un ser humano, no como un niño torpe e incontrolable.

Empecé por preguntarle cómo se siente cuando está taaan enojado, y me respondió que quisiera pegarle a alguien o romper algo, estallar en cólera y pegarle a las cosas, tan fuerte como pueda. Le dije que cuando él demuestra su ira de ese modo, yo experimento el deseo de dirigirme a su recámara y romper su juguete favorito. Entonces ambos quedamos viéndonos el uno al otro, exclamando «Mmm».

Le pregunté (con lápiz y libreta en mano) si podríamos encontrar alguna forma de demostrar o ventilar su enojo, con la cual ambos pudiéramos vivir, y procedió a hacerme las siguientes sugerencias:

- Papá podría colgar mi saco de arena para boxear.
- Poner algo en la pared para aventarle mi pelota.
- Colgar mi silla rellena de frijoles.
- Poner mi aparato de música a todo volumen.
- Conseguir una barra para hacer ejercicio.
- Aplastar una almohada sobre mi cabeza.
- Azotar las puertas.
- Saltar con fuerza en el suelo.
- Saltar sobre la cama.
- Encender y apagar la luz.
- Salir y correr diez veces alrededor de la casa.
- Pellizcarme.

Yo no dije una sola palabra, pero escribí todo. Fue interesante ver que después de decir todas esas cosas, que sabía no tenía permitido hacer, dejó escuchar una risita nerviosa, como si quisiera hacerme saber que eso es lo que *realmente* le gustaría hacer.

Mientras repasábamos la lista, eliminé varias de esas cosas y le expliqué por qué no me parecían bien. Nos decidimos por cuatro posibilidades.

Papá debería indicarle una fecha definitiva para reparar y colgar su saco de boxeo.

El aparato para hacer ejercicio se instalaría en la puerta de su recámara.

Podría correr alrededor de la casa sólo durante el día.

Cuando le pregunté acerca de romper papel, le indiqué, «Hay un problema con esto». Y respondió, «Ah, ya sé, ¡después lo recogeré!».

Para ese momento, estábamos sentados muy juntos, hablando con toda calma. Por último dije, «Sólo hay una cosa que quisiera añadir, y es algo que siempre está a tu disposición cuando te sientas tan lleno de ira».

«Que puedo hablar de ello», respondió de inmediato.

Los dos nos fuimos a la cama sintiéndonos muy bien.

4

Cómo fomentar la autonomía

Casi todos los libros sobre la educación de los hijos nos dicen que una de nuestras metas más importantes como padres es ayudar a nuestros hijos a separarse de nosotros, ayudarles a convertirse en individuos independientes que algún día podrán desempeñarse por sí solos sin nuestra ayuda. Nos exhortan a no pensar en ellos como si fuesen pequeñas copias al carbón o extensiones nuestras, sino como seres humanos únicos con diferentes temperamentos, diferentes gustos, diferentes sentimientos, diferentes deseos y diferentes sueños.

Sin embargo, ¿cómo vamos a ayudarles a convertirse en personas distintas e independientes? Permitiéndoles que hagan las cosas por sí mismos, permitiéndoles que luchen con sus propios problemas, dejándolos para que aprendan de sus propios errores.

Es más fácil decirlo que hacerlo. Todavía recuerdo a mi primer hijo tratando de atarse las cintas de los zapatos mientras yo lo observé pacientemente durante diez segundos y luego me agaché a ayudarle.

Y todo lo que mi hija tenía que hacer era sólo mencionar que había peleado con una amiga para que yo saltara al instante con un consejo.

¿Y cómo podía permitir que mis hijos cometieran errores y sufrieran un fracaso, cuando en primer lugar todo lo que tenían que hacer era escucharme?

Quizá usted piense: *¿Qué hay de malo en ayudar a los hijos a atarse las cintas de los zapatos, o decirles cómo resolver una discusión* *con una amiga, o con cerciorarnos de que no cometan errores? Después de todo, los niños son más jóvenes y tienen menos experiencia. En realidad dependen de los adultos que están cerca de ellos.*

He aquí el problema. Cuando una persona depende continuamente de alguien más, surgen ciertos sentimientos. Con objeto de aclarar cuáles podrían ser esos sentimientos, por favor lea los siguientes comentarios, anotando sus reacciones:

I. Usted tiene cuatro años de edad; durante el curso del día, escucha a sus padres diciéndole:

- Cómete tus ejotes, las verduras son buenas para ti.
- Ven aquí, deja que te suba el cierre.
- Estás cansado, acuéstate y descansa.
- No quiero que juegues con ese niño, usa un lenguaje muy grosero.
- ¿Estás seguro de que no tienes que ir al baño?

Su reacción: _____

_____

_____

II. Usted tiene nueve años de edad; durante el curso del día, sus padres le dicen:

- No te molestes en probarte esa chamarra, el verde no te queda bien.
- Dame ese frasco, yo le quitaré la tapa
- Ya te dejé tu ropa lista.
- ¿Necesitas ayuda con tus deberes escolares?

Su reacción: _____

_____

_____

III. Usted tiene diecisiete años. Su padre le dice:

- No es necesario que aprendas a manejar. Me siento muy nervioso pensando en los accidentes. Me sentiré muy contento de llevarte a donde quieras ir. Todo lo que tienes que hacer es pedírmelo.

Su reacción: _____

_____

_____

_____

IV. Usted es un adulto, su jefe le dice:

- Voy a comentarle algo por su propio bien. Deje de hacer sugerencias acerca de cómo mejorar las cosas aquí, limítese a hacer su trabajo. No le estoy pagando por sus ideas; le pago para que trabaje.

Su reacción: _____

_____

_____

_____

V. Usted es ciudadano de una nueva nación. Durante una junta pública escucha a un dignatario visitante, de un país rico y poderoso, que anuncia:

- Debido a que su nación todavía está en sus inicios y aún no se ha desarrollado, nosotros no olvidaremos sus necesidades. Hemos planeado enviarles expertos y materiales para enseñarles cómo manejar sus granjas, escuelas, sus negocios y su gobierno. También les enviaremos a profesionales en planeación familiar, quienes les ayudarán a disminuir el índice de nacimientos en su país.

Su reacción: _____

_____

_____

Es probable que pudiéramos decir, sin temor a equivocarnos, que no desearía que sus hijos tuvieran hacia usted la mayoría de los sentimientos que acaba de escribir. Y sin embargo, cuando la gente se encuentra en una posición de dependencia, junto con una pequeña dosis de gratitud, por lo común también experimenta sentimientos de impotencia, de falta de mérito, de resentimiento, de frustración e ira. Esta desafortunada verdad puede presentarnos cierto dilema a nosotros como padres. Por una parte, es obvio que nuestros hijos son dependientes de nosotros; debido a su juventud y a su inexperiencia, hay muchas cosas que debemos hacer por ellos, decirles y enseñarles. Por otra parte, el hecho mismo de su dependencia puede conducir a sentimientos de hostilidad.

¿Existen formas de reducir al mínimo los sentimientos de dependencia de nuestros hijos? ¿Hay algunas formas de ayudarles a convertirse en seres humanos responsables que puedan funcionar sin ayuda de nadie? Afortunadamente, las oportunidades para fomentar la autonomía de nuestros hijos se presentan todos los días. He aquí algunas habilidades específicas que pueden ayudar a los niños a confiar en ellos mismos en vez de hacerlo en nosotros.

Para fomentar la autonomía

1. Deje que los niños hagan sus propias elecciones.
2. Demuestre respeto hacia los esfuerzos de un niño.
3. No haga demasiadas preguntas.
4. No se apresure a dar respuestas.
5. Anime al niño a emplear recursos fuera de su hogar.
6. No le quite la esperanza.

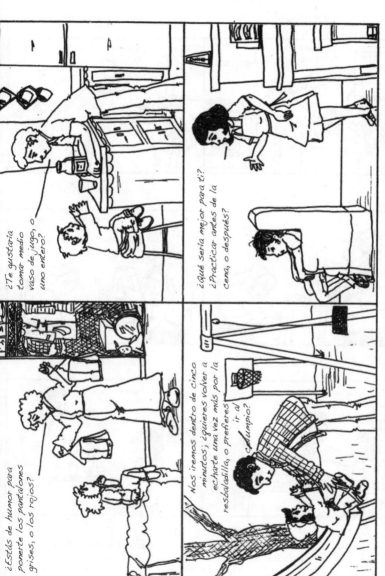

Todas éstas son elecciones que brindan al niño una práctica muy valiosa para tomar decisiones. Debe ser muy difícil para un adulto verse obligado a tomar decisiones acerca de su carrera, su estilo de vida o la elección de su cónyuge, sin tener una buena dosis de experiencia en ejercitar su propio juicio.

Demuestre respeto hacia los esfuerzos del niño

En vez de   *Demuestre respeto*

En vez de   *Demuestre respeto*

En vez de   *Demuestre respeto*

Cuando se respeta el esfuerzo del niño, éste reúne el ánimo suficiente para terminar él solo lo que está haciendo.

No hagas demasiadas preguntas

El exceso de preguntas puede experimentarse como una invasión de la vida privada. Los niños pueden hablar de lo que quieran y cuando deseen hacerlo.

Cuando los niños hacen preguntas, merecen la oportunidad de explorar primero la respuesta por ellos mismos.

Anime al niño a emplear recursos fuera de su hogar

Queremos que nuestros hijos sepan que no son totalmente dependientes de nosotros. El mundo fuera del hogar, en la tienda de animales domésticos, el dentista, la escuela, un niño mayor, son recursos a los que pueden acudir en busca de ayuda para sus problemas.

No le quite la esperanza

Al tratar de proteger a los niños de la decepción, les impedimos que tengan esperanza, luchen, sueñen y a veces también que realicen sus sueños.

A pesar de que muchas de estas habilidades que acaba de analizar al principio pueden parecerle como algo de sentido común, no hay nada de común en ninguna. Se necesita cierta dosis de práctica y determinación para hablar con los niños en formas que fomenten su independencia.

En los siguientes ejercicios verá seis comentarios típicos de los padres. Por favor cambie cada uno de esos comentarios por otro que fomente la autonomía de un niño.

El padre dice originalmente:

Comentario corregido que fomenta la autonomía:

1. Báñate ahora mismo.

1. (Ofrezca una elección).

_____

_____

2. ¿Por qué se te dificulta tanto ponerte las botas? Vamos, levanta el pie, yo te las pondré.

2. (Demuestre respeto respecto hacia los esfuerzos de un niño).

_____

_____

3. ¿Te divertiste hoy en el campamento? ¿Nadaste? ¿Te agradan los niños? ¿Cómo es tu consejero?

3. (No haga demasiadas preguntas.).

_____

_____

4. NIÑO: ¿Por qué papá tiene que trabajar todos los días?

4. (No se apresure a dar respuestas).

_____

_____

5. ADOLESCENTE: Estoy engordando mucho y quiero ponerme a dieta. ¿Qué debo comer?

5. (Anime a los niños a emplear recursos fuera del hogar).

_____

_____

6. NIÑO: Papá, cuando sea grande quiero ser maestro.

PAPÁ: No cuentes con ello. Las escuelas para graduados están llenas de maestros que no encuentran trabajo cuando salen de la escuela.

6. (Anime a los niños a emplear recursos fuera del hogar).

_____

_____

_____

Si está pensando que las seis habilidades que acaba de practicar no son las únicas que fomentan la autonomía de un niño, tiene toda la razón. A decir verdad, todas las habilidades que ha estudiado hasta ahora en este libro ayudan a los niños a considerarse como personas distintas, responsables y competentes. Cuando escuchamos a los niños hablar de sus sentimientos, o cuando compartimos con ellos nuestros propios sentimientos, o los invitamos a tratar de resolver el problema con nosotros, estamos fomentando su confianza en sí mismos.

Sé que para mí la idea de animar a los niños para que se hicieran cargo de los detalles de sus propias vidas fue algo revolucionario. Todavía puedo escuchar a mi abuela comentar con admiración acerca de una vecina, «Es una madre maravillosa. ¡Lo que no hace por eso niño!» Crecí con la creencia de que las buenas madres «hacían todo» por sus hijos, sólo que yo todavía llegué un paso más adelante; no sólo «hacía todo» por ellos, sino que también pensaba por ellos. ¿El resultado? Todos los días, por la cuestión más trivial, tenía lugar una lucha de voluntades, que terminaba con muchos sentimientos negativos alrededor.

Cuando al fin aprendí a dejar en manos de los niños las responsabilidades que con toda justicia les pertenecen, mejoró la disposición de todos. He aquí lo que me ayudó: siempre que me daba
cuenta de que empezaba a agitarme o a involucrarme, me preguntaba a mí misma, *¿Tengo alguna elección en este caso?... ¿Debo encargarme de la situación?... O en vez de ello, ¿puedo dejar que los niños
se hagan cargo de esto?*

En el siguiente ejercicio verá una serie de situaciones que a menudo hacen que los padres se inquieten, se involucren, o ambas
cosas. A medida que lea cada una de esas situaciones, pregúntese a
sí mismo.

  I. ¿Qué puedo decir o hacer para impedir que el niño sea de-
     pendiente de mí?
 II. ¿Qué podría decir o hacer para fomentar la autonomía de
     mi hijo?

Algunas habilidades que podrían ser útiles

Nuevas habilidades	*Antiguas habilidades*
Ofrezca una elección.	Acepte los sentimientos de su hijo.
Demuestre respeto por los esfuerzos de su hijo.	Describa lo que siente.
No haga demasiadas preguntas.	Dé información.
Fomente emplear recursos fuera del hogar.	Resuelva los problemas.
No le quite la esperanza.	

NIÑO: Hoy llegué tarde a la escuela. Mañana tienes que desper-
tarme más temprano.

PAPÁ: (*manteniendo la dependencia del niño*) _____

_____

PAPÁ: (*fomentando la autonomía*) _____

_____

NIÑO: No me gustan los huevos y ya estoy cansado del cereal frío.
Ya no voy a desayunar.

PAPÁ: (*manteniendo la dependencia del niño*) _____

_____

PAPÁ: (*fomentando la autonomía*) _____

_____

NIÑO: ¿Hace frío afuera? ¿Necesito ponerme un suéter?

PAPÁ: (*manteniendo la dependencia del niño*) _____

_____

PAPÁ: (*fomentando la autonomía*) _____

_____

NIÑO: Oh, diablos, jamás podré abotonar este botón.

PAPÁ: (*manteniendo la dependencia del niño*) _____

_____

PAPÁ: (*fomentando la autonomía*) _____

_____

NIÑO: ¿Sabes una cosa? Voy a empezar a ahorrar el dinero de mi
semana para comprarme un caballo.

PAPÁ: (*manteniendo la dependencia del niño*) _____

PAPÁ: (*fomentando la autonomía*) _____

NIÑA: Betsy quiere que vaya a su fiesta, pero no me simpatiza la mayoría de los niños que irá. ¿Qué debo hacer?

PAPÁ: (*mantenimiento la dependencia del niño*) _____

PAPÁ: (*fomentando la autonomía*) _____

Me imagino que algunos de los comentarios que acaba de escribir le vinieron rápidamente a la mente y otros requirieron una considerable meditación. Puede ser un desafío encontrar el lenguaje que atraiga el sentido de responsabilidad de un niño.

A decir verdad, todo este asunto de fomentar la autonomía puede ser bastante complicado. Por mucho que comprendamos la importancia de que nuestros hijos sean independientes, dentro de nosotros hay fuerzas que obran en contra de ello. En primer lugar, está el aspecto de la mera conveniencia; en la actualidad, casi todos estamos demasiado ocupados y apresurados. Por lo común nosotros despertamos a nuestros hijos, les abotonamos los botones, les decimos lo que deben comer y la ropa que deben ponerse, porque nos parece mucho más sencillo y más rápido hacerlo así.

Después tenemos que enfrentarnos a nuestros vigorosos sentimientos de unión con nuestros hijos. Debemos esforzarnos por no considerar sus fracasos como nuestros fracasos. Y es difícil dejar que quienes están tan cerca de nosotros y nos son tan queridos luchen y cometan errores, cuando tenemos la certeza de que unas cuantas palabras sensatas podrían protegerlos del dolor o de la decepción.

También se necesita una gran moderación y una buena dosis de autodisciplina de nuestra parte para no adelantarnos con un consejo, en particular cuando estamos seguros de tener la respuesta. Sé que hasta este día, siempre que uno de mis hijos pregunta, «Mamá, ¿qué crees que debería hacer?» Tengo que controlarme para no decirle de inmediato lo que yo creo que debería hacer.

Pero hay algo todavía más importante que interfiere con nuestro deseo racional de ayudar a nuestros hijos a separarse de nosotros. Recuerdo muy bien la profunda satisfacción que experimentaba al sentirme tan totalmente necesitada por tres pequeños seres humanos. De modo que fue una mezcla de sentimientos como descubrí que un despertador mecánico podía despertar a mis hijos de una manera más eficiente que todos mis recordatorios maternales. Y fue también por una mezcla de sentimientos encontrados que renuncié a mi labor de leer cuentos a la hora de dormir, cuando los niños al fin aprendieron a leer solos.

Mis propias emociones en conflicto acerca de su creciente independencia fueron las que me ayudaron a comprender una historia que me contó una maestra de un jardín de niños. La maestra describió sus esfuerzos por convencer a una joven madre de que su hijo en verdad estaría bien si ella no se quedaba sentada en el salón de clases al lado del pequeño. Cinco minutos después de que la mamá salió, fue obvio que el pequeño Jonathan la necesitaba para llevarlo al baño. Cuando la maestra lo instó a que fuera, respondió muy desconsolado, «No puedo».

Ella le preguntó, «¿Por qué no?»

«Porque mami no está aquí», le explicó Jonathan. «Ella me aplaude cuando termino».

La maestra se quedó pensando durante un momento. «Jonathan, puedes ir al baño y luego te aplaudes tú mismo».

Jonathan se le quedó mirando con los ojos muy abiertos.

La maestra lo llevó al baño y esperó. Después de algunos minutos, escuchó el sonido de los aplausos detrás de la puerta cerrada.

Después, ese mismo día, la mamá le llamó por teléfono para comentarle que las primeras palabras que escuchó en labios de Jonathan cuando llegó a casa fueron, «Mami, ya puedo aplaudirme yo solo, ¡ya no te necesito!»

«Y no va a creerlo», me relató la maestra, «la madre dijo que se sentía muy deprimida por eso».

Claro que sí lo creí. Puedo creer que a pesar de nuestros sentimientos de orgullo por los progresos de nuestros hijos y de nuestra alegría por su creciente independencia, también es posible experimentar el dolor y el vacío de ya no sentirnos necesitadas.

El camino que recorremos los padres es agridulce. Empezamos con una absoluta dedicación a un pequeño ser humano importante; a lo largo de los años nos preocupamos, hacemos planes, consolamos y tratamos de comprender. Entregamos todo nuestro amor, nuestro trabajo, nuestro conocimiento y nuestra experiencia… de manera que algún día él o ella posean la fortaleza interna y la confianza en sí mismo para alejarse de nosotros.

Tarea

1. Ponga en práctica por lo menos dos habilidades que fomentarían el sentido de sí mismo de su hijo o hija como una persona independiente, competente y autosuficiente.

2. ¿Cuál fue la reacción de su hijo?

_____

_____

3. ¿Hay algo que usted acostumbra hacer por su hijo y que él podría empezar a hacer por sí mismo?

_____

_____

4. ¿Podría desplazar esta responsabilidad hacia su hijo sin que se sienta abrumado? (La mayoría de los niños no reacciona en una forma favorable al comentario de, «Ahora ya eres un niño —o niña— grande. Tienes edad suficiente para vestirte, comer solo y hacer tu cama», etcétera).

_____

_____

5. Lea la Segunda Parte sobre Cómo Fomentar la Autonomía.

Un rápido recordatorio. . .

Para fomentar la autonomía

1. DEJE A LOS NIÑOS HACER SUS PROPIAS ELECCIONES. «¿Estás hoy de humor para ponerte los pantalones grises o los rojos?»

2. DEMUESTRE RESPETO HACIA LOS ESFUERZOS DEL NIÑO. «Puede ser difícil abrir un frasco. A veces ayuda si golpeas los lados de la tapa con una cuchara».

3. NO HAGA DEMASIADAS PREGUNTAS.

   «Me alegro de verte, bienvenido a casa.»

4. NO SE APRESURE A DAR RESPUESTAS.

   «Es una pregunta interesante, ¿qué piensas tú?»

5. ANIME A LOS NIÑOS A EMPLEAR RECURSOS FUERA DE SU HOGAR.

   «Tal vez el dueño de la tienda de animales domésticos podría sugerirte algo».

6. NO LES QUITE LA ESPERANZA.

   «¡Entonces tratarás de que te den el papel principal en la obra. Será toda una experiencia!»

SEGUNDA PARTE

COMENTARIOS, PREGUNTAS DEL NIÑO
E HISTORIAS DE LOS PADRES

Comentarios acerca de cada habilidad

I. Deje que los niños hagan elecciones

Parecería ilógico preguntarle a un niño si quiere medio vaso de leche o uno entero, su pan muy tostado o poco, pero para el niño cada una de esas pequeñas elecciones representa una oportunidad más de ejercer cierto control sobre su propia vida. Hay tantas cosas que un niño debe hacer, que no es difícil comprender por qué se vuelve resentido y rebelde.

- Debes tomar tu medicina.
- Deja de tamborilear en la mesa.
- Ahora debes ir a la cama.

Si podemos ofrecerle una elección acerca de *cómo* se debe hacer algo, a menudo esa elección basta para disminuir su resentimiento.

- Puedo ver lo mucho que te desagrada esta medicina. ¿Te sería más fácil tomarla con jugo de manzana o con *ginger ale*?
- Ese tamborileo en verdad me molesta. Puedes dejar de tamborilear y quedarte aquí; o puedes ir a hacerlo a tu recamara. Tú decides.
- Ahora es momento de que papá y mamá charlen un poco, y es hora de que tú te vayas a la cama. ¿Quieres dormirte ahora, o quieres jugar un rato en tu cama y llamarnos cuando estés listo para que vayamos a arroparte?

Algunos padres se sienten incómodos al aplicar esta habilidad. Pretenden que una elección obligada, después de todo, no es una elección, y que sólo se convierte en otra forma de acorralar a un niño. Es una objeción comprensible. Una alternativa es invitar al niño a sugerir alguna otra elección que sea aceptable para todas las partes involucradas. He aquí lo que un padre nos comentó que hizo:

Mi esposa y yo nos encontrábamos a punto de cruzar la calle con Tony, de tres años, y con el bebé. Tony odia que lo tome de la mano y lucha por soltarse, a veces a media calle. Antes de cruzar le indiqué, «Tony, como verás tienes dos elecciones, puedes tomar la mano de mamá o puedes tomarme de la mano. O quizá tú tienes alguna otra idea que no ofrezca ningún riesgo».

Tony lo pensó durante un segundo y respondió, «Me detendré de la carriola». Su elección nos pareció aceptable.

II. Demuestre respeto hacia los esfuerzos del niño

Solíamos pensar que cuando le decíamos a un niño que algo era «fácil», lo estábamos animando. Ahora nos damos cuenta de que al decirle, «inténtalo, es muy fácil», no le estamos haciendo ningún favor. Si logra hacer algo «fácil», siente que no ha logrado gran cosa. Si fracasa, entonces ha fracasado en algo sencillo.

Por otra parte, si le decimos, «no es fácil» o «eso puede ser difícil», él mismo se envía otra serie de mensajes. Si tiene éxito puede experimentar el orgullo de haber hecho algo difícil; si fracasa, por lo menos puede experimentar la satisfacción de saber que su tarea era difícil.

Algunos padres sienten que están actuando en forma falsa cuando dicen, «eso puede ser difícil»; pero si analizaran esa tarea desde el punto de vista de un niño inexperto, se darían cuenta de que las primeras veces que se intenta cualquier cosa nueva, en verdad *es difícil*. (Evite decir: «Eso debe ser difícil para ti», pues el niño podría pensar, «¿Por qué para mí? ¿Por qué no para todos los demás?»)

Otros padres se quejaron de que era casi insoportable quedarse parados contemplando el esfuerzo de un niño sin ofrecerle nada más que empatía. Pero en vez de ocuparse de las cosas y hacer el trabajo en lugar del niño, le sugerimos que le ofrezca alguna información útil:

- A veces ayuda si empujas el extremo del cierre hasta abajo, dentro de su base, antes de subirlo.
- A veces ayuda si amasas la arcilla hasta formar con ella una bola suave, antes de que trates de hacer cualquier cosa.
- A veces ayuda girar la perilla de la cerradura, antes de que vuelvas a intentar la combinación.

Nos agradan las palabras «a veces ayuda», porque si eso no **ayuda**, se le evitan al niño los sentimientos de deficiencia.

¿Esto significa que nunca debemos hacer por nuestros hijos lo que ellos no pueden hacer por sí mismos? Confiamos en que cada padre pueda darse cuenta cuando un niño está cansado o necesita alguna atención adicional, o incluso una pequeña dosis de mimos. En ciertas ocasiones se experimenta un gran consuelo por el solo hecho de que alguien nos cepille el cabello o nos ponga los calcetines, aun cuando uno sea perfectamente capaz de hacerlo. En tanto que, como padres, estemos conscientes de que nuestra dirección básica es ayudar a nuestros hijos a hacerse cargo de ellos mismos, podemos disfrutar con absoluta tranquilidad cuando «hacemos algo por ellos» ocasionalmente.

III. No haga demasiadas preguntas

Las clásicas frases: «¿A dónde fuiste?»… «Afuera»… «¿Qué hiciste?»… «Nada», no salieron de la nada. Otras tácticas defensivas que emplean los niños para preguntas que no quieren o no pueden contestar son «¡No lo sé!», o bien «¡Déjame en paz!».

Una mamá nos contó que sentía no ser una buena madre si no le hacía preguntas a su hijo. Se quedó sorprendida al descubrir que cuando dejó de bombardearlo con preguntas y, en vez de ello, lo escuchaba con interés cuando él quería hablar, el niño empezó a mostrarse más abierto con ella.

¿Significa esto que nunca debe hacerle preguntas a su hijo? De ninguna manera. Lo importante es mostrarse sensible al posible efecto de sus preguntas.

Advertencia: Una pregunta muy común de los padres, que suele experimentarse como una forma presión es «¿Te divertiste el día de hoy?» ¡Qué pregunta para hacérsela a un niño! No sólo se vio obligado a ir a la fiesta (a la escuela, a jugar, a un campamento, a un baile), sino también se espera que él deba disfrutar de ello. Si no lo hizo, además de su propia decepción, también debe enfrentarse a la de sus padres. Si no se divirtió, tendrá la impresión de que los decepcionará.

IV. No se apresure a dar respuestas

Durante el curso de su crecimiento, los niños hacen una sorprendente variedad de preguntas:

- ¿Qué es un arco iris?
- ¿Por qué el bebé no puede regresar al lugar de donde vino?
- ¿Por qué las personas no pueden hacer todo lo que quieren?
- ¿Por qué es necesario ir a la universidad?

A menudo los padres se ponen en aprietos por esas preguntas y mentalmente buscan respuestas inmediatas y apropiadas.

Esa presión que se imponen a sí mismos es innecesaria. Por lo común, cuando una niña hace una pregunta, ya ha meditado un poco en la respuesta. Ella puede utilizar a un adulto que actúe como una tabla de armonía para ayudarle a explorar un poco más sus pensamientos. Siempre habrá tiempo más adelante para que el adulto le dé la respuesta «correcta», si todavía le parece importante.

Al darles a nuestros hijos respuestas inmediatas, no les hacemos ningún favor; es como si estuviésemos haciendo por ellos un ejercicio mental. Para los niños es mucho más útil que esas preguntas se les planteen de otra forma para un examen adicional:

- Piénsalo un poco más.
- ¿Qué es lo que tú crees?
- Incluso podríamos repetirles la pregunta:
- ¿Por qué las personas no pueden hacer todo lo que quieren?
- Podemos concederle crédito al interrogador:
- Estás haciendo una pregunta importante, que los filósofos se han hecho durante siglos.

No hay necesidad de apresurarse. El proceso de buscar la respuesta es tan valioso como la respuesta misma.

V. Anime a los niños a emplear recursos fuera de su hogar

Una forma de disminuir los sentimientos de dependencia de un niño hacia su familia, es demostrarle que allá afuera hay una comunidad más vasta con valiosos recursos en espera de que los aproveche. El mundo no es un lugar hostil; ahí podemos encontrar ayuda cuando la necesitamos.

Además del obvio beneficio para el niño, este principio también le aligera al padre la pesada carga de tener que ser siempre el «importante». La enfermera de la escuela puede discutir con el niño que tiene sobrepeso acerca de hábitos alimenticios más sensatos;

el vendedor de zapatos puede explicarle lo que les pasa a los pies con el uso continuo de tenis; la bibliotecaria puede ayudarle a un pequeño a luchar con un difícil trabajo de investigación; el dentista puede describirle lo que sucede cuando no se cepillan bien los dientes. De alguna manera, todas esas fuentes externas tienen más peso que volúmenes enteros de charlas de mamá o papá.

VI. No les quite la esperanza

Gran parte del placer de la vida radica en soñar despiertos, tener fantasías, anticipar, planear. Si tratamos de preparar a los niños ante la posibilidad de una decepción, podemos privarles de experiencias importantes.

Un padre nos comentó acerca de su hija de nueve años, que había llegado a sentir una gran pasión por los caballos. Un día le preguntó si podría comprarle un caballo. Nos dijo que necesitó hacer un gran esfuerzo para no responderle que eso estaba fuera de discusión, debido al dinero, el espacio y los reglamentos de la ciudad. En vez de ello, le respondió, «De manera que te gustaría tener tu propio caballo; háblame más de eso».

Entonces la escuchó mientras la pequeña se adentraba en grandes detalles acerca de cómo alimentaría a su caballo, lo cuidaría y sacaría a pasear todos los días. El solo hecho de hablar de su sueño pareció ser suficiente para la niña y jamás volvió a presionar a su padre para que le comprara un caballo. Pero luego de esa conversación, sacaba libros sobre caballos de la biblioteca, dibujaba caballos y empezó a ahorrar parte del dinero de su semana para poder comprar algún día un terreno para su caballo. Algunos años después solicitó trabajo para ayudar en un establo de la localidad, donde cambiaba sus servicios por algún paseo ocasional a caballo. Para la época en que tenía catorce años, su interés por los caballos había declinado. Un día anunció que pensaba comprarse una bicicleta de diez velocidades con su «dinero ahorrado para el caballo».

Más formas de fomentar la autonomía

I. *Dejemos que sea dueña de su propio cuerpo*

Absténgase de quitarle constantemente el cabello de los ojos, de
enderezarle los hombros, de cepillarle la pelusa de la ropa, de me-
terle la blusa dentro de la falda, de arreglarle el cuello. Los niños
experimentan esta clase de cuidados que les prodigan como una
invasión de su intimidad física.

II. *Manténgase alejado de las minucias de la vida de un niño*

Muy pocos niños aprecian el hecho de escuchar cosas como: «¿Por
qué escribes con la nariz metida en el papel?... Siéntate erguido
cuando haces tus tareas escolares... Quítate el cabello de los ojos,
¿cómo puedes ver lo que haces?... Abotónate los puños de la camisa, da impresión de descuido si los traes abiertos... Es necesario que
te deshagas de esa vieja sudadera, cómprate una nueva... ¿Gastaste
todo el dinero de tu semana en eso? Pues creo que fue un desperdicio de dinero».

Ante esta clase de comentarios, muchos niños reaccionan con
un irritable «¡Maa-má!» o «¡Paa-pá!». Traducción: «Deja de molestarme. Ya no me fastidies. Es asunto mío».

III. *No hable de un niño frente a él o ella, no importa lo pequeño que
sea*

Imagínese parado al lado de su madre mientras ella le hace a una
vecina cualquiera de los siguientes comentarios:

- Bueno, en primer año no se sentía muy contento debido a su
lectura, pero ahora se está desempeñando mejor.
- Adora a la gente, todos son sus amigos.

- No le hagas caso, es un poco tímido.

Cuando los niños oyen que hablan de ellos de esta manera, se sienten como objetos, como posesiones de sus padres.

IV. *Deje que el niño responda él mismo*

Una y otra vez el padre, en presencia del niño, escucha preguntas como las siguientes:

- ¿Le gusta a Juanito ir a la escuela?
- ¿Le agrada el nuevo bebé?
- ¿Por qué no está jugando con su juguete nuevo?

Una verdadera señal de respeto hacia la autonomía del niño es responderle al adulto que hace esa clase de preguntas, «Juanito te lo puede decir; él es el quien lo sabe».

V. *Demuestre respeto a las posibles* aptitudes *de su hijo*

A veces un niño tiene grandes deseos de hacer algo, pero no está emocional o físicamente preparado para hacerlo. Una pequeña quiere usar el baño como una «niña grande», pero aún no puede hacerlo. Él quiere ir a nadar como los otros niños, pero todavía le tiene miedo al agua. Ella quiere dejar de chuparse el dedo, pero cuando está cansada le encanta chupárselo.

En vez de obligar, alentar o avergonzar al pequeño, podemos expresar nuestra confianza en su máxima aptitud:

- No estoy preocupado. Cuando creas que estás preparado, te meterás al agua.
- Cuando decidas hacerlo, dejarás de chuparte el dedo.

• Uno de estos días usarás el baño como mamá y papá.

VI. *Cuídese de decir demasiados «No»*

Habrá muchas veces en que los padres tendremos que frustrar los deseos de nuestros hijos. Sin embargo, algunos niños experimentan un brusco «No» como un llamado a las armas, como un ataque directo a su autonomía. Y entonces movilizan toda su energía para el contraataque; gritan, hacen rabietas, insultan y se deprimen. Le lanzan al padre una andanada de «¿Por qué no?... Eres malo... ¡Te odio!».

Eso resulta agotador, incluso para el más paciente de los padres. Entonces, ¿qué podemos hacer? ¿Ceder? ¿Decir «sí» a todo? Obviamente no, pues ahí radica la tiranía del niño mimado. Por fortuna, contamos con algunas alternativas útiles que permiten a los padres ser firmes, sin que por ello inviten a una confrontación.

ALGUNAS ALTERNATIVAS PARA EL «NO»

A. *Ofrezca información* (y olvídese del «No»):

NIÑA: ¿Puedo ir ahora a jugar a casa de Suzie?
En vez de «No, no puedes ir».
Infórmele los hechos:
«Vamos a cenar dentro de cinco minutos.»
Teniendo esta información, la niña podría decirse a sí misma, «Creo que no podré ir ahora.»

B. *Acepte los sentimientos:*

NIÑO: (*en el zoológico*) No quiero irme a casa ahora, ¿podemos quedarnos?
En vez de «¡No, ya tenemos que irnos!»

Acepte sus sentimientos:

«Ya veo que si fuera por ti, te quedarías mucho, mucho tiempo» (*tomándolo de la mano para irse*). «Es difícil irse de un lugar que se disfruta tanto.»

A veces disminuye la resistencia cuando alguien comprende cómo se siente la otra persona.

C. *Describa el problema:*

NIÑO: Mamá, ¿podrías llevarme ahora en el coche a la biblioteca?

En vez de «No, no puedo, tendrás que esperar».

Describa el problema:

«Me gustaría ayudarte. El problema es que el electricista vendrá dentro de la próxima media hora».

D. *Cuando sea posible, sustituya el «No» por un «Sí»:*

NIÑO: ¿Podemos ir al campo de juego?

En vez de «No, todavía no has comido».

Sustituya por un «sí»:

«Sí, claro, iremos después de comer.»

E. *Concédase tiempo para pensar:*

NIÑO: ¿Puedo quedarme a dormir en casa de Gary?

En vez de «No, te quedaste a dormir la semana pasada.»

Concédase usted la oportunidad de pensar:

«Déjame que lo piense.»

Esta pequeña frase logra dos cosas: le quita lo irritable a la intensidad del niño, (por lo menos sabe que considerarán en serio su petición) y le concede al padre o a la madre el tiempo para pensar en sus sentimientos.

Es muy cierto, la palabra «No» es más breve y varias de estas alternativas nos parecen mucho más largas, pero si usted considera el acostumbrado resultado del «No», el camino más largo suele ser el más corto.

Más acerca de los consejos

En el momento que le mencionamos a un grupo el hecho de que aconsejar a los niños puede interferir con su autonomía, muchos padres de inmediato se levantan en armas. Piensan: ¡Vamos, eso ya es ir demasiado lejos! No logran comprender por qué deben privarse del derecho de compartir su sabiduría paterna. Las siguientes preguntas son de una mujer muy persistente, e incluimos un resumen de las respuestas que le dimos.

¿Por qué mi hija no habría de contar con el beneficio de mis consejos cuando tiene un problema? Por ejemplo, mi hija Julie no estaba muy segura de si debía ir a la fiesta de cumpleaños de su amiga, porque no le agradan algunas de las niñas invitadas. «Siempre están murmurando y poniendo apodos.» ¿Qué hay de malo en decirle a Julie que de todos modos debería ir, porque de lo contrario decepcionaría a su amiga?

Cuando usted les ofrece un consejo inmediato a los niños, pueden sentirse tontos («¿Por qué no habré yo pensado en eso?»), resentidos («¡No me digas cómo debo gobernar mi vida!»), o irritados («¿Qué te hace suponer que yo no había pensado en eso?»).

Si una niña piensa por sí misma lo que quiere hacer, aumenta su confianza y está dispuesta a asumir toda la responsabilidad de su decisión.

¿Trata de decirme que no debo hacer nada cuando mi hija tiene un problema? Las pocas veces que le he respondido a Julie, «Es tu problema, resuélvelo tú», parecía muy enfadada.

Los niños, si se sienten heridos y abandonados cuando sus padres pasan por alto sus problemas, pero entre los extremos de pasarlos por alto o de adelantarse con un consejo instantáneo, hay muchas cosas que los padres pueden hacer:

a) Ayudarla a ordenar sus sentimientos y pensamientos confundidos.
   «Julie, por lo que me has estado comentando, parece que piensas en dos formas distintas acerca de ir a esa fiesta. Quieres estar con tu amiga el día de su cumpleaños, pero no quieres enfrentarte a las niñas que no te agradan».

b) Vuelva a plantear el problema como una pregunta.
   «De manera que según parece, la pregunta es: «¿Cómo encuentro la forma de asistir a esa fiesta y de enfrentarme a los insultos de las niñas?»
   Es una buena idea guardar silencio después de que ha hecho una pregunta como ésta. Su silencio proporcionará el terreno en el cual pueden madurar las soluciones de la niña.

c) Señale algunos recursos que su hija podría usar fuera del hogar.
   «Apuesto a que hay sitios web con ideas sobre cómo lidiar con quienes ponen apodos, insultan o humillan a los demás. Quizá te gustaría ver qué es lo que sugieren».

Supongamos que hago todo eso y después pienso una solución en la cual estoy segura no ha pensado Julie. ¿Puedo mencionársela?

Después de que la niña haya tenido tiempo de aclarar lo que ella piensa y lo qué siente, podrá escuchar la idea de usted con imparcialidad, en particular si usted se la presenta en una forma que demuestre respeto hacia su autonomía:

«¿Qué piensas acerca de llevar a la fiesta tu disco, el de ese nuevo comediante? Tal vez así las niñas estarán demasiado ocupadas riendo y no empezarán a murmurar».

Cuando en nuestra sugerencia incluimos el prefacio, «Qué piensas acerca de...» o «Estarías dispuesta a considerar...», debemos reconocer el hecho de que el consejo que a nosotros nos parece tan «sensato», a la niña puede parecerle «no muy sensato».

Pero supongamos que yo creo decididamente que Julie debe ir a la fiesta. ¿Debo guardar silencio?

Después de que la niña ha explorado su problema, puede serle útil escuchar la manera de pensar o las convicciones de sus padres:

«Me molestaría pensar que te perderías de la diversión de esa fiesta debido a la manera de actuar de las demás niñas».

«Creo que es importante que no decepciones a una buena amiga el día de su cumpleaños, incluso si eso significa cierto sacrificio».

Los niños tienen todo el derecho de saber cuáles son los valores de sus padres. Aun si deciden no actuar de acuerdo con ellos en ese momento, puede estar segura de que le habrá dado algo en qué pensar.

Cuando los padres fomentan la autonomía

Durante la semana que siguió a una de nuestras sesiones sobre la autonomía, los padres de nuestro grupo tenían muchas cosas que contarse unos a otros.

Esta semana tuve dos «primeras veces» con Danny. Lo dejé abrir las llaves de la tina para que él mismo regulara la temperatura del agua en la forma que más le agrada, y lo dejé que preparara su desayuno.

Siempre le partía la comida a Rachel porque no le tenía confianza con el cuchillo. Por fin le compré un pequeño cuchillo de plástico y ahora se siente como una niña grande cuando parte su carne.

Cuando Shana era pequeña y derramaba todo, siempre le decía, «Oh, Shana» y limpiaba lo que había derramado. Ahora con Alyssa (de quince meses), le dejo su taza sobre una mesita. La primera vez que la derramó, le señalé el jugo y le demostré cómo secarlo con una toalla de papel. Ahora, siempre que lo derrama señala hacia las toallas de papel y lo limpia con muy buena voluntad. ¡El día de ayer dejé la toalla a su alcance y ella se encargó de limpiar lo que tiró, después me enseñó lo que había hecho!

No puedo soportar cuando veo a los niños empujando la comida con los dedos para acercarla al tenedor, o comer con los codos sobre la mesa, o limpiarse las manos en los pantalones en vez de usar servilletas. Sin embargo, odio tener que recordárselo constantemente.

Anoche decidí dejar el problema en sus manos. Su solución: tres veces a la semana tendríamos la «Noche de buenos modales», y el resto del tiempo podrían comer como quisieran y yo no diría nada. (Incluso sugirieron que una vez a la semana actuáramos «naturales», sin usar utensilios y comiendo todo con los dedos… ¡incluida la sopa! Pero eso era más de lo que yo podía aprobar).

Le informé a mi hijo: «Tienes veinte minutos antes de irte a dormir. Puedes seguir dibujando y después irte directamente a la cama, o puedes prepararte ahora para ir a dormir y después tendrás tiempo para jugar con tus luces de circo en la cama». De inmediato salió como estampida a ponerse la pijama, cepillarse los dientes, etcétera.

Nicole estaba llorando y tratando de abotonarse su blusa. Se acercó a mí y casi me metió el botón por la nariz. Le comenté, «Esos pequeños botones en verdad son difíciles de abotonar, te ves muy frustrada».

Retrocedió y siguió intentándolo. Yo me encontraba a punto de ceder y abotonarle la blusa; declaró, «Vaya, ¡lo logré!», y se fue.

Acostumbraba tener grandes discusiones por la ropa con mi hija de cuatro de años. Ahora la dejo que use lo que ella quiera cuando no va a la escuela; los días de escuela le dejo sobre su cama dos juegos de ropa y ella decide cuál se pondrá.

Me siento tan orgullosa de mí misma. Al fin logré que terminaran las cotidianas disputas con mi hijo sobre si debía usar suéter o chamarra. Le indiqué, «Sam, he estado pensando… en vez de que todos los días yo te diga lo que debes usar, creo que tú puedes decírtelo a ti mismo.

Vamos a trabajar con una tabla para decidir qué ropa va de acuerdo con los grados de temperatura».

Elaboremos juntos la tabla:

     20.6° C y más… no usar suéter

     Entre 10° C y 20° C… clima para usar suéter

     9.4° C y menos… chamarra gruesa

Después compré un gran termómetro y él lo colgó afuera en un árbol; ahora lo consulta cada mañana y ya no hay más discusiones. Me siento como un genio.

No le hice a Howie ninguna pregunta acerca de lo que había hecho en el campamento. Dejé que hablara de lo que él quiso, y habló hasta por los codos.

Jody me preguntó, «¿Por qué nunca vamos de vacaciones a ningún lugar como las Bermudas o Florida?»

Estuve a punto de responderle, pero recordé que no debía hacerlo, así que le pregunté, «¿Por qué no lo hacemos?»

Empezó a bailar por toda la cocina y declaró, «Ya sé… porque cuesta mucho dinero… Bueno, cuando menos, ¿podremos ir al zoológico?»

Tengo que acostumbrarme a no responder las preguntas de mi hijo por él. Y creo que él también tendrá que acostumbrarse. He aquí lo que sucedió la semana pasada:

JOHN: Dime cómo puedo hacer una bomba atómica.

YO: Es una pregunta muy interesante.

JOHN: Bueno, dímelo.

YO: Tendría que pensar en ello.

JOHN: Piensa en ello ahora y dímelo.

YO: No puedo, pero vamos a pensar quién o dónde podría encontrar la respuesta.

JOHN: No quiero ir a la biblioteca y buscarlo, ¡sólo dímelo!
YO: John, no puedo responderte a esa pregunta.
JOHN: Entonces se lo preguntaré a papá, y si él no lo sabe, entonces le preguntaré a William (un niño de tercer año). Pero me enojo cuando pienso que un niño de tercer año sabe más que una tonta mamá.
YO: ¡Nada de insultos en esta casa!

Kevin me comentó que pensaba venderles a los vecinos las calabacitas de su huerto. Estuve a punto de impedírselo, porque eran la mitad del tamaño de las que venden en el supermercado y no quería que molestara a los vecinos. Pero estaba tan emocionado que dejé que lo hiciera; además, no quería «quitarle la esperanza».

Una hora después regresó con una gran sonrisa en el rostro, 75 pesos y sólo una calabacita. Me informó que la señora Greenspan le había dicho que era un «jovencito emprendedor», y añadió, «¿qué quiere decir eso?»

Jason me platicó que quiere ser policía, bombero, pescador y astronauta. No quise desanimarlo.

Ahora soy más capaz de mantenerme alejada de las peleas de los niños; les indico que estoy segura de que ellos pueden resolver sus diferencias por sí solos. Muchas veces lo hacen.

Las siguientes contribuciones nos fueron entregadas al final de la sesión:

…Hasta la fecha mis amigos todavía comentan sobre mi independencia. Soy uno de cinco hijos cuyo padre trabajaba seis o siete días a la semana… dependiendo de cómo vaya su negocio de menudeo. Soy el segundo después del mayor y me convertí en una persona independiente y confiada en sí misma porque tenía que hacerlo. No era posible que mi madre «atendiera» a cinco hijos y pudiera sobrevivir, si no nos enseñaba a todos a hacer las cosas sin ayuda.

Sin embargo, guardo sentimientos ambivalentes acerca de los recuerdos de mi infancia. Me sentía orgulloso porque no corría en busca de mi madre o de mi padre para que me ayudaran con muchos problemas, temores y necesidades, como mis amigos lo hacían. Por otra parte, me habría gustado que también fuera *mi decisión* si quería confiar en alguno de mis padres o que me ayudaran. (Sabía que mi petición sería denegada sobre la base de la falta de tiempo o cualquier otro motivo, de modo que dejé de pedir ayuda y hacía las cosas por mí mismo).

Los niños siempre quieren ser adultos, pero a pesar de ello necesitan ser niños, necesitan crecer de una manera gradual. Estoy orgulloso de la eficiencia de mi madre y de su capacidad para enseñarnos nuestra rutina, pero creo que debí tener la opción de recurrir a mis padres cuando los necesitaba.

Siempre hay tantas cosas que Kirk debe hacer cuando regresa a casa después de la escuela, que nunca hace nada, a menos que yo esté detrás de él. Le escribí la siguiente nota:

> Querido Kirk:
> Papá y yo nos sentimos muy tristes porque últimamente parece que siempre estamos luchando contigo para que hagas las cosas que sabes que tienes que hacer.
> ¿Cuánto tiempo necesitas para idear un programa positivo y logres cumplir con todas las cosas que debes hacer? ¿Veinticuatro horas? ¿Más? Nos gustaría que para el fin de semana nos presentaras un plan tuyo, por escrito, de lo que crees que te dará resultado. Necesitará incluir el tiempo adecuado para:
> – Mover los brazos 10 minutos, tres veces al día. (Se fracturó un brazo y no ha estado haciendo los ejercicios que le indicó el médico).
> – Sacar a pasear al perro

- Tus deberes escolares
- La práctica
- Jugar y divertirte

Te quiere,

Mamá

El jueves por la noche nos presentó un horario por escrito y lo ha seguido bastante bien.

Paul estaba preocupado en verdad por sus calificaciones; días antes de que llegaran empezamos a percibir ciertas señales. Decía cosas como, «No voy a tener una calificación muy buena en matemáticas... ya la vi en la libreta del señor D. Se suponía que no debía verla».

Por la noche, después de la cena, le pedí, «Paul, ven aquí para que veamos tus calificaciones». Se acercó dirigiendo su mirada hacia todas partes, porque estaba preocupado, pero se sentó en mis piernas y dijo, «Papá, no te van a gustar».

YO: Bien, Paul, veamos tus calificaciones. ¿Qué te parecen?

PAUL: Espera hasta que veas matemáticas.

YO: Ahora no estoy viendo la de matemáticas. Empecemos por arriba. Veamos, aquí hay una B (Bueno) en lectura.

PAUL: Sí, en lectura estoy bien.

YO: Veo una B en caligrafía y tenías muchos problemas en esa materia. De manera que aquí estás haciendo progresos... ¡Y tienes una E (Excelente) en ortografía! También estabas preocupado por eso... Estas calificaciones me parecen bastante bien... Inglés, una S.

PAUL: Pero debería estar mejor en inglés.

YO: Una S es satisfactorio.

PAUL: Sí, pero debería estar mejor.

YO: Y bien, ahora las matemáticas. ¿Qué veo aquí?... una

M (Mínimo)

PAUL: ¡Sabía que te enojarías!

YO: De manera que ésta materia es con la que tienes pro-
          blemas.

PAUL: Oh, sí, pero voy a estar mucho mejor en matemáticas.

YO: ¿Cómo piensas hacerlo?

PAUL: Bueno, me esforzaré más.

YO: ¿Cómo?

PAUL: (*una larga pausa*) Estudiaré más y haré todas mis ta-
          reas… y terminaré mis trabajos en la escuela.

YO: Me parece que te estás fijando algunas metas. Vamos a
          tomar una hoja de papel para anotarlas.

Paul fue por una hoja de papel y un lápiz y anotamos todas las materias y al lado la nota que había obtenido. En la segunda columna, él escribió la nota que trataría de obtener en sus siguientes calificaciones.

La parte más sorprendente fue que yo pensé que sólo se concentraría en las matemáticas y mejoraría esa calificación. Pero él decidió mejorar no sólo en esa materia, sino también en inglés, en ciencias sociales y en ciencias naturales. Cuando llegó a las matemáticas declaró que mejoraría desde la M hasta la E.

YO: Paul, es un gran salto, ¿crees que puedas hacerlo?

PAUL: Oh, por supuesto, voy a trabajar mucho en matemá-
          ticas.

Al final de la calificación hay un espacio para los comentarios de los padres y la firma. Escribí: «He discutido con Paul sus calificaciones y ha decidido fijarse nuevas metas. Planea trabajar con más empeño, especialmente en matemáticas.» Después firmé y le pedí a Paul que también él firmara.

Pegamos la hoja con las metas en la puerta de su recámara, de manera que pudiera tenerla presente. Los siguientes tres días ¡llegó a casa con calificaciones de E en sus trabajos de matemáticas! No podía creerlo y le comenté, «Paul, cuando te propones algo, ¡no hay nada que te detenga!»

Me crié en el seno de una familia muy estricta. Desde que era muy pequeño me decían lo que debía hacer y cuándo debía hacerlo. Siempre me preguntaba, «¿Por qué?», mi padre respondía, «Porque yo lo digo». Muy pronto aprendí a no preguntar.

Cuando tuve un hijo, había algo de lo que estaba seguro: no quería educarlo de esa manera; pero tampoco estaba muy seguro de cómo debería hacerlo. La sesión sobre la autonomía me fue muy útil. He aquí algunas de las cosas que sucedieron y que les darán una idea de lo quiero decir.

Cuando me convertí en un padre solo, empecé a notar ciertas cosas que nunca antes había observado. Robby constantemente se hartaba de comer galletas, de modo que escondí la caja de galletas y sólo le daba una a la vez. Al día siguiente de nuestra junta, llegué a casa con una caja de galletas y la dejé sobre la mesa, diciendo, «Robby, ya no pienso ser el policía de las galletas. Esta caja es la única que compraré esta semana, tú decides si quieres comértelas todas de una vez, o si quieres que te duren para el resto de la semana. Es decisión tuya». Y eso fue todo. Jamás volví a decirle una sola palabra acerca de eso; acabó por comerse dos galletas todos los días, y tres el fin de semana.

Además, acostumbraba sentarme con él todas las noches para ayudarle con su tarea y acabábamos gritándonos uno al otro. Una noche me fui a la sala y empecé a leer el periódico. Robby preguntó: «Papá, ¿cuándo vas a ayudarme?»

Le respondí, «Tengo confianza en que si tú mismo te concedes el tiempo para tus deberes, podrás hacerlos sin ayuda». Esa noche, al acostarlo, me dijo, «Hice mi tarea yo solo, te quiero, papá».

La noche siguiente me comentó que quería hablar de algo conmigo, así que le pregunté, «¿De qué se trata?»

Y afirmó, «A partir de ahora, papá, quiero ser mi propio dueño. ¿De acuerdo?»

Le dije, «Estoy de acuerdo».

Poco después le indiqué, «Robby, es hora de irte a dormir, ponte la pijama y asegúrate de cepillarte los dientes».

«Ya lo sé, papá», respondió. «Acuérdate, ¡ya soy mi propio dueño!»

5

Las alabanzas

Había una vez dos niños llamados Bruce y David, los dos de siete años. Ambos tenían madres que los amaban mucho.

El día de cada uno de estos niños iniciaba de manera diferente. Lo primero que escuchaba Bruce al levantarse por la mañana era, «¡Levántate ahora mismo, Bruce, vas a volver a llegar tarde a la escuela!»

Bruce se levantaba, se vestía él solo, con excepción de los zapatos, y bajaba a desayunar. Su madre le preguntaba, «¿Dónde están tus zapatos? ¿Piensas ir descalzo a la escuela?... ¡Y mira la ropa que te pusiste! Ese suéter azul se ve horrible con la camisa verde... Bruce, querido, ¿qué le hiciste a tu pantalón? Está roto. Quiero que te lo cambies después de desayunar; ningún hijo mío va a ir a la escuela con el pantalón roto... Ahora, ten cuidado al servirte el jugo, ¡no lo derrames como acostumbras hacerlo!»

Bruce se sirvió el jugo y lo derramó.

La madre estaba exasperada; mientras limpiaba, le decía, «Ya no sé qué hacer contigo».

Bruce murmuró algo para sí mismo.

«¿Qué dijiste?», preguntó la madre, «otra vez estás murmurando».

El niño terminó su desayuno en silencio, y después se cambió el pantalón, se puso los zapatos, recogió sus libros y salió hacia la escuela. Su madre lo llamó, «Bruce, ¡olvidaste tu almuerzo! Si no tuvieras la cabeza pegada a los hombros, apuesto que también la olvidarías».

Bruce tomó su almuerzo y una vez más se dispuso a salir, cuando la madre le recordó, «Asegúrate de portarte bien en la escuela».

David vivía al otro lado de la calle. Lo primero que escuchaba por la mañana era, «David, son las siete, ¿ya quieres levantarte o dentro de cinco minutos?» David se dio vuelta en la cama bostezando, «cinco minutos más», murmuró.

Luego llegó a desayunar ya vestido, con excepción de los zapatos. Su madre le dijo, «Vaya, veo que ya estás vestido, ¡lo único que te falta es ponerte los zapatos!... Oh, hay un rasgón en la costura de tu pantalón, parece que se va a abrir en dos; ¿te lo coso mientras te quedas aquí parado, o prefieres cambiarte?» David se quedó pensando durante un momento y respondió, «Me cambiaré después de desayunar». Después se sentó a la mesa y al servirse jugo, derramó un poco.

«La toalla para limpiar está en el fregadero», le indicó su mamá por encima del hombro, mientras seguía preparando el almuerzo del niño. David tomó la toalla y limpió el jugo; charlaron un rato mientras David desayunaba. Cuando terminó, se cambió el pantalón, se puso los zapatos, recogió sus libros y salió para ir a la escuela, sin su almuerzo.

La madre lo llamó, «¡David, tu almuerzo!»

Volvió corriendo, lo tomó y le dio las gracias. Al entregárselo, le dijo, «¡Nos vemos más tarde!»

Tanto Bruce como David tenían el mismo profesor. Durante el día, el profesor les pidió, «Niños, como saben, la próxima semana presentaremos nuestra obra del Día de la Raza. Necesitamos un voluntario para que pinte un letrero de bienvenida lleno de colorido para colgar en la puerta de nuestro salón de clases. También necesitamos un voluntario para servirles limonada a nuestros invitados después de la obra. Y por último, necesitamos a alguien que vaya a los demás salones de tercer año y pronuncie un breve discurso invitando a todos a asistir a nuestra representación, indicándoles la hora, el día y el lugar».

Algunos de los niños alzaron la mano de inmediato, otros lo hicieron tentativamente, y otros más ni siquiera la levantaron.

Nuestra historia termina aquí; es todo lo que sabemos. Y sólo podemos adivinar lo que sucedió después. Pero ciertamente esa historia nos deja algo en qué pensar. Tómese ahora un momento para considerar estas preguntas y luego contéstelas:

1. ¿Es probable que David haya alzado la mano para ofrecerse como voluntario?
2. ¿Bruce lo haría?
3. ¿Cuál es la relación entre la forma en que los niños piensan acerca de sí mismos y su buena disposición para aceptar los desafíos o arriesgarse al fracaso?
4. ¿Cuál es la relación entre la forma en que ambos niños piensan acerca de sí mismos y la clase de metas que se han fijado?

Ahora que ha explorado sus propios pensamientos, me gustaría compartir los míos. Concedo que hay niños que se las arreglan para hacer caso omiso de los menosprecios que les hacen en casa, y a pesar de ello se ponen a la altura de los desafíos del mundo exterior. Y concedo que hay algunos niños que en su hogar reciben un trato considerado y aun así dudan de sus propias habilidades y rehúyen los desafíos. No obstante, parecería lógico que los niños que crecen en el seno de familias donde se aprecian sus mejores cualidades, tendrían más probabilidades de sentirse bien acerca de sí mismos, de enfrentarse a los desafíos de la vida y de fijarse metas más elevadas que quienes no tienen esa oportunidad.

Como ha escrito Nathaniel Branden en su libro *The Psychology of Self Esteem* (La psicología de la autoestima): *No hay un juicio de valor más importante para el hombre, ningún factor más decisivo en su desarrollo psicológico y en su motivación, que el juicio que hace de sí mismo... La naturaleza de su autoevaluación ejerce profundos efectos sobre los procesos de pensamiento de un hombre, sobre sus emociones, deseos, valores y metas. Es la clave individual más significativa para su conducta.*

Si la autoestima de un niño es tan importante, entonces, como padres, ¿qué podemos hacer para incrementarla? Ciertamente todos los principios y habilidades de los que hemos hablado hasta ahora pueden ayudar a un niño a considerarse como una persona valiosa. Cada vez que demostramos respeto por sus sentimientos, cada vez que le ofrecemos una oportunidad de hacer una elección, o que le brindamos una oportunidad de resolver un problema, aumentan su confianza y su autoestima.

¿De qué otra manera podemos ayudar a nuestros hijos a tener una imagen realista y positiva de ellos mismos? Seguramente las alabanzas parecerían ser otra parte de la respuesta, pero una alabanza puede ser un asunto muy delicado. En ocasiones la alabanza mejor intencionada puede causar reacciones inesperadas.

Vea por sí mismo si es así. En el siguiente ejercicio encontrará una descripción de cuatro situaciones hipotéticas en las cuales alguien le alaba. Por favor lea cada una de las situaciones y anote sus reacciones ante la alabanza que recibió.

Situación I: Tiene una invitada inesperada a cenar. Calienta una lata de consomé de pollo, le añade un poco de pollo que le sobró y lo sirve todo sobre un arroz instantáneo.

Su invitada dice, «¡Eres una excelente cocinera!»

Su reacción interna: _____

_____

Situación II: Acaba de cambiar su suéter y sus *jeans* y se pone un traje nuevo para asistir a una junta importante.

Un conocido se le acerca, lo mira de arriba abajo y dice, «Usted siempre viste tan bien».

Su reacción interna: _____

_____

Situación III: Está tomando un curso de educación para adultos. Después de una animada discusión en clase, en la cual usted participa, otro alumno se acerca a decirle, «Qué mente tan brillante tienes».

Su reacción interna: _____

_____

Situación IV: Acaba de empezar a aprender a jugar tenis y por mucho que lo intenta, todavía no logra hacer ningún progreso con su saque. Por lo común, la pelota se estrella contra la red o se sale de la cancha. El día de hoy está jugando dobles con una nueva pareja y su primer saque va a caer donde usted esperaba que cayera.

Su pareja comenta, «Vaya, tienes un saque perfecto».

Su reacción interna: _____

_____

Es probable que ya haya descubierto por sí mismo algunos de los problemas inherentes de la alabanza. Junto con los sentimientos positivos, pueden surgir otras reacciones:

- La alabanza puede hacerle dudar de quien lo alaba. («Si cree que soy una buena cocinera, o está mintiendo o no sabe nada acerca de la buena cocina»).

- La alabanza puede conducir a una negación inmediata. («¡Siempre muy bien vestida!... Si me hubiera visto hace una hora»).

- La alabanza puede ser amenazadora. («¿Pero qué impresión causaré en la próxima junta?»)

- La alabanza puede obligarle a concentrarse en sus puntos débiles. («¿Una mente brillante? ¿Estás bromeando? Si aún no logro concentrarme en la suma de una columna de números»).

- La alabanza puede crear ansiedad e interferir con la actividad. («Jamás lograré volver a pegarle así a la pelota. Ahora me siento realmente nervioso»).

- La alabanza también puede experimentarse como una manipulación. («¿Qué quiere esta persona de mí?»)

Recuerdo mi propia frustración siempre que trataba de alabar a mis hijos. Llegaban a enseñarme una pintura y preguntaban, «¿Es buena?»

Yo respondía, «Qué pintura más bella».

Volvían a preguntar, «¿Pero, es *buena*?»

Yo respondía, «¿Buena? ¡Ya te dije que es muy bella... fantástica!»

Entonces decían, «No te gusta».

Mientras más extravagantes eran mis alabanzas, menos lograba comunicarme con ellos. Jamás entendía sus reacciones.

Después de mis primeras sesiones con el doctor Ginott, empecé a comprender por qué mis hijos rechazaban mis alabanzas tan pronto como yo las pronunciaba. Me enseñó que las palabras que evalúan —bueno, bello, fantástico—, hacían que mis hijos se sintieran tan incómodos como es probable que usted se haya sentido con el ejercicio que acaba de hacer. Pero lo que es más importante, aprendí de él que la alabanza útil en realidad viene en dos partes:

1. El adulto describe con aprecio lo que él o ella ve o siente.

2. El niño, después de escuchar la descripción, entonces puede alabarse a sí mismo.

Recuerdo la primera vez que traté de poner en práctica esa teoría. Mi hijo de cuatro años llegó a casa del jardín de niños, me metió
debajo de la nariz una página de garabatos a lápiz y me preguntó,
«¿Es bueno?»

Mi primera reacción fue un automático «Muy bueno», pero
después recordé: *No tengo que describir;* y entonces me pregunté,
¿cómo pueden describirse unos garabatos?

Respondí, «Bueno, ¡veo que dibujaste círculo, círculo, círculo,
círculo… culebra, culebra, culebra… punto, punto, punto, punto,
punto, punto, punto, punto y raya, raya!»

«¡Claro!», asintió entusiasmado.

Le pregunté, «¿Cómo se te ocurrió hacer esto?»

Se quedó pensando un momento, «Porque soy un artista», dijo.

Pensé: *Es un proceso notable. El adulto describe y el niño en verdad
se alaba a sí mismo.*

En la siguiente página encontrará algunos ejemplos más de
cómo funciona la alabanza descriptiva.

La alabanza descriptiva

Debo confesar que al principio dudaba de este nuevo método de alabar. Aun cuando me había dado resultado una vez, el solo pensamiento de tener que cambiar a un estilo descriptivo de alabar me irritaba. ¿Por qué debería renunciar a las palabras *grandioso... maravilloso... fantástico*, que me salían de una manera tan natural, y buscar otra forma de expresar mi honesto entusiasmo?

Pero de cualquier modo lo intenté, al principio obedientemente, pero después de un tiempo empecé a observar que los niños en verdad habían empezado a alabarse a sí mismos. Por ejemplo:

YO: (*en vez de, «Jill, eres fantástica»*) Calculaste que las latas de elote que están de oferta, las de tres por cien pesos, en realidad son más caras que las marcas que no están de oferta. Estoy impresionada.

JILL: (*con una mueca de satisfacción*) Es que soy «muy lista».

YO: (*en vez de, «Andy, eres fantástico»*) El mensaje que tomaste de la señora Vecchio en verdad era muy complicado. Y lo escribiste con tanta claridad que supe exactamente por qué pospusieron la junta, a quién debía llamar y qué debía decir.

ANDY: Claro, soy un niño en quien se puede confiar.

No había duda de ello. Los niños cada vez estaban más conscientes de sus puntos fuertes y los apreciaban; tan sólo eso fue un incentivo para que yo siguiera haciendo un esfuerzo. Y era un esfuerzo. Es mucho más sencillo decir «maravilloso» acerca de algo, que en verdad analizarlo y experimentarlo, y después describirlo en todos sus detalles.

En el siguiente ejercicio tendrá oportunidad de practicar el empleo de la alabanza descriptiva. A medida que lea cada una de las situaciones, tómese el tiempo para imaginarse mentalmente qué es lo que su hijo ha hecho. Después describa, en todos sus detalles, lo que usted ve o lo que siente.

Situación I: Una pequeña niña acaba de vestirse sola por vez primera. Se para frente a usted, esperando que se dé cuenta.

Alabanza inútil: _____

_____

Alabanza describiendo a detalle lo que usted ve o siente: _____

_____

_____

¿Qué podría decir la niña para sí misma? _____

_____

Situación II: La han invitado a ver a su hijo actuar en una obra teatral de la escuela. Él o ella representa el papel del rey, de la reina o de la bruja (elija un papel). Después de la representación, su pequeño hijo o hija va corriendo a su lado y le pregunta: «¿Estuve bien?»

Alabanza inútil: _____

_____

Alabanza describiendo a detalle lo que usted ve o siente:
¿Qué podría decir el niño para sí mismo? _____

_____

Situación III: Usted observa que el trabajo de su hijo en la escuela está mejorando en cierta forma. Sus composiciones ahora tienen márgenes y ha estado ejercitándose en su vocabulario hasta aprenderse las palabras. Terminó su último informe con un día de anticipación.

Alabanza inútil: _____

Alabanza describiendo a detalle lo que usted ve o siente: _____

¿Qué podría decir el niño para sí mismo?_____

Situación IV. Ha estado enferma en cama durante varios días. Su hija le ha dibujado una tarjeta deseándole que se alivie y la ha decorado con globos y corazones. Se la entrega y espera su reacción.

Alabanza inútil: _____

Alabanza describiendo a detalle lo que usted ve o siente:

¿Qué podría decir la niña para sí misma? _____

Una vez que haya terminado este ejercicio, es probable que ahora comprenda con mayor claridad cómo perciben los niños las alabanzas que hacen una evaluación.

- Eres un buen niño.
- Eres un gran actor.
- Al fin te estás convirtiendo en un excelente estudiante.
- Eres tan considerada.

Es probable que también ahora comprenda con claridad cómo se sienten cuando escuchan una alabanza que describe sus logros:

- Veo que te pusiste la camiseta con la etiqueta en la espalda; te abrochaste los pantalones; te pusiste unos calcetines que hacen juego; y te ataste las cintas de los zapatos. ¡Cuántas cosas diferentes hiciste!

- ¡Fuiste una reina tan majestuosa! Estuviste erguida y cuando pronunciaste tu gran discurso, tu voz inundó el auditorio.

- Me parece que estás haciendo un esfuerzo adicional en tus trabajos durante estos últimos días. Veo que tus composiciones tienen márgenes; terminas tus informes con anticipación; y has encontrado una forma de aprender tú solo el vocabulario.

- Me encantan estos globos amarillos y los corazones rojos. Me han animado mucho; ahora ya me siento mejor, por el solo hecho de verlos.

Hay otra forma de usar la alabanza que también emplea la descripción. En este caso, los elementos adicionales son los que le añadimos a la descripción, una o dos palabras que resumen la conducta digna de alabanza del niño.

Resumiendo en una palabra

En su propia práctica, complete la frase escribiendo la palabra o palabras faltantes en los dibujos que aparecen en esta página.

1.

2.   3.

Algunas posibles formas de completar la frase en los anteriores dibujos:

- Dibujo 1. «Determinación», «fuerza de voluntad» o «control de uno mismo».
- Dibujo 2. «Flexible», «inventivo» o «adaptable».
- Dibujo 3. «Amistad», «lealtad» o «valor».

No hay nada de sagrado en las palabras antes mencionadas; y una vez más, no hay respuestas correctas o incorrectas. Lo importante es encontrar una palabra que le diga a un pequeño algo acerca de sí mismo y que quizá no sabía antes; darle una nueva fotografía verbal de sí mismo.

En lo personal, lo que más me agrada de esta forma de alabar es que es *factible*. Es cuestión de ver realmente, de escuchar realmente, de observar realmente y después decir en voz alta lo que usted ve y lo que siente.

Nos preguntamos cómo es posible que un proceso tan sencillo pueda tener un efecto tan profundo. Y no obstante, día tras día, basándose en nuestras pequeñas descripciones, nuestros hijos aprenden cuáles son sus puntos fuertes; una niña descubre que puede encargarse de asear una recámara desordenada y convertirla en limpia y ordenada; que puede hacer un regalo que sea útil y que cause placer; que puede atraer la atención de un auditorio, que puede escribir un poema conmovedor; que es capaz de ser puntual, de ejercer su fuerza de voluntad, de demostrar iniciativa e ingenio. Todo eso va a parar a su banco emocional y nadie se lo puede quitar. Usted puede quitarle lo de «buen niño» llamándolo «niño malo» al día siguiente; pero jamás podrá quitarle ese momento en que animó a su madre con una tarjeta deseándole que se recupere, o el momento en que se dedicó a su trabajo, perseverando a pesar de estar cansado.

Esos momentos en los cuales se afirma lo mejor de él mismo, se convierten en piedras de toque vitalicias, a las cuales el niño puede recurrir en momentos de duda o de desaliento. En el pasado hizo algo de lo cual se sintió orgulloso; en su interior encontrará la fuerza para volver a hacerlo.

Tarea

1. Una cualidad que me agrada en mi hijo es:

_____

_____

_____

2. Algo que él o ella hicieron recientemente, pero que yo nunca mencioné, es:

_____

_____

_____

3. ¿Qué podría decir para demostrar mi aprecio (a él o a ella), empleando las habilidades de la alabanza descriptiva?

_____

_____

_____

4. Lea la Segunda Parte de la Alabanza.

Un rápido recordatorio. . .

La alabanza y la autoestima
En vez de evaluar, describa

(¡Bueno!… ¡Estupendo!… ¡Fantástico!)

1.   DESCRIBA LO QUE VE.

    «Veo un piso limpio, una cama bien hecha y unos libros muy bien ordenados en el anaquel».

2.   DESCRIBA LO QUE SIENTE.

    «¡Es un placer entrar a esta recámara!»

3.   RESUMA EN UNA PALABRA LA CONDUCTA DEL NIÑO DIGNA DE ALABANZA.

    «Veo que ordenaste en grupos tus lápices, tus crayones y tus plumas y los guardaste en cajas separadas. ¡A eso yo le llamo *organización*!»

Segunda Parte

COMENTARIOS, PREGUNTAS DEL NIÑO
E HISTORIAS DE LOS PADRES

Con frecuencia observamos que los padres que asisten a nuestros grupos comentan entusiasmados entre ellos acerca de algo que acaba de hacer alguno de sus hijos:

- Desde hace tres días Donny ha estado poniendo su despertador y levantándose solo por las mañanas. Me alegro tanto de ya no estar involucrado en eso.
- Recientemente Lisa ha estado llamando por teléfono a casa cuando sabe que va a llegar tarde. ¡No puedo decirles lo mucho que significa para mí!

Cuando les preguntamos a esos padres si sus hijos estaban conscientes de su reconocimiento, a menudo se quedan con una expresión en blanco.

Según parece, la alabanza por una conducta útil no es algo que surge fácilmente; la mayoría de nosotros nos apresuramos a criticar, pero somos lentos para alabar. Como padres, tenemos la responsabilidad de invertir este orden; la autoestima de nuestros hijos es demasiado valiosa para dejarla al azar o confiarla a extraños. Quizá usted mismo ha observado que el mundo exterior no parece tener la menor prisa para ofrecer una alabanza. ¿Cuándo fue la última vez que el conductor de otro automóvil le dijo, «Gracias por ocupar sólo un espacio para estacionarse; ahora hay espacio para estacionar mi automóvil». Nuestros esfuerzos por cooperar son algo que se da por sentado; un paso en falso, y la condena surge de inmediato.

Seamos diferentes en nuestros hogares. Debemos darnos cuenta de que además del alimento, un techo y ropa, tenemos otra obligación con nuestros hijos: la de afirmar sus *virtudes*. Todo el mundo les indicará lo que hay de malo con ellos, en voz alta y continuamente. Nuestra labor es hacerles saber a nuestros hijos las cosas buenas que hay en ellos.

Algunas advertencias acerca de la alabanza

1. *Asegúrese de que su alabanza sea apropiada para la edad y el nivel de habilidad de su hijo.* «Veo que te estás cepillando los dientes todos los días», experimenta un gran orgullo por su logro. Si le hiciera el mismo comentario a un adolescente, podría sentirse insultado.

2. *Evite la clase de alabanza que sugiere pasadas debilidades o pasados fracasos:*
   - «Muy bien, ¡al fin tocaste esa pieza de música en la forma que debe tocarse!»
   - «Luces muy bien el día de hoy, ¿qué hiciste?»
   - «Nunca pensé que aprobarías ese curso, ¡pero lo hiciste!»

Siempre es posible expresar de otra manera su alabanza, de modo que se concentre en el punto fuerte actual del niño:
   - «En verdad me agrada la forma en que mantienes un compás vigoroso y rítmico en esa pieza.»
   - «Es un placer contemplarte.»
   - «Sé que te esforzaste mucho por aprobar ese curso.»

3. *Esté consciente de que el excesivo entusiasmo puede interferir con el deseo de una niña de lograr algo por sí sola.* A veces, la continua emoción o el intenso placer de los padres por las actividades de sus hijos, pueden convertirse en algo que la niña experimenta como presión. Una personita que todos los días recibe dosis de «¡Eres una pianista tan dotada! Deberías estar tocando en el Carnegie Hall», puede pensar para sí misma, «Ellos desean eso para mí, más de lo que yo misma lo deseo».

4. *Esté preparado para una buena dosis de repeticiones de la misma actividad cuando describa con aprecio lo que hace un niño.* Si no quiere que toque su silbato cinco veces más, entonces absténgase de decir, «¡Vaya si sabes hacer ruido con ese silbato!» Si no quiere que su hija se suba hasta lo más alto de los juegos infantiles del parque, no le comente, «Vaya si sabes usar tus músculos para trepar». No hay duda de ello, la alabanza invita a la repetición y a un gran flujo de esfuerzo. Es un material muy potente, utilícelo en forma selectiva.

Preguntas

1. **Estoy aprendiendo a alabar en una forma diferente, pero en ocasiones me olvido y de mis labios se deslizan lo «grandioso» o «fantástico». ¿Qué puedo hacer?**

Por favor, permítase la expresión de su reacción inicial. Si está experimentado un genuino entusiasmo y exclama, «¡Grandioso!», la niña percibirá el entusiasmo en su voz y lo experimentará como una expresión de lo que usted siente. Sin embargo, siempre podrá enriquecer su reacción inicial con la clase de descripción que le ayuda al niño a saber el grado de su aprecio: «Vaya, estaba tan cansado después de un largo día en el trabajo, y he aquí que llego a casa para encontrarme todo el patio limpio y todas las cajas de hojas secas bien atadas y frente a la casa. ¡Me siento como si acabaran de hacerme un regalo!»

Con una pequeña descripción específica, usted acaba de mejorar su comentario de «Grandioso».

2. **¿Cómo alabar a un niño que al fin hizo lo que debió hacer todo el tiempo?**

Mi hijo mayor por lo común se comporta de una manera tan detestable cuando salimos a pasear en familia, que todos nos sentimos molestos. La semana pasada su comportamiento fue maravilloso. No quise decirle que era un niño «bueno» o que «al fin había empezado a actuar como un ser humano», pero sí quería expresar algún reconocimiento por su conducta. ¿Cómo podría haberlo hecho sin humillarlo?

Siempre estará en terreno seguro al hacerle a un niño un comentario descriptivo acerca de lo que usted siente. Puede decirle: «El día de hoy disfruté especialmente nuestro paseo».

Él sabrá por qué.

3. ¿Está bien alabar a un niño diciendo, «Me siento orgulloso de ti?»

Suponga que usted ha estudiado durante una semana para un examen importante y difícil. Cuando recibe la calificación, descubre que no sólo aprobó, sino que tuvo un excelente desempeño. Cuando llamó por teléfono a una amiga para darle la buena noticia, ella exclamó, «¡Me siento tan orgullosa!»

¿Cuál es su reacción? Pensamos que quizá sintió que de alguna manera el énfasis había cambiado de su propio logro al sentimiento de orgullo de su amiga. Es muy probable que hubiera preferido escuchar un comentario como, «¡Qué triunfo! ¡Debes estar tan orgullosa de ti misma!»

4. La semana pasada mi hijo ganó un premio de natación, y le dije «No me sorprende; desde el principio supe que podías hacerlo». Se me quedó viendo de una manera muy extraña. Creí que estaba fomentando su confianza; ¿dije algo malo?

Cuando un padre dice: «Siempre supe que podías hacerlo», le está concediendo el crédito a su propia omnisciencia, y no a los logros de su hijo. El niño incluso podría pensar, «¿Cómo es posible que mi padre supiera que yo ganaría? Yo no lo sabía.»

Sería más útil para el niño escuchar la descripción de sus logros: «¡Ese premio representa meses de práctica y mucha determinación!»

5. **Mi hijo escucha de mí muchas alabanzas y, sin embargo, todavía tiene miedo de enfrentarse a un fracaso. Se desmoraliza por completo si algo que trata de hacer no resulta bien. ¿Hay algo que yo pueda hacer?**

Hay un buen número de formas con las cuales usted podría serle útil:

1. *Cuando esté alterado, no le reste importancia a su aflicción.*
   («No hay nada por qué alterarse»). En vez de ello, discuta con toda franqueza lo que usted cree que el niño está sintiendo.
   «¡Es de los más frustrante trabajar durante tanto tiempo en un proyecto y ver que no resultó como se quería!»
   Cuando usted comprende su frustración, un niño tiende a relajarse interiormente.

2. *Es útil que un padre sea capaz de aceptar los errores de su hijo y considerarlos como parte importante del proceso de aprendizaje.*
   Incluso destacar que un error puede ser un descubrimiento. Puede decirle a quien lo comete algo que nunca antes había sabido:
   «Descubriste que un huevo puede convertirse en un huevo cocido por el solo hecho de dejarlo en agua caliente».

3. *También es útil el que los padres sean capaces de aceptar sus propios errores.*
   Cuando los padres «se atacan» a sí mismos («Volví a olvidar

mis llaves. ¿Qué me está pasando? ¡Fue algo más de lo más tonto! ¿Cómo pude ser tan estúpido? ¡Jamás aprenderé!») Los niños concluyen que ésa es la forma adecuada de tratarse a sí mismos cuando *ellos* cometen errores.

En vez de eso, debemos proporcionarles a nuestros hijos un modelo más humano, orientado a una solución. Cuando hacemos algo que desearíamos no haber hecho, debemos aprovechar la oportunidad de decirnos en voz alta a nosotros mismos:

«¡Qué fastidio!, quisiera no haber olvidado las llaves… Es la segunda vez… ¿Qué haré para asegurarme de que no vuelva a suceder? Ya sé, mandaré hacer un duplicado y lo guardaré en un lugar secreto».

Si somos amables con nosotros mismos, les enseñamos a nuestros hijos a ser amables con ellos mismos.

Cuando los padres alaban

Una noche, varios padres hablaban de lo fácil que resulta aceptar como algo natural el buen comportamiento de un niño y del esfuerzo que se requiere para hacer un comentario elogioso. Decidieron asignarse ellos mismos la tarea de buscar activamente y comentar cualquier cosa positiva que hicieran sus hijos, en vez de dejarla pasar desapercibida. Una madre hizo la siguiente lista de cosas que normalmente jamás le habría mencionado a su hijo de cinco años:

- Esta semana Paul aprendió la palabra *evaporación* y su concepto.
- Jugó con delicadeza con un bebé de siete meses.
- Me concedió un poco de intimidad y de silencio después de decirle lo mucho que yo lo necesitaba.
- Expresó su enojo en palabras.

Otra madre nos comentó:

El día de ayer Joshua (de tres años nueve meses de edad) quería que le leyera una historia cuando estábamos a punto de salir. Al responderle que no tenía tiempo para leérsela porque íbamos a salir, replicó «No quise decir que me leyeras *antes* de salir; quise decir *después* de regresar a casa".

Le dije, «Joshua, ¡en verdad conoces la diferencia entre antes y después!»

Joshua respondió orgulloso, «¡Sí!» Después se quedó pensando un momento y exclamó, «¡Y también sé cuando quiero una galleta antes de la cena!»

He aquí otro ejemplo de un padre que decidió empezar a ratificar los puntos fuertes de su hija de siete años. Una mañana le comentó:

«Veo a una niña que se levanta sola por la mañana, desayuna, se lava y se viste y está lista a tiempo para ir a la escuela. Pues bien, ¡eso es lo que yo llamo tener confianza en sí misma!»

Unos días después, cuando la pequeña se estaba cepillando los dientes, llamó a su padre y le señaló su boca. «Pues bien, ¡eso es lo que yo llamo unos dientes limpios!», declaró.

Varios padres también empezaron a observar la frecuencia con que las alabanzas parecían motivar a sus hijos a querer ser más cooperativos, a trabajar más arduamente que nunca. He aquí sus experiencias:

Mi esposo y yo queríamos dormir tarde un domingo por la mañana y nuestros dos hijos no fueron a despertarnos como de costumbre. Cuando desperté fui en busca de ellos y les dije: «Brynn (ella tiene seis años), debió ser muy difícil para ti quedarte afuera de la habitación de mamá y papá. ¡Eso requirió de mucha fuerza de voluntad!

Brynn me respondió, «¡Ya sé lo que es fuerza de voluntad! Quiere decir cuando deseas despertar a papá y a mamá y sabes que no debes hacerlo; entonces, no lo haces.

«¡Y ahora voy a poner la mesa y a preparar el desayuno!»
Y lo hizo.

Michael me llamó para enseñarme que por vez primera había hecho su cama; saltaba emocionado por todas partes. No tuve corazón para decirle que la colcha no cubría las almohadas, ni que uno de los lados arrastraba por el suelo y el otro había quedado corto. Sólo le comenté, «¡Vaya, lograste que la colcha cubriera la mayor parte de la cama!»

A la mañana siguiente volvió a llamarme y me dijo, «¿Ves? logré que también cubriera la almohada, ¡Y dejé los lados iguales!»

Para mí fue sorprendente. Siempre pensé que para que un niño mejorara, era necesario señalarle lo que hacía mal; pero al decirle a Michael lo que había hecho bien, parecía experimentar el deseo de mejorar por sí solo.

Me molestaba que Hans nunca tomara la iniciativa para desempeñar algún trabajo en la casa. A los nueve años de edad, creí que debería asumir mayor responsabilidad.

El martes por la noche le pedí que pusiera la mesa. Por lo común, necesita un constante aguijoneo para terminar una tarea, pero esta vez lo hizo todo sin necesidad de recordatorios. Le comenté a mi esposo, al alcance del oído de Hans, «Frank, ¿ya viste lo que hizo Hans? Sacó los manteles individuales, los platos, la ensaladera, las servilletas, los cubiertos ¡incluso se acordó de tu cerveza! Eso es en verdad asumir plena responsabilidad».

No hubo reacción aparente de Hans.

Poco después, subí a acostar a mi hijo menor y le pedí a Hans que subiera en quince minutos, a lo cual respondió, «De acuerdo».

Quince minutos después subió y estaba acostado. Le dije, «Te pedí que subieras a acostarte en quince minutos y aquí estás, exactamente a tiempo. A eso le llamo ser una persona que sabe cumplir su palabra». Hans sonrió.

Al día siguiente, Hans entró a la cocina antes de la cena y dijo, «Mamá, vine a poner la mesa».

Me quedé estupefacta. Le dije, «Viniste antes de que te llamara, ¡en verdad te lo agradezco!»

Desde entonces he estado observando algunos ejemplos dispersos de un cambio. Una mañana hizo su cama sin que se lo pidiera, otra mañana se vistió antes de desayunar. Me parece que mientras más busco lo mejor en él, más sencillo le resulta ser mejor.

Acostumbraba operar de acuerdo al sistema de recompensas. Siempre que me preocupaba porque Melissa no se comportara bien, le decía, «Si eres buena, te compraré un helado o un juguete nuevo, o cualquier cosa». Melissa se portaba bien esa vez, pero para la siguiente ocasión tenía que prometerle otra recompensa.

Recientemente dejé de decirle, «Si eres buena te...» En vez de ello le decía, «Melissa, me ayudarías mucho si...» Y cuando hace algo útil, trato de describírselo.

Por ejemplo, la semana pasada le mencioné que me ayudaría si hacía que sus abuelos se sintieran bienvenidos cuando vinieran de visita. Cuando llegaron el domingo, su comportamiento con ellos fue maravilloso; ya que se fueron, le comenté, «Melissa, hiciste muy felices a tus abuelitos mientras estuvieron aquí; les contaste chistes, les ofreciste dulces de los que te obsequiaron en Halloween, y les enseñaste tu colección de envolturas de chicle. ¡Eso es lo que yo llamo hospitalidad!» Melissa se veía rebosante de alegría.

Con la antigua costumbre, se sentía bien sólo en ese momento, porque recibía una recompensa. Con esta nueva forma de hacer las cosas, se siente bien acerca de sí misma como persona.

A menudo los niños pueden aprovechar una alabanza justo en el momento que es menos probable que los alabemos, cuando *no* se están portando especialmente bien. En los dos ejemplos siguientes verán a unos padres alabando bajo circunstancias difíciles:

El año pasado (en tercer año) la caligrafía de Lisa era pésima y su maestra me lo mencionó. Me sentí como si me hubiera criticado a mí. Empecé a comentarle a Lisa todas las noches lo descuidados que estaban sus deberes escolares y lo mal hechas que eran sus letras.

Pocos meses después, Lisa le escribió una nota a su maestra diciéndole que la quería mucho. La nota no estaba firmada. Cuando le mencioné a Lisa que se había olvidado de firmarla, respondió, «La maestra sabrá que es mía, por la mala caligrafía».

¡El corazón se me cayó hasta los talones! La pequeña lo dijo en un tono desapasionado, porque había aceptado el hecho de que su caligrafía era mala y no había nada qué hacer.

Después de leer *Padres liberados/Hijos liberados*, empecé de nueva cuenta. Cada noche le pedía a Lisa que me enseñara su tarea, y en vez de criticarla, descubría una frase clara o una palabra, o por lo menos una letra bien hecha y se lo comentaba. Después de varios meses de no criticarla y de algunas merecidas alabanzas, ¡su caligrafía ha mejorado en un cien por ciento!

Fue uno de esos días en que me alegré de cualquier habilidad que conociera. Manejaba de regreso a casa con mis hijos, de dos, seis y nueve años. Jennifer, mi hija de seis años, decidió abrir un gran tazón de plástico lleno de palomitas de maíz que, por supuesto, regó por todo el automóvil. Por mi confundido cerebro cruzaron miles de reacciones: «Niña golosa... no podías esperar hasta que llegáramos a casa... ¡ahora mira lo que hiciste!»

En vez de eso, simplemente describí el problema en un tono de voz desapasionado, diciendo, «Hay palomitas de maíz en todo el coche; eso necesita una aspiradora».

Llegamos a casa y Jennifer entró de inmediato a sacar la aspiradora de mi recámara. Sin embargo, las cosas no siempre resultan bien. Cuando Jennifer sacó la aspiradora, derribó una planta y la tierra se esparció por toda la recámara. Era demasiado para que una pequeña de seis años pudiera controlarlo; estalló en lágrimas de histeria.

Por un momento no supe qué hacer, pero después traté de reflejar sus sentimientos: «¡Esto es demasiado!... ¡Qué frustrante!», etcétera. Al fin se tranquilizó lo suficiente para enfrentarse a la tarea de limpiar el coche, pero el pensamiento de la recámara seguía siendo demasiado para ella.

Limpió el auto y me llamó para que lo viera. En vez de evaluar su trabajo, manifesté, «Había palomitas en todo el coche y ahora ya no veo ninguna».

Se sintió tan complacida consigo misma que dijo, «Y *ahora* voy a limpiar tu recámara».

«Oh, ya veo», respondí, alegrándome interiormente.

Varios padres descubrieron que incluso era posible utilizar la alabanza en los momentos más inesperados; cuando sus hijos hacían algo que no debían hacer. En vez de reprenderles, los inspiraban para que se comportaran mejor, recordándoles su anterior conducta digna de alabanza. He aquí el relato de una madre:

Al informarme Karen que perdió su pase del metro y creía que se le había caído del bolsillo, mi primer impulso fue regañarla por ser tan descuidada. Pero parecía tan molesta que le dije, «Pensándolo bien, Karen, conservaste tu pase durante los últimos tres y medio períodos escolares. Son muchos días de ser responsable».

Karen respondió, «Eso creo, pero a pesar de todo no volveré a arriesgarme, cuando tenga el nuevo lo guardaré en mi cartera».

Otro dividendo obtenido de la alabanza descriptiva fue el valor que pareció generar en algunos niños. La siguiente experiencia ilustra lo que queremos decir:

Kristin tiene ocho años de edad y hasta donde puedo recordar, ella siempre le ha tenido miedo a la oscuridad. Después de que la mandábamos a dormir, saltaba de la cama una decena de veces para ir al baño, para tomar agua o sólo para asegurarse de que estábamos ahí.

La semana pasada llegaron sus calificaciones; estaban llenas de alabanzas. Pasó todo el día admirándolas y leyéndolas para sí misma una y otra vez. Justo antes de irse a dormir, me comentó, citando los comentarios de sus calificaciones, «Una niña que es responsable, que trabaja bien con los demás, que obedece las reglas, que respeta a los demás, que lee libros de cuarto año cuando apenas va en tercero, *¡no debe tener miedo de lo que no está ahí*!» Me voy a dormir.

Esa noche se fue a la cama y no volví a verla hasta la mañana siguiente.

No puedo esperar para ver a su maestro la Noche de Invitación a los padres a la escuela, para hacerle saber lo que sus palabras significaron para una pequeña.

Brian tiene nueve años y siempre ha sido tímido y falto de confianza. Últimamente he estado tratando de escuchar sus sentimientos, tratando de no darle consejos —como siempre hago—, y en vez de ello alabarlo mucho. Hace dos días sostuvimos la siguiente conversación:

BRIAN: Mamá, he estado teniendo problemas con la señora I. Siempre me está regañando y hace comentarios acerca de mí delante de toda la clase.

MAMÁ: Oh.

BRIAN: Sí, ¿sabes?, cuando me corté el cabello dijo, «Vean, muchachos, tenemos a un niño nuevo en la escuela».

MAMÁ: Mmm.

BRIAN: Y después, cuando llevé mis pantalones nuevos a cuadros, comentó: «Oh, vean al señor Pantalones Extravagantes».

MAMÁ: (*incapaz de resistir*) ¿Crees que deberías hablar con ella?

BRIAN: Ya lo hice. Le pregunté, «¿Por qué siempre me está regañando?» Y respondió, «Una insolencia más y te enviaré a la oficina del director».
Mami, me siento tan deprimido, ¿qué puedo hacer? Si voy a ver al director y le hablo de esto, no me la quitaré de encima.

MAMÁ: Mmm.

BRIAN: Bueno, tal vez lo soportaré, sólo faltan treinta días.

MAMÁ: Es verdad.

BRIAN: No, simplemente no puedo soportarlo. Creo que vale más que vayas conmigo a la escuela.

MAMÁ: Brian, creo que eres lo bastante maduro para manejar esta situación. Tengo una gran confianza en ti. Con toda seguridad harás lo correcto (*un beso y un abrazo*). Al siguiente día:

BRIAN: Mamá, me siento tan *satisfecho* de mí mismo. Fui a ver al director y me dijo que había tenido el valor de ir a verlo, que le daba gusto ver que yo era lo bastante firme para hacerlo y que se alegraba de ver que yo tenía un buen concepto de él, por compartirle mi problema. ¡Sabes, después de todo, para eso está ahí!

MAMÁ: ¡Manejaste la situación sin ayuda de nadie!

BRIAN: (*pareciendo diez centímetros más alto*) ¡Así es!

Este ejemplo final muestra los efectos edificantes de las alabanzas descriptivas de un entrenador a un equipo de jóvenes jugadores de futbol. Después de cada partido, cada uno de los miembros del equipo, de seis y siete años de edad, recibía una carta de él. He aquí algunos fragmentos de tres de esas cartas:

16 de septiembre

Queridos Tomahawks:

El domingo jugaron como un EXCELENTE EQUIPO. En la ofensiva anotamos seis goles, el máximo de cualquier partido este año. En la defensiva mantuvimos el balón en el extremo del terreno de los contrarios durante el partido y metieron su único gol cuando ya nadie dudaba del resultado del juego.

La práctica tendrá lugar el sábado, en el Campo Willets, de 10:00 a 11:15 a.m. Los veré entonces.

Sinceramente,
Bob Gordon
Entrenador

23 de octubre

Queridos Tomahawks:

¡Qué partido! ¡Qué equipo!

Nuestra defensa «naranja» no sólo derrotó a uno de los equipos que mejor han calificado en la liga, sino también les impidió meter un gol. Nuestro ataque en la ofensiva estuvo muy bien equilibrado y cinco jugadores metieron gol. Y lo que es más importante, muchos de esos goles fueron resultado de sus buenos pases y de jugar en una buena posición. Esta victoria en verdad fue una victoria de equipo y todos hicieron importantes contribuciones.

Todavía estamos en segundo lugar, un punto atrás de los Poncas, cuando faltan dos partidos. Sin embargo, no importa en qué lugar terminemos, todos pueden sentirse orgullosos de la forma en que jugaron esta temporada.

Tendremos nuestra práctica acostumbrada el sábado en el Campo Willets, de 10:00 a 11:15 am. Los veré ahí.

Sinceramente,
Bob Gordon
Entrenador

18 de noviembre

Queridos CAMPEONES:

Los partidos de este fin de semana fueron los más emocionantes que jamás he visto. Durante todo el año, los Tomahawks han demostrado su excelente ofensiva y su magnífica defensa. Este fin de semana demostraron su gran corazón y su espíritu de lucha. A pesar de que el tiempo parecía acabarse, nunca se dieron por vencidos y obtuvieron una muy merecida y emocionante victoria.

Felicitaciones a todos: son campeones, todos y cada uno de ustedes.

Sinceramente,
Bob Gordon
Entrenador

6

Cómo liberar a los niños de la representación de papeles

Recuerdo el momento en que nació mi hijo David. Habían transcurrido cinco segundos y aún no respiraba, la enfermera le dio una palmada en la espalda y no reaccionó. Me sentía aterrorizada, la tensión era insoportable. Después la enfermera comentó, «¡Es un pequeño obstinado!», ninguna reacción todavía. Un momento después por fin lloró... ese penetrante llanto del recién nacido; mi alivio fue indescriptible. Pero poco después, ese mismo día, me sorprendí preguntándome, «¿En verdad es obstinado?» Para cuando lo llevé a casa, al salir del hospital ya había puesto en su lugar el comentario de la enfermera: palabras tontas de una mujer tonta. Imagínense, ¡calificar de esa manera a un bebé de menos de medio minuto de nacido!

No obstante, durante los años siguientes, cada vez que seguía llorando sin importar lo mucho que lo acariciara o meciera, cuando no quería probar un nuevo alimento, cuando se rehusaba a dormir siesta, cuando se negaba a subirse al camión para ir al kínder o no quería ponerse el suéter en un día frío, por mi mente cruzaba el pensamiento: *La enfermera tenía razón, es un niño obstinado.*

Debí saber que las cosas no son así. Todos los cursos de psicología que había tomado me advirtieron acerca de los peligros de las profecías autocumplidas. Si usted califica a un niño diciendo que es lento para aprender, él empezará a considerarse como un niño de lento aprendizaje; si califica a un niño de travieso, es muy probable que empiece a demostrar lo travieso que puede ser. Clasificar a un niño era algo que debía evitarse a toda costa, estaba completamente de acuerdo; sin embargo, no podía dejar de pensar en David como un «niño obstinado».

El único consuelo que me quedaba era saber que no estaba sola. Al menos una vez a la semana, en alguna parte, escuchaba a un padre o una madre comentar algo parecido a:

- Mi hijo problema es el mayor; el pequeño es un deleite.
- Bobby es *bully* de nacimiento.
- Billy es un pelele; cualquiera puede aprovecharse de él.
- Michael es el abogado de la familia, tiene una respuesta para todo.
- Ya no sé qué darle de comer a Julie, es muy melindrosa con la comida.
- Es un desperdicio de dinero comprarle cualquier cosa a Richie; destruye todo lo que cae en sus manos. Simplemente, ese niño es destructivo.

Para empezar, me preguntaba cómo era que esos niños habían adquirido sus etiquetas. Ahora, después de años de escuchar lo que sucede en el seno de las familias, me doy cuenta de que el hecho de estereotipar al niño en un papel es algo que puede iniciarse de la manera más inocente. Por ejemplo, una mañana Mary le pide a su hermano, «Búscame mis anteojos».

El hermano responde, «Búscalos tú y deja de mandarme».

Poco después, la niña le dice a su madre, «Cepíllame el cabello y asegúrate de quitarme todos los nudos». La mamá replica, «Mary, has vuelto a empezar a ser muy mandona».

Más tarde, todavía le dice a su padre, «No hables ahora; estoy viendo mi programa de televisión». Papá responde, «¡Escuchen a la gran jefa!»

Y así, poco a poco, la niña que ha estado escuchando esos calificativos empieza a representar el papel. Al fin y al cabo, si todos le dicen mandona, eso es lo que debe ser.

Quizá usted pregunte: ¿Está bien pensar que una hija es mandona, siempre y cuando no le llamemos por ese nombre? Es una pregunta muy importante. ¿Es posible que incluso la forma en que piensa un padre acerca de su hija afecte la manera de pensar sobre sí misma? A fin de aclarar un poco más la relación entre la forma en que los padres ven a sus hijos y la forma en que ellos se ven a sí mismos, hagamos ahora el siguiente experimento. A medida que lea las tres escenas siguientes, imagínese que usted es el niño en cada una de ellas.

Escena I: Usted tiene alrededor de ocho años de edad. Una noche entra a la sala de su casa y encuentra a sus padres ocupados con un gran rompecabezas. Tan pronto ve lo que están haciendo, les pregunta si puede hacer con ellos el rompecabezas.

Su madre pregunta, «¿Ya hiciste tu tarea? ¿Pudiste entender todo?»

Usted responde «Sí», y vuelve a preguntar si puede ayudar con el rompecabezas.

Su madre repite, «¿Estás seguro de que entendiste bien toda tu tarea?»

Su padre dice, «Dentro de un rato repasaré contigo las matemáticas».

Usted vuelve a preguntar una vez más.

Su padre dice, «Observa con cuidado cómo hacemos el rompecabezas mamá y yo, y luego te dejamos ver si puedes colocar una pieza".

Cuando usted está a punto de colocar una pieza en su lugar, mamá exclama, «No, querido, ¿no ves que esa pieza tiene un borde recto? ¡Cómo puedes poner un borde recto en medio de un rompecabezas!», y suspira apesadumbrada.

¿Cómo lo ven sus padres? _____

_____

¿Cómo le hace sentir la opinión que tienen de usted? _____

_____

Escena II: La misma. Usted entra a la sala y encuentra a sus padres trabajando en el rompecabezas. Les pregunta si puede unirse a ellos.

Su madre pregunta, «¿No tienes otra cosa qué hacer? ¿Por qué no ves televisión?»

Su mirada detecta de pronto una pieza para la chimenea del rompecabezas y estira la mano para tomarla.

Su madre advierte, «¡Ten cuidado! Arruinarás lo que ya hemos hecho».

Su padre pregunta, «¿Es que nunca podemos tener un momento de tranquilidad?»

Usted dice, «Por favor, sólo esta pieza».

Su padre comenta, «Nunca te das por vencido, ¿verdad?»

Su madre añade, «De acuerdo, *una* pieza, ¡pero eso es todo!» Mira a papá, mueve la cabeza, y pone los ojos en blanco.

¿Cómo lo ven sus padres?_____

_____

¿Cómo le hace sentir la opinión que tienen de usted? _____

_____

Escena III: La misma. Cuando ve a sus padres preocupados con el rompecabezas, se acerca para verlo.

Pregunta, «¿Puedo ayudar?»

Su madre asiente, «Claro, si quieres».

Su padre le indica, «Acerca una silla».

Usted ve una pieza que está seguro que es parte de la nube y trata de colocarla en su lugar, pero no ajusta.

Mamá exclama, «¡Casi!»

Papá le indica, «Las piezas con bordes rectos, por lo general, van en la orilla».

Sus padres siguen maniobrando en el rompecabezas. Usted estudia el grabado durante algún tiempo. Al fin encuentra el lugar apropiado para su pieza.

Usted exclama, «¡Vean, sí quedó!»

Su madre sonríe.

Su padre le dice, «Fuiste persistente con esa pieza».

¿Cómo lo ven sus padres?_____
_____

¿Cómo le hace sentir la opinión que tienen de usted? _____
_____

¿Le sorprendió la facilidad con que captó el mensaje de cómo lo veían sus padres? A veces no se necesitan más que unas cuantas palabras, una mirada o un tono de voz para decirle que usted es «lento y tonto», «una plaga» o una persona básicamente agradable y capaz. Lo que sus padres piensan de usted a menudo puede comunicarse en cuestión de segundos. Si multiplica esos segundos por las horas de contacto cotidiano entre padres e hijos, empieza a darse cuenta de cómo influye tan poderosamente en los niños la forma en que sus padres piensan de ellos. No sólo se afectan sus sentimientos acerca de sí mismos, sino también su conducta.

Cuando estaba haciendo este ejercicio y sus padres pensaron que era «lento», ¿empezó a sentirse que desaparecía su confianza? ¿Trataría siquiera de colocar algunas piezas más del rompecabezas? ¿Se sintió frustrado por no ser tan rápido como sus padres? ¿Se dijo para sí mismo: «para qué intentarlo siquiera»?

Cuando lo consideraron un «estorbo», ¿pensó que debería hacer valer sus derechos para que no lo hicieran a un lado? ¿Se sintió rechazado y derrotado? ¿O se sintió enojado, con ganas de desbaratar su estúpido rompecabezas en venganza?

Cuando lo consideraron como una persona básicamente agradable y competente, ¿sintió que podía comportarse de manera amable y competente? Si cometió algunos errores, ¿se sentiría tentado a renunciar, o bien se diría a sí mismo que volvería a intentarlo?

Cualesquiera hayan sido sus reacciones, podemos concluir sin temor a equivocarnos, que la forma en que los padres ven a sus hijos, puede influir no sólo en la forma en que ellos se ven a sí mismos, sino también en su manera de comportarse.

Pero si por cualquier razón un niño ha quedado estereotipado en un papel, ¿eso significa que tiene que representar ese papel durante el resto de su vida? ¿Queda atrapado en ese papel, o puede liberarse para convertirse en lo que sea capaz de llegar a ser?

En las siguientes páginas verá seis habilidades que cualquier padre o madre pueden utilizar para liberar a su hijo de la representación de un papel.

Para liberar a los niños de la representación de papeles

1. Busque las oportunidades para enseñarle al niño una nueva imagen de sí mismo o de sí misma.

2. Ponga a los niños en situaciones en que puedan verse a sí mismos de una manera diferente.

3. Deje que los niños alcancen a escuchar cualquier comentario positivo que usted haga acerca de ellos.

4. Modele la conducta que le gustaría ver.

5. Sea un refugio para los momentos especiales de su hijo.

6. Cuando su hijo actúe de acuerdo con el antiguo estereotipo, manifieste sus sentimientos y/o sus expectativas.

BUSQUE LAS OPORTUNIDADES PARA ENSEÑARLE AL NIÑO UNA NUEVA IMAGEN DE SÍ MISMO O DE SÍ MISMA.

Destructivo   *Quejoso*

Lento   *Inseguro*

PONGA A LOS NIÑOS EN SITUACIONES EN LAS CUALES PUEDAN VERSE A SÍ MISMOS DE UNA MANERA DIFERENTE.

Travieso

Atolondrado

Torpe

Glotón

DEJE QUE LOS NIÑOS ALCANCEN A ESCUCHAR CUALQUIER COMENTARIO POSITIVO QUE USTED HAGA ACERCA DE ELLOS.

Llorón

Excitable

MODELE LA CONDUCTA
QUE LE GUSTARÍA VER.

Mal perdedor

Desorganizado

SEA UN REFUGIO PARA LOS MOMENTOS ESPECIALES DE SU HIJO.

Falta de coordinación

CUANDO SU HIJO ACTÚE DE ACUERDO CON EL ANTIGUO ESTEREOTIPO, MANIFIESTE SUS SENTIMIENTOS Y/O SUS EXPECTATIVAS.

Glotona

Quejosa

Destructivo

Mal perdedor

Las habilidades para ayudar a un niño a verse a sí mismo de una manera diferente, no se limitan a las que mencionamos en este capítulo. Todas las demás que hemos comentado en este libro pueden ser útiles para mantener abierta la puerta que lleva al cambio. Por ejemplo, una mamá que acostumbraba calificar a su hijo de «olvidadizo», le escribió la siguiente nota para ayudarle a pensar en sí mismo como una persona capaz de recordar cuando quiere hacerlo.

Querido George:

Tu maestro de música me llamó por teléfono el día de hoy para informarme que no llevaste tu trompeta a los dos últimos ensayos de la orquesta.

Confío en que encuentres la forma de recordarte a ti mismo que a partir de ahora siempre deberás llevarla.

Mamá

Un padre decidió intentar la solución del problema en vez de decirle *bully* a su hijo, indicándole, «Jason, sé lo mucho que te enojas cuando estás tratando de concentrarte en tu tarea y tu hermano empieza a silbar, pero los golpes están *prohibidos*. ¿De qué otra manera podrías obtener el silencio que necesitas?»

¿Le parece difícil toda esta idea de ayudar a un niño a verse de forma diferente? No conozco ninguna otra cosa más difícil que se le pueda pedir a un padre o a una madre. Cuando un niño persiste en comportarse de cierta manera durante un periodo, se necesita una gran moderación de nuestra parte para no reforzar la conducta negativa gritando, «¡Ya volviste a empezar!». Es indispensable un acto de voluntad para concedernos el tiempo necesario a fin de planear deliberadamente una campaña que libere al niño del papel que ha estado representando.

Si puede tomarse ahora el tiempo para hacerlo, pregúntese a sí mismo:

1. ¿Hay algún papel en el cual hayan estereotipado a mi hijo, ya sea en casa, en la escuela, entre sus amigos o entre sus familiares? ¿Cuál es ese papel? _____

_____

2. ¿Hay algo positivo en ese papel? (Por ejemplo, el espíritu de diversión en el *travieso*; la imaginación del *soñador*). _____

_____

3. ¿Cómo le gustaría que su hijo o su hija pensaran de sí mismos? (Capaces de ser responsables, capaces de encargarse de un trabajo hasta terminarlo, etcétera). _____

_____

Al responder a estas difíciles preguntas, ya ha realizado el trabajo preliminar. Ahora le espera la verdadera campaña. Analice de nuevo las habilidades que mencionamos a continuación. Después escriba las palabras reales que podría emplear para poner en práctica cada una de esas habilidades.

A) Busque las oportunidades para enseñarle al niño una nueva imagen de sí mismo o de sí misma.

_____

_____

B) Ponga a los niños en situaciones en las cuales puedan verse a sí mismos de una manera diferente.

_____

_____

C) Deje que los niños alcancen a escuchar cualquier comentario positivo que usted haga acerca de ellos.

_____

_____

D) Modele la conducta que le gustaría ver.

_____

_____

E) Sea un refugio para los momentos especiales de su hijo.

_____

_____

F) Cuando su hijo o su hija actúen de acuerdo con el antiguo estereotipo, manifieste sus sentimientos y/o sus expectativas.

_____

_____

G) ¿Hay otras habilidades en las que pueda pensar y que podrían ser efectivas?

_____

_____

Hace muchos, años, yo hice el ejercicio que usted acaba de terminar. ¿Qué me impulsó a hacerlo? Una noche, cuando fui a recoger a David a su reunión de niños exploradores, el jefe de tropa me indicó que pasara a hablar con él a la habitación de al lado. Tenía una expresión ceñuda.

—¿Qué sucede? —le pregunté nerviosa.

—Quería hablar con usted acerca de David. Estamos teniendo algunos pequeños problemas.

—¿Problemas?

—David se rehúsa a seguir las instrucciones.

—No comprendo, ¿en qué? ¿Se refiere al proyecto en el que está trabajando ahora?

El jefe de la tropa trató de sonreír con paciencia.

—Me refiero a *todos* los proyectos en que hemos trabajado desde principios de año. Cuando a su hijo se le mete una idea a la cabeza, nadie se la puede quitar; tiene una manera de hacer las cosas y no escucha razones. Con toda franqueza, los demás niños ya están empezando a hartarse de él. Le quita mucho tiempo al grupo... ¿También es así de obstinado en su casa?

Ni siquiera recuerdo lo que le respondí. Balbuceé algo, metí a David al auto y me fui de ahí a toda prisa. David guardó silencio todo el camino de regreso a casa. Encendí el radio, agradecida por no tener que hablar. Sentía como si tuviera el estómago lleno de nudos y me dolía.

Me sentía como si al fin hubieran «descubierto» a David. Durante años estuve fingiendo para mí misma, diciendo que sólo era un poco obstinado en casa, conmigo, con su padre y con su hermana y hermano. Pero ahora ya no había forma alguna de huir de la verdad. El mundo exterior acaba de confirmarme el hecho al que nunca había estado dispuesta a enfrentarme: David era rígido, obstinado, inflexible.

Transcurrieron horas, antes de que pudiera conciliar el sueño; permanecí acostada, culpando a David por no ser como los demás niños y culpándome a mí misma por todas las veces que le había llamado «mula» o «burro obstinado». No fue sino hasta la mañana siguiente cuando al fin logré poner la opinión que el jefe de tropa tenía de mi hijo dentro de la perspectiva adecuada, y entonces empecé a pensar en cómo podría serle útil a David.

Había una cosa de la cual estaba segura. Para mí era importante no unirme a los demás y presionar más a David para que siguiera representando su papel. Mi labor era buscar lo mejor en él y afirmarlo. (Si yo no lo hacía, ¿quién iba a hacerlo?) De acuerdo, era «de carácter fuerte» y «determinado», pero también era capaz de ser receptivo y flexible. Y esa parte de su personalidad era la que necesitaba afianzarse.

Hice una lista de todas las habilidades que conocía para ayudar a un niño a verse a sí mismo de una manera diferente. Después traté de pensar en la clase de situaciones que habían hecho que David se resistiera en el pasado. ¿Qué podría decirle si volvía a suceder algo parecido? He aquí las ideas que descubrí:

A) Busque oportunidades para enseñarle al niño una nueva imagen de sí mismo. «David, estuviste de acuerdo en acompañarnos a visitar a la abuela, a pesar de que en realidad querías quedarte en casa y jugar con un amigo. Eso fue una *concesión* de tu parte».

B) Ponga al niño en situaciones en las cuales pueda verse a sí mismo de una manera diferente. «Según parece, cada miembro de esta familia quiere ir a un restaurante distinto. David, quizá tú puedas encontrar alguna idea que nos saque de este atolladero».

C) Deje que el niño alcance a escuchar cualquier comentario positivo que usted haga acerca de él. «Papá, esta mañana David y yo llegamos a un acuerdo. Él no quería usar sus zapatos de hule; yo no quería que estuviera sentado todo el día en la escuela con los pies mojados. Por último, él pensó en la idea de usar sus zapatos viejos de lona para ir a la escuela y llevar unos calcetines secos y un par de zapatos para cambiarse».

D) Modele la conducta que le gustaría ver. «¡Estoy tan decepcionada! Me entusiasmaba la idea de ir al cine esta noche, pero tú papá me recordó que habíamos convenido en ir juntos al partido de basquetbol... Bueno, creo que pospondré la ida al cine para la próxima semana».

E) Sea un refugio para los momentos especiales de su hijo. «Recuerdo que al principio tenías ciertos sentimientos muy decididos acerca de ir a ese grupo de Niños Exploradores, pero después empezaste a pensar en ello y leíste algo sobre eso y también hablaste con algunos de los niños que están en ese grupo, y al fin decidiste intentarlo por ti mismo».

F)   Cuando el niño actúa de acuerdo con el antiguo prototipo, manifieste sus sentimientos y/o sus expectativas. «David, para las personas que asistirán a esa boda, tus *jeans* viejos les parecerían una falta de respeto. Para ellas es como si dijeras: "¡Esta boda no es importante!" De manera que, por mucho que detestes la idea de ponerte traje y corbata, espero que te vistas en forma adecuada».

G)   ¿Hay algunas habilidades que podrían ser útiles? Una mayor aceptación de los sentimientos de David. Más elecciones. Más resolución de problemas.

Ése fue el ejercicio que cambio mi rumbo con David. Me hizo posible verlo bajo una nueva luz y después tratarlo como si apenas hubiera empezado a verlo. No obtuvimos resultados de la noche a la mañana. Algunos días todo iba muy bien, parecía que mientras más apreciaba la capacidad de David para ser flexible, más flexible podía ser él. Aunque algunos días todavía eran bastante malos, mi enojo y frustración me llevaban de vuelta a primera base y me encontraba entablando con él una nueva contienda a gritos.

Pero a la larga rehusé a desanimarme, me aferré a mi nueva actitud. Ese «determinado» hijo mío tenía una madre igualmente «determinada».

El pequeño ahora ya creció. Apenas recientemente, un día que no quería escuchar ninguna razón (es decir, mi punto de vista), me alteré a tal grado que me olvidé de mí misma, acusándolo de ser un «testarudo».

Pareció sorprendido y durante un momento guardó silencio.

—¿Así es como me ves? —preguntó.

—Bueno, yo… yo… —empecé a tartamudear avergonzada.

—Está bien, mamá —dijo suavemente—. Gracias a ti, tengo otra opinión de mí mismo.

Un rápido recordatorio. . .

Para liberar a los niños de la representación de papeles

1. BUSQUE OPORTUNIDADES PARA ENSEÑARLE AL NIÑO UNA NUEVA IMAGEN DE SÍ MISMO O DE SÍ MISMA.

   ¡Tienes ese juguete desde que tenías tres años y parece casi nuevo!

2. PONGA A LOS NIÑOS EN SITUACIONES EN LAS CUALES PUEDAN VERSE A SÍ MISMOS DE UNA MANERA DIFERENTE.

   Sara, ¿quieres tomar el desarmador y apretar las jaladeras de estos cajones?

3. DEJE QUE LOS NIÑOS ALCANCEN A ESCUCHAR CUALQUIER COMENTARIO POSITIVO QUE USTED HAGA ACERCA DE ELLOS.

   Mantuvo el brazo firme a pesar de que la inyección le dolió.

4. MODELE LA CONDUCTA QUE LE GUSTARÍA VER.

   Es difícil perder, pero trataré de ser un buen perdedor.

   ¡Felicidades!

5. SEA UN REFUGIO PARA LOS MOMENTOS ESPECIALES DE SU HIJO.

   Recuerdo aquella vez que tú...

6. CUANDO EL NIÑO ACTÚE DE ACUERDO CON EL ANTIGUO ESTEREOTIPO, MANIFIESTE SUS SENTIMIENTOS Y/O SUS EXPECTATIVAS.

   No me agrada eso. A pesar de tus violentos sentimientos, espero que tengas ética deportiva.

Segunda Parte

HISTORIAS PRESENTES Y PASADAS
DE LOS PADRES

He aquí las experiencias de varios padres que estaban decididos a liberar a sus hijos de los papeles en los cuales los habían estereotipado:

Durante las sesiones de asignarles un papel a los niños, empecé a sentir náuseas. Pensé en lo desagradable que había sido recientemente con Greg por las cosas tan terribles que le he estado diciendo:

- Me gustaría que te vieras a ti mismo, actúas como un patán.
- ¿Por qué siempre has de ser tú quien tiene esperando a todos?
- Creo que no debería esperar nada de ti, ahora ya sé lo detestable que eres.
- Jamás tendrás un amigo.
- Actúa como un niño de tu edad; te estás comportando como un bebé de dos años.
- Comes en una forma tan descuidada; nunca aprenderás a comer correctamente.

Pensaba en él como en mi *némesis* (enemigo) y jamás le aflojaba las riendas. Y para colmo, esa semana tuve una reunión con su maestra y ella se quejó de que era un niño inmaduro. Hace un tiempo probablemente habría estado de acuerdo con ella, pero ese día sus palabras me cayeron como una tonelada de ladrillos. Pensé que la situación no podía empeorar mucho, de manera que decidí aplicar algunas de las cosas que he aprendido en nuestras sesiones.

Al principio descubrí que estaba demasiado enfadada para actuar con amabilidad. Sabía que Greg necesitaba alguna información positiva acerca de sí mismo, pero difícilmente podía hablar con él. Entonces, la primera vez que hizo algo bien le escribí una nota, diciéndole:

Querido Greg:

Ayer tuve un día de lo más agradable. Tú me facilitaste las cosas al estar a tiempo para la ronda de recoger a los niños y llevarlos a la escuela dominical. Te levantaste temprano, te vestiste y estabas esperándome.

Gracias,

Mamá

Unos días después tuve que llevarlo al dentista. Como de costumbre, empezó a correr por todo el consultorio; me quité mi reloj y se lo entregué, diciendo, «Sé que puedes sentarte y quedarte tranquilo durante cinco minutos». Pareció sorprendido, pero tomó asiento y se quedó tranquilo hasta que el dentista lo llamó.

Cuando salimos del dentista hice algo que nunca antes había hecho; fuimos él y yo solos a tomar un chocolate caliente y sostuvimos una verdadera conversación. Esa noche, cuando lo llevé a la cama, le comenté que había disfrutado mucho los momentos que pasamos juntos.

Me resulta difícil creer que esas pequeñas cosas lograron significar una diferencia para Greg, pero ahora parece sentir más deseos de complacerme y eso me anima. Por ejemplo, dejó su libro y su chamarra en el piso de la cocina, por lo común, eso habría bastado para que empezara a gritarle; en vez de ello, le comenté que me sentía enojada cuando tenía que recoger las cosas que él dejaba tiradas, pero que confiaba en que a partir de ese momento recordaría que debía dejar las cosas en su lugar.

Y a la hora de la cena, dejé de criticar a cada segundo sus modales en la mesa; sólo le digo algo cuando hace alguna asquerosidad, y trato de decírselo una sola vez.

También estoy tratando de asignarle más responsabilidades en la casa, con esperanza de que empiece a comportarse con mayor madurez. Le pido que saque la ropa de la secadora, que baje del auto las compras de comestibles y las guarde y otras cosas por el estilo. La otra mañana incluso lo dejé que se preparara sus huevos revueltos (y mantuve la boca cerrada cuando parte del huevo fue a parar al suelo).

Casi tengo miedo de decirlo, pero su comportamiento definitivamente ha mejorado. Quizá eso se debe a que yo soy mejor con él.

Heather es nuestra hija adoptiva; desde el primer día que llegó a nuestro hogar, fue motivo de alegría. Y siguió creciendo hasta convertirse en una niña dulce y adorable. No sólo pensaba en ella como mi orgullo y mi alegría, sino que por lo menos una docena de veces al día le decía la felicidad tan grande que había traído a mi vida. No fue sino hasta después de leer el capítulo sobre la representación de roles cuando me pregunté si no le estaría echando encima una carga demasiado pesada para que fuera «buena» o mi «motivo de alegría». También me pregunté si en su interior no albergaría otros sentimientos que temía demostrar.

Mi preocupación me llevó a intentar un buen número de cosas nuevas. Supongo que lo más importante que hice fue pensar en algunas formas de hacerle saber a Heather que sus sentimientos eran correctos, que era normal enojarse, alterarse o frustrarse. Cuando me retrasaba media hora en ir por ella a la escuela, le decía, «Debió ser de lo más molesto para ti tenerme que esperar tanto tiempo», (en lugar del tradicional, «Gracias por ser tan paciente, querida»). En otra época le hubiera dicho, «¡Apuesto que sentiste el deseo de decirle cuatro verdades a tu amiga por romper una cita contigo! (En vez de mi habitual comentario de, «Bueno, cariño, los demás no son tan considerados como tú»).

También intenté moldear lo que yo quería para ella. Empecé a hablar con más frecuencia de mis propios sentimientos negativos. El otro día le dije, «En estos momentos me siento malhumorada y me gustaría disfrutar de algunos momentos a solas». Y cuando me preguntó si podía prestarle mi nueva pañoleta, le respondí que no tenía muchos deseos de compartirla con nadie, por lo menos no por el momento.

Traté de alabarla de una manera diferente. En vez de hablar constantemente de lo feliz que me hacía su esfuerzo en la escuela, le describía lo que *ella* había logrado («Este informe está muy claro y muy bien organizado»), y no decía más.

La otra mañana tuvimos una «primera vez». Heather estaba en la regadera y yo lavando algunos platos. Empezó a golpear la pared porque yo cerré a la mitad la llave del agua caliente. Poco después entró como un huracán a la cocina, gritando a todo pulmón, «¡Te *pedí* que no abrieras la llave del agua caliente! ¡Acabo de darme un regaderazo con agua helada!»

Si hubiera hecho eso hace un mes, me habría sentido sorprendida y le habría respondido, «Heather, ¡tú no acostumbras comportarte de ese modo!»

Pero esta vez le dije, «¡Ya veo lo enojada que estás! ¡Y mentalmente he tomado nota de que no debo usar *nada* de agua caliente la próxima vez que estés en la regadera!»

Tengo la impresión de que en el futuro Heather va a empezar a *expresarse* mucho más y estoy segura de que no me agradará todo lo que voy a escuchar, pero a la larga, aún creo que para ella es más importante ser real, que tener que seguir siendo el «motivo de alegría para mamá».

P.D. Ahora, siempre que escucho a los demás hablando de lo «buenos» que son sus hijos, me siento un poco desconfiada.

El día de ayer me encontraba en el campo de juegos con mis dos hijas. Alrededor de cuatro veces me escuché a mí misma pidiéndole a Kate, la mayor (de ocho años), «Vigila a Wendy… Sostenla cuando se suba a la resbaladilla… Asegúrate de estar cerca de ella».

Empecé a preguntarme si no estaría estereotipando a Kate en el papel de la Responsable Hermana Mayor. Es muy cierto, estaba demostrándole una gran confianza, pero quizá también le causaba demasiada presión. Y no obstante, en términos prácticos, a menudo necesito su ayuda.

También empecé a preguntarme si no estaría tratando a Wendy (de cinco años) como una bebita. He planeado no tener más hijos, de modo que me siento feliz tratándola de esa manera; después de todo, *es* mi bebé.

Mientras más pensaba en ello, más cuenta me daba que es muy probable que Kate se sienta resentida. Se ha estado rehusando a regresar caminando a casa con Wendy a la salida de la escuela de verano y ya no quiere leerle cuentos. También me percaté de que a la edad de Wendy, Kate ya hacía muchas cosas por sí sola que Wendy todavía no hace, como servirse su propia leche.

Todavía no he hecho nada para remediar esta situación, pero poco a poco he empezado a adquirir la convicción de lo que necesitan mis dos hijas. Wendy necesita que le ayuden a tener más confianza en sí misma, en gran parte por su propio bien, pero también para que Kate tenga menos presiones. Y Kate necesita poder elegir qué es lo que desea hacer por su hermana, excepto cuando yo necesite absolutamente su ayuda. Y quizá de vez en cuando también yo debería dedicarme a mimar un poco a Kate, hace mucho tiempo que no lo hago.

Fue una suerte para Neil que yo asistiera a la reunión del grupo la semana pasada. Cuando llegué a casa esa mañana, recibí una llamada telefónica de mi vecina de al lado. La voz le temblaba; había visto a Neil cortando tres de sus tulipanes premiados cuando iba camino a la escuela.

Yo estaba fuera de mí. Pensé: ¡Ya *volvimos a empezar!* Negará que él haya tenido nada que ver con eso, tal y como hizo cuando desarmó el reloj (después encontré las piezas en su recámara). Y en la misma forma que hizo cuando me comentó que había saltado un año en la escuela (al llamar a la maestra me informó que ya nadie lo hace). Últimamente ha estado mintiendo tanto que incluso su hermano ha comentado, «Mamá, ¡Neil está mintiendo otra vez!».

Sé que no he manejado bien la situación. Siempre le exijo que me diga la verdad y cuando no lo hace, por lo común le llamo mentiroso, le doy un sermón sobre la mentira, o lo castigo. Supongo que lo único que he logrado ha sido empeorar las cosas, pero la honestidad es muy importante para mi esposo y para mí. No puedo entender cómo es posible que Neil sea así.

De cualquier forma, como dije antes, tuve suerte de haber asistido a la sesión sobre la representación de papeles, porque a pesar de que estaba muy alterada, sabía que no quería volver a asignarle otra vez a Neil el papel de «mentiroso».

Cuando llegó a casa a la hora de la comida, no discutí con él («¿Lo hiciste? ¿Estás seguro de que no lo hiciste? Esta vez no quiero que me mientas»). Abordé directamente la cuestión, diciendo:

—Neil, la señora Osgood me dijo que cortaste sus tulipanes.

—No, no lo hice. ¡No fui yo!

—Neil, ella te vio, estaba parada frente a la ventana.

—¿Crees que soy un mentiroso?; ¡ella es la que está mintiendo!

—Neil, no quiero discutir contigo quién está mintiendo y quién no. El daño ya está hecho. Por alguna razón, decidiste cortar tres de sus tulipanes; ahora tenemos que pensar en alguna forma de enmendar la situación.

Neil empezó a llorar. —Quería llevarle unas flores a mi maestra.

Le dije: —Oh, ya veo, de manera que fue por eso. Gracias por decirme lo que sucedió... A veces resulta difícil decir la verdad, en especial si crees que podrías meterte en problemas.

Entonces realmente empezó a sollozar. Lo senté sobre mis piernas, y le dije:

—Neil, veo que estás arrepentido, pero la señora Osgood está muy disgustada. ¿Qué podríamos hacer?

Neil volvió a estallar en llanto.

—¡Tengo miedo de ir a decirle que lo siento!

—¿Puedes escribirlo?

—No lo sé… ayúdame.

Preparamos una notita y él la escribió con letras de molde (está en primer año). Le pregunté: —¿Crees que esta nota es suficiente?

Pareció confundido.

—¿Qué te parece si le compramos una maceta de tulipanes para llenar el espacio vacío?

Neil dejó ver una gran sonrisa, y dijo: —¿Podríamos hacerlo?

Después de la escuela nos dirigimos a una florería. Neil escogió una maceta con cuatro tulipanes y dejó la maceta junto con la nota frente a la puerta de la señora Osgood. Después tocó el timbre y corrió a casa.

No creo que vuelva a cortar las flores de la vecina, y de alguna manera tampoco creo que seguirá diciendo tantas mentiras. Simplemente sé que a partir de ahora será más franco conmigo y cuando no lo sea (debo ser realista), no le asignaré el papel de mentiroso. Encontraré alguna forma de facilitarle las cosas para que me diga la verdad.

Un día, casi al final de una sesión sobre la representación de papeles, uno de los padres de familia inició las remembranzas. Expuso, «Recuerdo que cuando era niño, acostumbraba comentar con mi papá toda clase de planes extravagantes. Él siempre me escuchaba con toda sinceridad y después decía,

"Hijo quizá tienes la cabeza en las nubes, pero tus pies están arraigados en el suelo". Ahora bien, esa imagen que me ofrecía de mí mismo, de alguien que es un soñador, pero también de alguien que sabe enfrentarse a la realidad, ha sido la que me ha ayudado a salir adelante en algunas etapas bastantes difíciles… Me preguntaba si alguien más de los aquí presentes tuvo esa clase de experiencia».

Hubo un silencio reflexivo mientras cada uno de nosotros empezaba a buscar en el pasado los mensajes que habían dejado una huella en nuestras vidas. Poco a poco, juntos, empezamos a recordar en voz alta:

«Cuando era pequeño, mi abuela siempre acostumbraba decirme que tenía unas manos maravillosas. Siempre que le enhebraba una aguja o que le deshacía los nudos de su estambre, decía que yo tenía *manos de oro*. Creo que ésa fue una de las razones por las que decidí convertirme en dentista».

«Mi primer año de magisterio fue algo abrumador para mí; temblaba cada vez que el director aparecía para presenciar una clase. Después de darme uno o dos buenos consejos, siempre añadía, "Nunca me preocupo por ti, Ellen. Básicamente, sabes corregirte a ti misma". Me pregunto si alguna vez supo lo que inspiraron en mí sus palabras; dependía de ellas todos los días, me ayudaron a creer en mí misma».

«Cuando tenía diez años, mis padres me compraron un monociclo; durante un mes me caía casi todo el tiempo. Pensé que nunca aprendería a andar en esa cosa; pero un día me encontré pedaleando ¡y conservando el equilibrio! Mi madre pensó que yo era admirable. A partir de entonces, siempre que me preocupaba por aprender algo nuevo, por ejemplo el francés, decía, "Cualquier niña que puede andar en un monociclo no tendrá ningún problema con el francés"; yo sabía que su actitud era ilógica. ¿Qué tenía que ver andar en un monociclo con aprender un idioma? Pero me fascinaba escuchar su comentario. Eso sucedió hace casi treinta años. Pero hasta este día, siempre que me enfrento a un nuevo desafío escucho la voz de mi madre: "Cualquier niña que puede andar en un monociclo… ". Quizá me río, pero a pesar de todo esa imagen me ayuda».

Casi todos en el grupo teníamos un recuerdo que compartir.

Cuando terminó la sesión, simplemente permanecimos ahí sentados, contemplándonos unos a otros. El padre que nos hizo empezar a recordar movió la cabeza con extrañeza. Cuando habló, lo hizo por todos nosotros. ¡Jamás subestimen el poder que pueden ejercer sus palabras en *la vida de una persona joven!*

7

Cómo reunir todos estos conocimientos

Los padres nos han comentado que el proceso de liberar a los niños de la representación de papeles es bastante complicado. Implica no sólo un cambio completo de actitud hacia el niño, requiere además de un conocimiento adecuado de muchas habilidades. Uno de los padres nos dijo, «Para cambiar un papel, en verdad es necesario ser capaz de reunirlo todo, sentimientos, autonomía, alabanzas, alternativas para el castigo, todo absolutamente».

Con objeto de ilustrar el contraste entre el padre bien intencionado y el padre que se relaciona tanto con la habilidad como con el amor, hemos escrito dos escenas (basadas en personajes de *Padres liberados/Hijos liberados*). En cada una de éstas, la pequeña Susie, de siete años, trata de representar el papel de La Princesa. Al observar cómo la mamá se enfrenta a su hija en esta primera escena, quizá desee preguntarse: ¿Qué otra cosa podría haber hecho?

La Princesa—Primera Parte

MAMÁ: ¡Hola todo el mundo, ya estoy en casa!... ¡Hola, Susie!... ¿No vas a decirle hola a mamá? (*Susie alza la vista de mal humor y sigue dibujando, sin prestar atención a su madre*).

MAMÁ: (*asienta sus paquetes*) Bueno, creo que ya casi todo está listo para las visitas de esta noche. Ya tengo los panecillos, la fruta y (*muestra una bolsa de papel frente a su hija, tratando de provocar una sonrisa en ella*) una pequeña sorpresa para Susie.

SUSIE: (*apoderándose de la bolsa*) ¿Qué me compraste? (*sacando todas las cosas a la vez*) ¿Crayones?... qué bueno... un estuche para lápices ¡Una libreta azul! (*indignada*) Sabes que odio el azul ¿Por qué no me compraste una roja?

MAMÁ: (*defendiéndose*) Sucede, querida jovencita, que fui a dos tiendas y en ninguna encontré libretas rojas. En el supermercado no había y tampoco en la papelería.

SUSIE: ¿Por qué no buscaste en la tienda cerca del banco?

MAMÁ: No tuve tiempo

SUSIE: Pues regresa, no quiero la libreta azul.

MAMÁ: Susie, no voy a hacer otro viaje sólo por un cuaderno. Hoy tengo muchas cosas que hacer.

SUSIE: No usaré la libreta azul; sólo desperdiciaste tu dinero.

MAMÁ: (*suspirando*) ¡Vamos, eres una niña mimada! Siempre tienes que salirte con la tuya, ¿no es así?

SUSIE: (*recurriendo a la seducción*) No, no es verdad, pero el rojo es mi color favorito y el azul es tan feo. ¡Oh, por favor, mami, por favor!

MAMÁ: Bueno... tal vez pueda ir después.

SUSIE: Ah, qué bien (*vuelve a sus dibujos*). ¿Mami?

MAMÁ: ¿Sí?

SUSIE: Quiero que Betsy se quede a dormir esta noche.

MAMÁ: Por ahora, *eso* está fuera de discusión. Sabes que papá y yo tenemos invitados a cenar esta noche.

SUSIE: Pero ella *tiene* que quedarse a dormir esta noche, ya le dije que podía quedarse.

MAMÁ: Bueno, vuelve a llamarla y dile que hoy no es posible.

SUSIE: ¡Eres muy mala!

MAMÁ: No soy mala, es sólo que no quiero niñas estorbándome cuando tengo invitados. ¿Recuerdas el comportamiento tan escandaloso de ambas la última vez?

SUSIE: No te molestaremos.

MAMÁ: (*en voz alta*) ¡La respuesta es no!

SUSIE: ¡Tú no me quieres! (*empieza a llorar*).

MAMÁ: (*acongojada*) Vamos, Susie, sabes perfectamente bien que te quiero (*toma con ternura el rostro de la pequeña entre sus manos*). Vamos, ¿quién es mi princesita?

SUSIE: Oh, por favor, mami, ¿por favor? Nos portaremos muy bien.

MAMÁ: (*cediendo, por el momento*) Bueno… (*mueve la cabeza*) Susie, no resultará bien. ¿Por qué siempre tienes que hacerme las cosas tan difíciles? ¡Cuando digo «no» es «no»!

SUSIE: ¡Te odio! (*arroja al suelo sus cuadernos de dibujar*)

MAMÁ: (*con severidad*) ¿Desde cuándo acostumbramos arrojar los cuadernos al suelo? Recógelos.

SUSIE: No lo haré.

MAMÁ: ¡Recógelos en este instante!

SUSIE: ¡No! ¡No! ¡No! ¡No! (*grita a todo pulmón y avienta uno a uno los crayones al suelo*).

MAMÁ: ¡No te atrevas a seguir tirando al suelo esos crayones!

SUSIE: (*avienta otro crayón*) Lo haré si quiero.

MAMÁ: (*pegándole a Susie en el brazo*) ¡Te dije que ya basta, mocosa malcriada!

SUSIE: (*chillidos*) ¡Me pegaste! ¡Me pegaste!

MAMÁ: Rompiste los crayones que acabo de comprarte.

SUSIE: (*llora histéricamente*) ¡Mira! Me dejaste una marca.

MAMÁ: (*muy trastornada, le frota el brazo a Susie*) Lo siento, querida. Sólo es un pequeño rasguño; debí hacértelo con la uña, desaparecerá muy pronto.

SUSIE: ¡Me lastimaste!

MAMÁ: Bien sabes que no fue mi intención, mami no te lastimaría por nada del mundo… ¿Sabes qué? Vamos a llamar por teléfono a Betsy para decirle que puede venir esta noche. ¿Te sentirás mejor con eso?

SUSIE: (*todavía llorosa*) Claro.

Como puede ver, hay ocasiones en las cuales simplemente
no bastan el amor, la espontaneidad y las buenas intenciones.
Cuando los padres se encuentran en la línea de fuego, también necesitan ciertas habilidades.

Al leer la siguiente escena verá a la misma madre con la
misma niña. Sólo que esta vez ella emplea todas sus habilidades para ayudar a su hija a comportarse diferente.

La Princesa—Segunda Parte

MAMÁ: ¡Hola todo el mundo, ya estoy en casa!... Hola, Susie,
          veo que estás muy ocupada dibujando.

SUSIE: (*sin alzar la vista*) Así es.

MAMÁ: (*asienta sus paquetes*) Vaya, creo que ya estoy lista para
          recibir a los invitados que vendrán esta noche. A pro-
          pósito, te compré algunos artículos escolares cuando
          fui de compras.

SUSIE: (*apoderándose de la bolsa*) ¿Qué me compraste? (*sa-
          cando las cosas*) Crayones… qué bueno… estuche para
          lápices   ¡Una libreta azul! (*indignada*) Sabes que odio
          el azul. ¿Por qué no me compraste una roja?

MAMÁ: ¿Por qué crees que no lo hice?

SUSIE: (*titubeando*) ¿Por qué no había rojas?

MAMÁ: (*haciéndole justicia a Susie*) Lo adivinaste.

SUSIE: Entonces debiste ir a otra tienda.

MAMÁ: Susie, si me tomo la molestia de comprar algo especial
          para mi hija, lo que me gustaría escuchar es: «Gracias,
          mamá… gracias por los crayones… gracias por el estu-
          che para lápices… gracias por comprarme otra libreta,
          aun cuando no sea del color que me gusta».

SUSIE: (*de mala gana*) Gracias, pero todavía creo que el azul
          es feo.

MAMÁ: No cabe duda, ¡cuando se trata de colores, eres una persona de gustos definidos!

SUSIE: ¡Claro!, estoy dibujando todas las flores rojas...
Mamá, ¿puede quedarse a dormir Betsy esta noche?

MAMÁ: (*medita en la petición*) Papá y yo tendremos visitas hoy, pero por supuesto será bienvenida cualquier otra noche. ¿Te parece el próximo sábado?

SUSIE: Pero *tiene* que quedarse a dormir esta noche, ya le dije que podía venir.

MAMÁ: Como veo las cosas, Susie, la elección es mañana por la noche o el próximo sábado. Lo que tú prefieras.

SUSIE: (*con los labios temblorosos*) Tú no me quieres.

MAMÁ: (*acerca una silla, sentándose a su lado*) Susie, ahora no es el momento de hablar de amor. Estamos tratando de decidir cuál es la mejor noche para que tu amiga venga de visita.

SUSIE: (*llorosa*) La mejor noche es esta noche.

MAMÁ: (*persistente*) Lo que queremos es encontrar un momento que se adapte a tus necesidades y las mías.

SUSIE: ¡No me importan tus necesidades! ¡Eres muy mala conmigo! (*arroja al suelo su cuaderno de dibujar y empieza a llorar*)

MAMÁ: ¡Escucha, no me agrada esto! ¡Los libros no se tiran al suelo! (*recoge el cuaderno y le quita el polvo*) Susie, cuando experimentes un sentimiento de violencia por algo, manifiéstame tus sentimientos en palabras. Puedes decirme, «Mamá, ¡estoy enojada!... ¡estoy muy alterada!... contaba con que Betsy se quedara a dormir esta noche. »

SUSIE: (*en un tono acusador*) ¡Íbamos a hacer galletitas con chispas de chocolate y a ver la televisión!

MAMÁ: Ya veo.

SUSIE: Y Betsy iba a traer su bolsa de dormir y yo iba a poner mi colchón en el suelo, junto a ella.

MAMÁ: ¡Tenían todo planeado para pasar la noche!

SUSIE: ¡Lo hicimos! Hoy todo el día estuvimos hablando de eso en la escuela.

MAMÁ: Puede ser de lo más frustrante esperar algo con ansia y después tener que cambiar de planes.

SUSIE: ¡Es verdad! Entonces, ¿puede venir esta noche, mami, por favor... por favor... te lo suplico?

MAMÁ: Quisiera que esta noche fuera conveniente para mí porque tú también lo deseas, pero no es así; (*se pone de pie*) Susie, ahora debo ir a la cocina...

SUSIE: Pero, mami...

MAMÁ: (*saliendo*) Y mientras preparo la cena, pensaré en lo decepcionada que te sientes.

SUSIE: Pero, mami...

MAMÁ: (*hablando desde la cocina*) Tan pronto como decidas qué otra noche te gustaría que Betsy venga de visita, por favor me lo dices.

SUSIE: (*camina hasta la mesita del teléfono y marca un número*) Hola, Betsy, no podrás venir esta noche... mis padres tienen unos aburridos invitados a cenar. Puedes venir mañana o el próximo sábado.

En esta segunda dramatización, la madre poseía las habilidades necesarias para impedir que Susie representara el papel de la «Princesa». ¿No sería maravilloso si también en la vida real siempre pudiésemos encontrar la clase de respuestas que sean útiles para nuestros hijos, así como también para nosotros?

Pero la vida no es un libreto ameno que pueda memorizarse y después actuarse. Los dramas de la vida real en los que los niños nos obligan a participar, no nos dejan mucho tiempo para ensayar o para meditar con cuidado. Sin embargo, con nuestras nuevas guías, aun cuando podamos decir cosas de las cuales después nos lamentemos, tenemos una dirección muy clara a la que podemos volver.

Hay ciertos principios básicos de los cuales podemos depender. Sabemos que no vamos en la dirección equivocada si nos tomamos el tiempo para escuchar los sentimientos de nuestros hijos; o para hablar de nuestros propios sentimientos; o para trabajar en términos de futuras soluciones, en vez de hacerlo en términos de culpas pasadas. Quizá nos apartaremos temporalmente de nuestro curso, pero lo más probable es que jamás volveremos a extraviarnos por completo en el camino.

Un pensamiento final: nosotros tampoco debemos estereotiparnos en ningún papel, buenos padres, padres tolerantes, padres autoritarios. En primer lugar, debemos empezar por nosotros mismos como seres humanos con un grandioso potencial para el crecimiento y el cambio. El proceso de vivir o de trabajar con niños es de lo más exigente y agobiante; se requiere tener corazón, inteligencia y resistencia. Cuando no estamos a la altura de nuestras expectativas, y no siempre lo estaremos, debemos ser tan bondadosos con nosotros mismos como lo somos con nuestros hijos. Si ellos merecen mil oportunidades y después una más, también debemos concedernos a nosotros mismos mil oportunidades, y después dos más.

En resumen ¿de qué trata este libro?

Por el solo hecho de leer este libro, ya se ha exigido mucho a sí mismo; ha sido necesario absorber nuestros principios, poner en práctica nuevas habilidades, aprender patrones nuevos y olvidarse de los antiguos. Con tantas cosas de dónde elegir para convertirlas en algo propio, en ocasiones resulta difícil no perder de vista nuestra perspectiva más vasta. De manera que una vez más y por última vez, veamos de qué se trata este método de comunicación.

- Queremos encontrar una forma de vivir unos con otros de manera que podamos sentirnos satisfechos de nosotros mismos y ayudar a las personas que amamos a sentirse satisfechas de sí mismas.
- Queremos encontrar una forma de vivir sin culpas ni recriminaciones.
- Queremos encontrar una forma de ser más sensibles a los sentimientos de los demás.
- Queremos encontrar una forma de expresar nuestra irritación o nuestra ira sin causar ningún daño.
- Queremos encontrar una forma de respetar las necesidades de nuestros hijos y a la vez respetar nuestras propias necesidades.
- Queremos encontrar una forma que haga posible que nuestros hijos sean atentos y responsables.
- Queremos romper el ciclo de inútiles charlas que se ha transmitido de generación en generación y dejarles a nuestros hijos un legado diferente, una forma de comunicación

que puedan utilizar durante el resto de sus vidas con sus
amigos, sus compañeros de trabajo, sus padres, sus cónyuges
y algún día con sus propios hijos.

Epílogo

Muchos años después

Querido lector:

Cuando *Cómo hablar...* fue publicado por primera vez en 1980, teníamos los dedos cruzados. No estábamos nada seguras de cómo reaccionaría la gente. El formato iba a ser muy diferente al de nuestro primer libro, *Padres liberados/Hijos liberados*, era la historia de nuestras experiencias personales. El presente libro es básicamente una versión de los talleres que dábamos alrededor del país, pero, ¿sería útil para los padres?

Sabíamos cómo respondían las personas cuando trabajábamos directamente con ellas. Siempre que presentábamos un programa en dos partes (conferencia vespertina y luego un taller matutino), descubríamos que aun antes de comenzar la sesión matutina, los padres nos esperaban ansiosos por decir cómo, la noche anterior, habían intentado alguna habilidad nueva y lo complacidos que estaban con los resultados.

Pero eso sucedía porque estábamos ahí en persona, jugando roles con la audiencia, contestando sus preguntas, ilustrando cada principio con ejemplos, utilizando toda nuestra energía para llevar a casa nuestras convicciones. ¿Serían los lectores capaces de *captarlo* en las páginas de un libro?

Lo hicieron. En cantidades que nos sorprendieron. Nuestro editor nos informó que estaban imprimiendo ejemplares adicionales para cubrir la demanda. Un artículo del *New York Times* reportó que de los cientos de libros sobre paternidad que inundaban el mercado, *Cómo hablar...* era uno de los «más vendidos». La cadena televisiva PBS produjo una serie de seis partes basada en cada capítulo. Pero la mayor sorpresa provino de la gran cantidad de correspondencia que llenó nuestros buzones. Las cartas llegaban en flujo constante, no sólo de Estados Unidos y Canadá, sino de países de todo el mundo, algunos tan pequeños y desconocidos que teníamos que buscarlos en un atlas.

La mayoría de las personas escribieron para expresar su agradecimiento. Muchas describieron a detalle cómo nuestro libro había tocado sus vidas, querían que supiéramos exactamente qué era lo que estaban haciendo diferente ahora, lo que funcionaba con sus hijos y lo que no. Parecía que los padres de todos lados, sin importar lo distinto de sus culturas, lidiaban con problemas similares y buscaban respuestas.

Hubo otro tema que surgió en las cartas. La gente hablaba de lo difícil que era cambiar los viejos hábitos: *Cuando recuerdo utilizar mis nuevas habilidades, todo mejora, pero a menudo retrocedo, especialmente cuando estoy bajo presión.* También expresaban un deseo de obtener ayuda adicional: *Quisiera que esta estrategia fuera una parte más natural en mí. Necesito práctica y apoyo. ¿Tienen material que podamos emplear mis amigos y yo para estudiar juntos estos métodos?*

Entendíamos sus necesidades. Como jóvenes madres, nos sentábamos en una habitación con otros padres y discutíamos cada habilidad, y luchábamos juntos para encontrar las formas más respetuosas y efectivas para lidiar con los retos interminables que presentan los niños. Porque sabíamos lo valiosa que podía ser la experiencia de grupo, concebimos la idea de escribir series de talleres *hágalo usted mismo* basadas en nuestro libro. Estábamos seguras de que si los padres recibían una guía fácil, el programa paso a paso, podrían aprender y practicar juntos las habilidades, por sí mismos, sin la ayuda de un líder entrenado.

Nuestro «plan maestro» funcionó. Los padres organizaban grupos, ordenaban nuestro material de los talleres, y realmente eran capaces de utilizarlos con éxito. Pero lo que no habíamos previsto era el número de profesionales que solicitaban y utilizaban el programa de *Cómo hablar...* Nos enteramos de psiquiatras, psicólogos, trabajadores sociales, educadores, ministros, sacerdotes y rabinos.

También estábamos sorprendidas por la variedad de organizaciones que utilizaban nuestros materiales, centros de crisis de violencia doméstica, unidades de rehabilitación de drogas y alcohol, departamentos de libertad bajo fianza juvenil, Boy Scouts, prisiones estatales, escuelas para sordos, Ley de Salud y bases militares en Estados Unidos y el extranjero. Finalmente, más de 150,000 grupos alrededor del mundo habían recurrido o estaban utilizando nuestros programas de audio y video.

Durante este tiempo, recibíamos una petición constante, en su mayoría por parte de las agencias de servicio social: «Los padres necesitan desesperadamente habilidades de comunicación. ¿Tienen material que nos pueda ayudar a entrenar voluntarios para ir a las comunidades y llevar a cabo el programa de *Cómo hablar...*?»

¡Qué idea tan interesante! Nos hubiera gustado tenerlo, tal vez en el futuro pudiéramos escribir un...

Recibimos una llamada telefónica de la Extensión de Cooperación de la Universidad de Wisconsin. ¡Ellos lo habían hecho! Sin que supiéramos, y en sociedad con el Comité para la Prevención del Abuso Infantil de Wisconsin, obtuvieron una subvención federal para crear un manual de entrenamiento para nuestro taller del programa Cómo Hablar para que los Niños Escuchen. Al parecer ya lo habían utilizado para enseñar a más de cien voluntarios cómo llevar a cabo nuestros talleres para más de siete mil padres en trece países. Con gran entusiasmo describieron el éxito de su proyecto y su sueño de reproducirlo en cada estado. ¿Podríamos revisar su manual, hacer los cambios necesarios y acompañarles en una aventura editorial más grande?

Después de recuperarnos del shock de esta oferta «demasiado buena para ser cierta», hicimos planes para conocerlos y trabajar juntos. El manual de entrenamiento acababa de ser publicado.

Así que aquí estamos en otro aniversario del libro que lanzamos con cierto temor hace tanto tiempo. Nadie podría haber predicho entonces, ciertamente no nosotros, que tendría tal poder de permanencia y cobraría vida propia y se reinventaría en tantas formas y figuras diferentes.

Sin embargo, una vez más nos encontramos con muchas preguntas. ¿Podría *Cómo hablar...* vencer la prueba del tiempo? Después de todo, habían pasado varias décadas. Además de todos los avances tecnológicos que desafían a la mente, el esquema integral de la familia había cambiado; había más padres solteros, divorciados y padrastros, más familias no tradicionales, más hogares donde tanto el padre como la madre eran fuerza de trabajo, más niños en guarderías. ¿Eran estos métodos de comunicación tan relevantes en el más complejo, rudo y rápido mundo actual cómo lo eran hace una generación?

Mientras releíamos nuestro libro con la óptica de los escenarios actuales, ambas llegamos a la misma conclusión. Los principios eran más importantes que nunca, porque los padres, sin importar su nivel social, estaban más estresados y se sentían más culpables que nunca antes, divididos entre las competitivas demandas laborales y la familia presionando para ajustar un día de cuarenta y ocho horas en uno de veinticuatro, tratando de hacer todo y ser todo para todas las personas importantes en sus vidas. Agreguen a eso la cultura del consumo que bombardea a sus hijos con valores materialistas: la televisión que los expone a imágenes sexualmente explícitas; sitios web que les ofrecen compañía repulsiva; videojuegos que los insensibiliza hacia la violencia, películas que los estimulan con asesinatos múltiples en nombre de la diversión y el entretenimiento, y no es difícil entender por qué muchos padres actualmente se sienten temerosos y abrumados.

Sabemos bien que este libro no es la respuesta completa. Hay problemas que no pueden ser resueltos únicamente con las habilidades de la comunicación. No obstante, creemos que dentro de estas páginas los padres encontrarán un apoyo sólido, estrategias que les ayuden a superar las crecientes frustraciones de educar a un niño, métodos claros que les ayudarán a establecer límites e impartir sus valores, habilidades concretas que mantendrán a la familia unida y conectada, a pesar de las perniciosas fuerzas exteriores; un lenguaje que dará poder a los padres para ser firmes y amorosos, hacia ellos mismos y hacia sus hijos.

Estamos encantadas por la oportunidad que nos presenta esta edición de aniversario. Nos da la posibilidad de compartir nuestra actual manera de pensar y algo de la retroalimentación que hemos recibido a lo largo de los años: las cartas, las preguntas, las historias, las dudas de otros padres.

Esperamos que en algún lugar de esta mezcla, encuentren una semilla adicional de información e inspiración para ayudarles a realizar el trabajo más importante del mundo.

Adele Faber
Elaine Mazlish

I. Las cartas

Siempre es un gran placer oír a nuestros lectores, pero las cartas más gratificantes son aquellas donde la gente comparte cómo utilizaron efectivamente los principios de *Cómo hablar...* y los aplicaron a las complejidades de sus vidas.

Su libro me ha dado las herramientas disponibles que había estado buscando desesperadamente. Si no hubiera leído *Cómo hablar...* no sé cómo habría podido manejar todo el dolor y la ira que mi hijo de nueve años sentía hacia mí y su padre por habernos divorciado.

El ejemplo más reciente: Tommy regresó deprimido después de pasar el día con su padre, porque éste le había dicho «fiasco».

Requirió toda mi fuerza de voluntad no hablar mal de mi «ex» y decirle a Tommy que el «fiasco» era su padre. En lugar de eso dije: «Vaya, eso debió ser doloroso, a nadie le gusta que le pongan apodos. Desearías que tu papá te dijera lo que quiere, sin hacerte menos.»

Por la expresión de Tommy, vi que ayudó lo que le dije. Pero no voy a dejar esto aquí. Voy a tener una charla con su padre, sólo tengo que pensar cómo hacerlo sin empeorar las cosas.

Gracias por mi confianza recién descubierta.

Compré su libro por cincuenta pesos en una librería de libros usados, y en este momento honestamente puedo decir que fue la mejor inversión que he hecho. Una de las primeras habilidades que intenté fue «Describa lo que ve». Cuando obtuve resultados positivos, casi me caigo de la silla. Mi hijo Alex, de cuatro años, es un niño muy necio (mis padres le llaman «cabeza de toro»), lo que me da muchas oportunidades para emplear las ideas de su libro.

He aquí cómo me ayudaron las secciones sobre la representación de papeles y solución de problemas: siempre que participaba en los programas de cooperación de preescolar de Alex, notaba que la maestra cada vez se molestaba más con él, especialmente cuando no acompañaba al grupo al cantar o en cualquier otra cosa que no le interesara. Si Alex está aburrido o inquieto es difícil para él sentarse callado; da vueltas alrededor, corre alrededor, camina alrededor. Su maestra lo seguía llamando: «¡Alex, siéntate... Alex detente, Alex...! Vi cómo lo ubicaba en el papel de «problemático».

Un día, después de la escuela, hablé con él acerca de lo que no le gustaba del programa y lo que hacía. Resulta que estaba cansado de cantar «Old McDonald» y de escuchar las mismas historias; pero realmente disfrutaba las manualidades y los juegos.

Entonces le dije lo difícil que era para la maestra enseñar canciones o contar cuentos a todos los niños mientras un niño corría alrededor molestando durante la clase. Estaba a punto de pedirle que me enlistara algunas soluciones, cuando de la nada dijo, «¡Está bien, mamá, seré un salvaje en el patio, *después* de la clase!»

Tragué saliva y dije «Me parece bien». Desde entonces la maestra no ha tenido más quejas. Conforme más utilizo mis habilidades con mi hijo, más cambios positivos veo en él. Es como si una nueva personita hubiera surgido.

El consejero de la escuela primaria recomendó *Cómo hablar...* cuando tuvimos problemas de conducta con nuestro hijo de seis años.

Después de leer el libro, pedir prestados los videos de la Oficina de Extensión de la Universidad Estatal de Michigan cercana, y de aprender yo misma las habilidades paternales para la crianza, varios de mis amigos notaron tal cambio en nuestro hijo, que preguntaron qué estaba haciendo para que hubiera tal diferencia en su conducta y en mi relación con él. (Él pasó de decir «Te odio, ojalá no fuera tu hijo» a «mamá, eres mi mejor amiga»).

Luego de comentarles a mis amigos sobre el libro, me pidieron que les enseñara. Pude conseguir todo el material de la Oficina de Extensión, las series de videos y los libros de trabajo, y di un curso de seis semanas a mi clase de doce padres (¡mi esposo incluido!). Un tiempo después, la Oficina de Extensión me pidió darlo nuevamente y lo abrió al público, y lo hice. He estado enseñando las series durante varios años y he visto increíbles cambios para mejorar las vidas de los niños cuyos padres asistieron a los talleres.

Últimamente he notado que se requiere un poco más de tiempo para que los padres comprendan el espíritu del programa. Están bajo tanta presión, que requieren respuestas rápidas. Quizás también estén influenciados por aquellos consejos recientes diciendo que si no se ponen estrictos (castigo o golpes) para hacer entender a sus hijos, no están haciendo su trabajo, no están siendo responsables. Pero una vez que empiezan a usar efectivamente su estrategia y ver por sí mismos cómo funciona y cómo, a la larga, los niños son mucho más cooperativos, se vuelven entusiastas del programa.

En cuanto a mí, cuando miro hacia atrás, veo que nuestro hijo se estaba volviendo un niño iracundo y rebelde. Encontrar el material, aprender y aplicar las habilidades de *Cómo hablar…*, literalmente ha salvado nuestra vida familiar y mejorado nuestra relación con nuestro hijo en un cien por ciento. Creo firmemente que mientras estas habilidades sean parte de nuestras vidas podremos ayudar a prevenir que nuestros hijos se conviertan en el tipo de adolescentes que llegan a tomar decisiones letales causadas por el enojo y la rebeldía.

Gracias por presentar lo que aprendieron de forma tan clara que uno puede ser autodidacta.

Encontré *Cómo hablar...* en nuestra biblioteca local y debo decir que es el libro más desgastado que he visto. De hecho, estoy segura que lo único que lo sostiene es la solidez de su contenido.

Me ha sido sumamente útil para lidiar con mi hija de diez años, que recientemente cambió de actitud. No sé de dónde provino, si de sus amigos o de la televisión, pero le ha dado por decir cosas como: «¿Nunca puedes comprar algo bueno para comer?» o «¿Cómo me compras un videojuego tan tonto? Es para niños pequeños».

Gracias a ustedes, ya no me defiendo o trato de ser comprensiva; ahora, cuando está de «bocona», la detengo en ese momento. Digo algo como: «Lisa, no me gusta ser acusada. Si hay algo que quieres o no quieres, debes decírmelo de otra manera.»

La primera vez que hice esto, pude ver cómo la tomé por sorpresa. Pero ahora noto que cuando empieza a ponerse insolente, ni siquiera tengo que decir algo. Algunas veces simplemente le echo «una mirada» y ella se detiene y realmente hace un esfuerzo por ser cortés.

¡Su libro es lo mejor que ha llegado desde el lavavajillas y el horno de microondas! Justo esta mañana estaba apurada alistando al bebé para llevarlo a la guardería y le recordé a Julie (de cuatro años) que necesitaba usar su máquina nebulizadora para el asma antes de que se vistiera para la escuela. Ella me ignoró y comenzó a jugar con su muñeca Barbie. Normalmente le hubiera gritado y quitado la muñeca, lo que habría provocado que ella hiciera un berrinche, y yo me hubiera puesto frenética y llegado tarde al trabajo.

En lugar de eso, respiré profundamente y dije: «Veo cuánto deseas jugar con Barbie, estoy segura que ella también quiere pasar el tiempo contigo. ¿Te gustaría encender tu nebulizador o crees que Barbie quiera encenderlo?» Ella dijo, «Barbie quiere encenderlo»; entonces caminó hacia la máquina, dejo que la muñeca «lo encendiera», completó el tratamiento y luego se vistió.

Gracias desde lo profundo de mis destrozados nervios.

De los padres de adolescentes

A menudo nos preguntan cuál es la «mejor» edad para empezar a utilizar estas habilidades. Nuestra respuesta estándar es: «Nunca es demasiado pronto ni nunca es demasiado tarde». He aquí lo que los padres de adolescentes nos han dicho:

> La gente siempre me pregunta cómo es que mis hijos son tan maravillosos. Le doy a mi esposa casi todo el crédito, pero también les comento acerca de *Cómo hablar...* porque realmente me ayudó a *vivir* lo que creo. Les explico que no sólo se trata de decir o hacer una cosa en particular; es acerca de una manera de vivir juntos con verdadero respeto. Y cuando logras que ese respeto funcione, eso te da el poder e influencia cuando se vuelven adolescentes.
>
> Sé que no hay garantías, y no estoy diciendo que sea fácil. Recientemente, mi hijo de catorce años, Jason, me pidió dinero para ir al cine. Resulta que quería ver una película para adultos sobre la cual yo había leído algo y no pensaba que fuera apropiada para él. Le dije mis objeciones, incluyendo el hecho de que él era menor de edad. Dijo que todos sus amigos irían y no quería perdérsela. Repetí mi posición. Me dijo que en realidad yo no podía detenerlo, pues él era alto y podía pasar por un chico de diecisiete años, y si no, alguien en la fila podía meterlo.
>
> Dije, «Sé que no puedo detenerte, pero espero que no vayas. Porque de todo lo que he leído, esta película es una mezcla de sexo y violencia, y creo que es una combinación enfermiza. El sexo no debe tratarse de que una persona lastime o use a otra; tiene que ver con dos personas cuidándose entre sí».

Bueno, no le di el dinero y espero que no haya ido. Pero si fue, tengo el presentimiento de que estará ahí oyendo mi voz en su cabeza. Dada nuestra relación, hay muchas probabilidades de que por lo menos considere mi punto de vista. Y ésa es la única protección que puedo darle contra toda la basura que existe en el mundo.

Quiero que sepan que su libro ha cambiado mi vida y mi manera de pensar…

… y las vidas de mis hijos

… y mi relación con mi esposo

… y la suya con los niños

…y, en especial, nuestra relación con Jodie, nuestra hija adolescente.

Una de los motivos de nuestros pleitos era por su hora de llegar a casa. Sin importarle la hora que fijáramos, siempre se las arreglaba para llegar tarde y nada que hiciéramos o dijéramos hacía alguna diferencia. Realmente era preocupante, pues en nuestro pueblo muchos jóvenes van a fiestas sin supervisión. Una vez llamaron a la policía porque la fiesta atrajo a muchos chicos sin invitación, y los vecinos se quejaron del ruido y porque tiraban botellas de cerveza en sus jardines. Aunque los padres estén en casa, la mayor parte del tiempo ven televisión o duermen en la planta alta, y no tienen idea de lo que sucede abajo. Un sábado en la mañana mi esposo y yo nos sentamos con Jodie para ver si podíamos resolver juntos el problema. Ella le dijo que si pudiera, mudaría a la familia a una isla desierta los siguientes dos años hasta que ella fuera a la universidad, pero como esto no era posible, teníamos que pensar en otra cosa.

Yo dije, «En serio Jodie, tienes derecho a disfrutar una noche con tus amigos, y papá y yo tenemos derecho a una noche sin preocupaciones. Necesitamos idear algo que nos convenga a todos».

Bueno, lo hicimos, y finalmente acordamos esto: nos haríamos responsables de verificar que hubiera un adulto en la casa de la fiesta. Jodie sería responsable de llegar a casa entre las once y media y las doce de la noche. Como nos vamos a la cama temprano, pongo la alarma a las doce y cuarto, por si surgiera algo inesperado. En el momento que Jodie llega a la casa, apaga la alarma. De esa forma ella tendrá diversión y sus padres una tranquila noche de sueño. Pero si la alarma suena, todas nuestras alarmas se apagarán, y tendremos que empezar a localizarla.

Nuestro acuerdo se mantuvo. Jodie cumplió con su parte del trato e hizo suya la responsabilidad de «vencer al reloj» cada vez. ¡Gracias por su salvavidas en forma de libro!

No sólo para niños

Nuestro propósito al escribir *Cómo hablar…* fue ayudar a los padres a tener mejores relaciones con sus hijos. Nunca esperamos que algunas personas utilizaran el libro para cambiar sus relaciones con sus propios padres o con ellos mismos:

Yo fui educada sin ninguna alabanza y con mucho abuso verbal. Después de varios años de escapar de la vida a través de las drogas y el alcohol, busqué terapia para tratar de cambiar mi conducta destructiva. Mi terapeuta recomendó su libro y ha sido una tremenda ayuda para mí, no sólo por la forma en que hablo con mi hijo de dieciocho meses, sino por la forma en que ahora me hablo a mí misma.

Trato de ya no menospreciarme. Estoy comenzando a apreciar y darme crédito por todo lo que hago por lograr una vida para mí y para mi hijo. Soy mamá soltera y estaba aterrada con la idea de repetir mi crianza, pero ahora sé que no lo haré. Gracias por hacerme creer en mí misma.

Cómo hablar..., mi «Biblia», me ha ayudado a romper un ciclo de cinco generaciones de personas y sentimientos negativos.
Me ha tomado mucho tiempo, pero finalmente he aprendido
que no tengo que tragarme mis sentimientos, incluso los malos. Estoy bien con lo que soy. Espero que mis cuatro hijos (de
diecisiete, catorce, doce y diez años) en determinado momento
puedan apreciar el esfuerzo que me tomó (años de ir a clases de
paternidad) para ser capaz de criar a la siguiente generación de
personas dispuestas y capaces de comunicarse, en vez de negar,
negar, negar. Posdata: obtuve su libro cuando mi hijo de diecisiete tenía un año. ¡Ha sido mi salvación!

Soy una madre de cuarenta años que tiene dos niños. Lo que me
afectó más profundamente de su libro fue darme cuenta que había sido terriblemente dañada por la actitud de mis padres hacia
mí. Mi padre aún se las arregla para decirme algo hiriente cada
vez que nos vemos. Desde que tuve hijos, estas observaciones
han sido pequeños huecos desagradables acerca de qué tan desesperada madre soy, y el desastre que hacía al educarlos. Ahora
me doy cuenta de que, a pesar de ser adulta, una parte de mí es
una niña que sufre por interminables heridas de duda y odio.

Lo gracioso es que soy consciente, trabajadora, con un relativo éxito como artista; sin embargo, mi padre siempre presenta
un cuadro de mi persona, completamente opuesto a mí.

Después de leer su libro, encontré el valor para empezar a
enfrentar a mi padre. Recientemente, me dijo que era holgazana,
y le contesté que tal vez él me viera de esa manera, pero yo tenía
otra imagen de mí misma. (Él no se desconcertó por ello). Ahora
tengo nuevas esperanzas de que pueda sanar a la niña dentro de
mí, brindándoles a mis hijos la paternidad que nunca tuve.

De los maestros

Casi en cada conferencia, uno o dos maestros nos detienen para decirnos cómo los han cambiado nuestros libros, no sólo de manera personal, también profesional. Algunos pusieron sus experiencias por escrito:

Leí *Cómo hablar para que los niños escuchen...* hace nueve años, cuando empecé a dar clases. Estaba acostumbrada a trabajar con adultos y aún no tenía hijos. Creo que su libro me salvó la vida. Seguramente me ayudó a ser una mejor maestra para mis alumnos de primer y segundo grados de secundaria, y una persona mucho más feliz.

El cambio más útil de mi pensamiento provino de dejarme de preguntar cómo «hacer» para que los niños aprendieran o se portaran bien. Ahora me pregunto cómo puedo motivar a mis estudiantes para dominar el problema. Mi éxito más reciente fue con Marco, quien se había autocalificado como el payaso de la clase, que interrumpía a los demás estudiantes y sacaba cero en los exámenes. Un día después de clase lo detuve y le dije: «Marco, necesito hablar contigo. ¿Qué crees que te ayudaría a aprender?»

Mi pregunta le asombró, creo que esperaba que lo mandara a la oficina del director. Después de un largo silencio, dijo: «Tal vez debería tomar apuntes».

Al día siguiente, Marco no sólo comenzó a tomar apuntes, también levantaba la mano y participaba en la clase; uno de los otros niños dijo, «¡Caramba, Marco, sí sabes algo!»

Durante años he recomendado, prestado y discutido su libro, literalmente, con cientos de padres y maestros. Por lo general tengo un ejemplar en mi mesita de noche. La atención consciente a sus preceptos también me ha ayudado a ser la clase de padre, esposo y amigo que quiero ser más a menudo.

Todos mis alumnos se han beneficiado de su capítulo de las alabanzas. Tengo un niño que padece trastorno por déficit de atención. En nueve meses sólo ha aprobado tres materias de matemáticas. Después de leer *Cómo hablar...* empecé a emplear
lenguaje descriptivo para remarcar sus cualidades positivas.
Comencé a decir cosas como, «¡Oh, te diste cuenta de tu propio
error!» o «Fuiste constante hasta que obtuviste la respuesta correcta». La siguiente semana, *aprobó todas sus materias*. Está tan
orgulloso de su trabajo, que quiere que le avise a su madre sobre
la próxima conferencia de padres.

Tengo otro estudiante que tiene una escritura tan mala, que
incluso él no puede leer lo que ha escrito. Sus calificaciones de
ortografía están en el rango de cincuenta por ciento. Va con otra
maestra para obtener ayuda adicional. Compartí mi libro con ella,
y juntas lo bombardeamos con alabanzas. Ambas describíamos
cualquier cosa que estuviera correcta de su escritura y ortografía.
(«Recordaste poner la h muda en hubiera»). Él entró hoy preci-
pitadamente a mi salón, y anunció que había acertado diecinueve
palabras de veinte en ortografía. Era su primera A en ortografía.

Me encargo de realizar diagnósticos educativos en un distri-
to muy grande en Texas. Después de varios años de entrenar
a maestros y experimentar una variedad de diferentes métodos —modificación de conducta, teoría de refuerzo, incremento
de castigos severos, pérdida de tiempo de descanso, detencio-
nes, suspensiones— mis colegas y yo hemos llegado a la misma
conclusión: los principios y habilidades sobre los que escriben
en todos sus libros, son los que necesitamos enseñar a nuestros
maestros para que los utilicen. Estamos convencidos de que
cuando nuestras aulas realmente funcionan, es porque las relaciones funcionan; y las relaciones funcionan cuando la comunicación es humana y cariñosa.

Respuestas del extranjero

Estamos fascinadas por la retroalimentación que recibimos de países extranjeros. Que nuestro trabajo sea significativo para personas de culturas muy diferentes a la nuestra, es una continua fuente de asombro para nosotras. Cuando Elaine habló en la Feria Internacional del Libro en Varsovia, pidió a la audiencia que explicara la apasionada respuesta a nuestro trabajo en Polonia. (*Cómo hablar...* era un *bestseller* ahí). Un padre le dijo: «Durante años hemos estado bajo las reglas del comunismo. Ahora tenemos libertad política, pero su libro nos enseña cómo ser libres dentro de nosotros mismos, cómo respetarnos y cómo respetar a nuestras familias».

Desde China, una mujer escribió:

Soy maestra de inglés en Guangzhou, China. Cuando fui estudiante universitaria de visita en Nueva York, también trabajé como niñera de Jennifer, una niña pequeña de cinco años. Antes de mí, tuvo otra niñera de otro país que no era amable con ella. Fue golpeada y encerrada en un cuarto oscuro por portarse mal. Como resultado de ello, Jennifer se volvió excéntrica y antisocial, incluso a menudo tenía arranques de llanto histérico.

Durante mis primeras dos semanas, apliqué con Jennifer los métodos chinos tradicionales que enseñan a los niños cómo deben comportarse. Sin embargo, estos métodos no suelen ser efectivos. Los arranques de llanto histérico de la niña fueron aún más frecuentes e incluso me pegó.

La mamá de Jennifer era tan solidaria conmigo que pidió consejo a un psicólogo. Él le recomendó su libro *Cómo hablar para que los niños escuchen y cómo escuchar para que los niños hablen*; la madre y yo lo leímos vorazmente, e hicimos lo mejor para utilizar los conocimientos que aprendimos de éste. Está comprobado que fue un éxito. Jennifer comenzó a hablar más, y gradualmente nos volvimos buenas amigas. «Xing Ying, eres tan buena con Jennifer», dijeron los padres agradecidos.

Ahora estoy de regreso en China y soy madre de un pequeño niño. He aplicado los métodos que aprendí de su libro para tratar con él y han demostrado ser efectivos. Ahora mi deseo es ayudar a otros padres chinos a ser más eficaces y más felices en sus relaciones con sus hijos.

Desde Victoria, Australia una madre escribió:

He aplicado algunas de sus sugerencias con mis hijos y he descubierto que ellos, especialmente mis dos hijos grandes y taciturnos, me hablan con mayor frecuencia. Cuando llegan a casa de la universidad y los saludo diciendo «Qué alegría oírte llegar», o algo parecido (y no «¿Cómo estuvo la escuela/universidad hoy?»), obtengo una sonrisa. De hecho mi hija más grande busca conversar conmigo en vez de evitarme.

Una trabajadora social que llevó a cabo el programa de *Cómo hablar...* en Montreal, Quebec, escribió para describir una visita a sus suegros en Capeown, Sudáfrica:

Me encontré con el jefe de un centro de paternidad de la zona para ver qué trabajos hacían. El centro ofrece clases tanto para gente de clase media que vive cerca, como para gente de la alejada región de los alrededores, llamada Kayelisha, en las afueras de la ciudad. En Kayelisha las familias viven en pequeñas casas de lámina, cada casa del tamaño de una recámara, sin electricidad ni agua potable ni drenaje. La gente del centro toma clases ahí, y utiliza *Cómo hablar...* como base y traduce los dibujos al afrikaans para que los residentes puedan entender. Dicen que tienen como diez ejemplares del libro en su biblioteca de préstamo, y están desgastados y muy manoseados por tanto uso.

También voy a enviar un ejemplar de su libro más reciente, *Cómo hablar para que los niños puedan aprender*, a un amigo de Johannesburgo que lleva a cabo programas educativos para maestros que trabajan lejos de las ciudades, en pequeñas comunidades.

Padres bajo coacción

La mayoría de los ejemplos de *Cómo hablar...* enseñaban a las personas a lidiar con los problemas cotidianos, comunes y corrientes. Cuando una mujer se acercó a nosotras después de una conferencia y describió, con lágrimas en los ojos, cómo su relación con su hijo, que tenía síndrome de Tourette[1], había pasado de ser imposible y hostil, a ser animado y cariñoso como resultado de nuestro libro, nos sentimos colmadas. Desde entonces hemos escuchado un gran número de madres y padres que han utilizado nuestra obra para superar problemas especialmente estresantes o graves.

Casi siempre las personas que escriben nos dan el crédito por los cambios que han realizado. Desde nuestro punto de vista, el crédito les pertenece, pues cualquiera puede leer un libro, pero se necesita alguien con gran determinación y dedicación para estudiar las palabras de una página y utilizarlas para triunfar sobre la angustia. He aquí lo que algunos padres han hecho:

Mi casa a veces es como la tercera guerra mundial. Mi hija de siete padece trastorno por déficit de atención con hiperactividad (TDA). Cuando toma su medicina, la mayor parte del tiempo es manejable. Pero al pasar el efecto, tenemos a esta niña fuera de control. (Conozco a muchos padres con hijos que padecen TDA, y han tenido que recurrir al «amor rudo»).

---

[1] Trastorno neurológico que inicia en la infancia, caracterizado por tics físicos y vocales. (N. del T.)

Cuando leí su libro, me pregunté si esas habilidades servirían con un niño que padece TDA. Bueno, sí sirven. Ahora me doy cuenta que si le hablo de esta nueva forma mientras está medicada, ayuda durante todo el día, en particular con sus habilidades sociales. Me siento segura de que si sigo por este camino, también le ayudará posteriormente en su vida. Gracias por su libro.

Mi esposo y yo somos psicólogos. Nuestro hijo de ocho años, fue diagnosticado recientemente con TDA. Hemos tenido muchos momentos problemáticos con él. Unos amigos nos dieron a conocer sus libros *Padres liberados / Hijos liberados* y *Cómo hablar para que los niños escuchen...* y descubrimos que contienen las estrategias más útiles que hemos encontrado hasta la fecha.

Ambos fuimos entrenados principalmente en el empleo de métodos conductuales, que eran sumamente contraproducentes con nuestro hijo. En cambio, su estrategia basada en el respeto mutuo y el entendimiento, nos ha ayudado gradualmente a obtener de él lo que queremos sin tratar de controlar todo lo que sucede. ¡Ha sido un remedio muy bienvenido!

Siento que mi conocimiento de los patrones de interacción efectiva sólo es durante su infancia, pero he estado ocupada compartiendo lo que he aprendido en la práctica clínica. Sus métodos son eficaces en una gran variedad de situaciones, y con una gran variedad de individuos.

Gracias por su disposición para compartir todas sus experiencias y admitir sus debilidades. Han ayudado a sus lectores a admitir las propias.

Mi hijo Peter fue diagnosticado con ambliopía a la muy avanzada edad de seis años. Su doctor dejó muy en claro que teníamos seis meses para utilizar parches con lentes, o Peter estaría en riesgo de perder severamente la vista de su ojo derecho. Era necesario que usara los parches cuatro horas al día, durante las horas de escuela.

No es necesario decir que Peter estaba avergonzado e incómodo. Cada día trataba de no hacerlo, y yo estaba desesperada. Se quejaba de dolores de cabeza, que veía peor que nunca y que le «dolía». Yo entendía sus sentimientos y me mantenía firme, pero su actitud no mejoraba.

Finalmente, después de cinco o seis días de esto, yo estaba agotada. Le dije: «Peter, me voy a poner el parche durante cuatro horas para saber lo que se siente y entonces vamos a idear la manera de que funcione mejor». Dije esto sólo por compasión hacia él, no me di cuenta del efecto que tuvo.

A los veinticinco minutos tuve un terrible dolor de cabeza, perdí la percepción de la profundidad, y era increíblemente difícil realizar las tareas ordinarias como abrir la puerta de un clóset, sacar la ropa de la secadora, dejar salir al gato, incluso subir las escaleras. Al final de las cuatro horas, me sentía miserable, destrozada y exhausta, y *entendía totalmente* por lo que estaba pasando el niño.

Hablamos. Aunque no pude cambiar las condiciones, Peter y yo reconocimos que experimentábamos las mismas cosas. Mi afirmación de lo difícil que era y mi obvia incapacidad para manejarlo bien, fue aparentemente todo lo que él necesitaba. A partir de ese punto, fue capaz de llevar el parche religiosamente cada día durante clases por cuatro horas. Se salvó su vista y ni siquiera tuvo que usar lentes.

La lección para mí fue que a veces no es suficiente con hablar acerca de lo que siente un niño; a veces tienes que dar un paso más allá «para ver a través de sus ojos».

He llevado a cabo talleres de grupo con *Cómo hablar...* durante muchos años. Desde que tuve su primer libro en 1976 he sido defensora de su obra. En esa época acababa de nacer mi primer hijo, Alan. Ahora él tiene veintidós años y sufre de una severa enfermedad mental; se trata de un desorden cerebral, hereditario en mi familia. Debido a las habilidades que aprendí y que enseño, la prognosis de Alan ha mejorado mucho más que la de otros pacientes, y soy capaz de ayudarlo en su dolor y la aceptación de su discapacidad. Al utilizar mis habilidades, también soy capaz de manejar las altas y bajas de su montaña rusa emocional que conlleva su enfermedad.

Como atiendo grupos de apoyo para otros padres que tienen hijos con discapacidades similares, me doy cuenta que sus métodos han hecho toda mi situación mucho más positiva en actitud y manejable. Con optimismo, seremos capaces de ayudar a Alan para que continúe haciendo progresos en su vida y, lo más importante, prevenir las recaídas y la hospitalización, que pueden ocurrir a menudo.

Estoy muy agradecida por los diecisiete años de experiencia en la utilización de estos principios. Los hermanos de Alan también sufren, desde el temor de sufrir la enfermedad hasta el terrible desbalance de recursos en nuestra familia para manejar la discapacidad. Las habilidades nos ayudan a mi esposo y a mí a ser solidarios y conscientes de su difícil situación. Su obra ha sido un gran regalo para nuestra familia.

II. Sí, pero... ¿Qué tal si...? ¿Qué te parece...?

No toda la retroalimentación que recibimos fue positiva. Algunas personas estaban decepcionadas por no encontrar más ayuda para niños que tenían problemas más serios o complejos. Otras estaban descontentas por no obtener respuesta a sus preguntas particulares. Otras se sintieron frustradas porque habían hecho un verdadero esfuerzo por decir o hacer las cosas de una forma diferente con muy poco o ningún éxito. Su frase común era: *Lo intenté pero no funcionó.*

Al preguntarles qué había pasado realmente y escuchábamos los detalles de su experiencia, casi siempre era fácil ver lo que estuvo mal y por qué. Evidentemente había algunas ideas que necesitábamos desarrollar más a profundidad. He aquí algunos de los comentarios y preguntas que escuchamos, junto con nuestras respuestas:

Acerca de las decisiones

Dejé que mi hijo adolescente tomara una decisión y fue un fracaso. Le dije que si se cortaba el cabello podía venir a la cena de Acción de Gracias, o que podía tomar la cena de Acción de Gracias en su recámara, que todo dependía de él.

Él dijo, «Está bien, la tomaré en mi habitación.» Yo estaba asombrada; le expresé, «¿Qué? ¡Me harás eso! ¿Y a tu familia?» Él simplemente me dio la espalda y se fue. Tal vez las decisiones no funcionan con los adolescentes.

Antes de ofrecer a un niño de cualquier edad optar por una decisión, es útil preguntarse: *¿Son ambas opciones aceptables para mí y tal vez aceptables para mi hijo? ¿O estas opciones en realidad son amenazas disfrazadas? ¿Lo experimentará como si yo estuviera utilizando una técnica para tratar de manipularlo?* Lo óptimo es que el sentido de una decisión sea: *Estoy de tu lado. Hay algo que quiero que hagas (o que no hagas), pero en lugar de darte una orden quisiera que dijeras algo al respecto.*

¿Qué opciones le hubiera dado a su hijo adolescente respecto a su cabello? Las posibilidades son: ninguna. Los adolescentes, en su mayoría, experimentan casi cualquier comentario paterno acerca de su cabello — estilo, color, largo, pulcritud o falta de ésta— como una invasión a su espacio personal.

¿Pero qué tal si usted no se puede contener? Si está dispuesto a correr el riesgo y moverse hacia esa área tan sensible, acérquese con precaución: «Sé que no me incumbe; sin embargo si sólo consideraras la posibilidad de que el peluquero te quite lo suficiente de cabello para poder ver tus ojos, tendrías a una agradecida madre el día de Acción de Gracias.»

A continuación, salga rápidamente.

¿Qué hacer si le da a su hija dos opciones y ella rechaza ambas? El doctor recetó a mi hija una medicina que ella odia, y yo hice exactamente lo que ustedes sugieren. Le dije que la podía tomar con jugo de manzana o con *ginger ale*; ella dijo, «No quiero ninguna», y apretó la boca.

Cuando los niños tienen fuertes sentimientos negativos acerca de hacer algo, es probable que no sean receptivos a las decisiones. Si quiere que su hija esté abierta a las opciones que le ofrece, debe empezar por respetar completamente sus sentimientos negativos: «Vaya, por la manera como arrugas la nariz, veo cuánto odias tomar esa medicina.» Una frase como ésa puede relajarla, y la niña dice, «mamá entiende y está de mi lado.» Ahora su hija está más preparada emocionalmente para considerar sus palabras. «Entonces, querida, ¿qué haría menos horrible para ti tomarla, el jugo de manzana o *ginger ale*? O piensa en algo que te ayude más, aunque sea un poco» De hecho, las posibilidades de las decisiones son infinitas:

¿Quieres tomarla rápido o despacio?
¿Con los ojos abiertos o cerrados?
¿Con la cuchara grande o con la pequeña?
¿Deteniendo tu nariz o los dedos de los pies?
¿Mientras canto o mientras me quedo callada?
¿Te la doy yo o prefieres tomarla tú sola?

El punto es que hay cosas más fáciles de tragar si alguien entiende lo difícil que es para usted, y le dice algo para alentarle sobre cómo pasarlo.

Acerca de las consecuencias

Otra falla en la comunicación ocurre cuando las consecuencias fueron incluidas en el proceso de solución del problema. Una madre nos dijo lo desilusionada que estaba cuando la única vez que trató de encontrar una solución con sus hijos, todo terminó en una gran pelea.

> Convoqué a una reunión familiar y les dije a los niños lo que dijo el veterinario acerca de que nuestro perro tenía un serio problema de sobrepeso y no hacía suficiente ejercicio. Repasamos juntos todo el proceso para resolver el problema, y procedíamos a decidir quién sería responsable de qué y a qué hora, cuando mi hijo de en medio preguntó cuál sería la consecuencia si él no cumplía su trabajo. Mi hijo mayor sugirió que no ver televisión por una noche; los otros dos dijeron que eso no era justo. Para no hacer el cuento largo, nos entrampamos en una gran discusión sobre cuál sería una consecuencia justa, con todos enojados y ya sin un plan sobre qué hacer con el perro. Sólo puedo concluir que mis hijos no son suficiente maduros para solucionar problemas.

No es buena idea mencionar las consecuencias de algo cuando está tratando de solucionar un problema. Todo el proceso se dirige hacia crear confianza y buena disposición. Tan pronto se introduce la idea de una consecuencia o castigo por una falta, la atmósfera se envenena. Se crea la duda, se aniquila la motivación y se destruye la confianza.

Cuando un niño pregunta cuál sería la consecuencia si él no hace su parte, el padre puede responder: «Ni siquiera quiero que pensemos en las consecuencias. En este momento necesitamos idear cómo asegurarnos de que nuestro perro se mejore y esté saludable. Necesitará de nuestro trabajo en grupo para que eso suceda.

«Entendemos que habrá veces en que no queramos hacer nuestra parte, pero la haremos de todos modos, porque no queremos desilusionarnos unos a otros ni a nuestro perro. Y si alguien se enferma o hay una emergencia, tomaremos turnos para hacer el trabajo. En esta familia todos nos cuidamos unos a otros.»

Alternativas a los «peros»

Cierto número de padres se quejaron de que cuando entendieron los sentimientos de sus hijos, estos se molestaron más. Cuando les preguntamos qué fue exactamente lo que dijeron, el problema se aclaró. Cada una de sus frases de empatía incluía un «pero». Señalamos que la palabra *pero* tiende a excluir, disminuir o borrar todo lo anterior. He aquí la frase original de cada padre, con nuestra sugerencia revisada que elimina el «pero».

Frase original: *Se te oye muy decepcionado por no ir a la fiesta de Julie, pero el hecho es que tienes un grave resfriado. Ya habrá muchas otras fiestas en tu vida.*

El niño piensa: *Papá simplemente no entiende.*

Frase revisada: (En lugar de alejar con un «pero» al sentimiento, dele un valor absoluto). *Se te oye muy decepcionado por no ir a la fiesta de Julie. Ansiabas celebrar el cumpleaños de tu amiga con ella. El último lugar en la tierra donde quisieras estar hoy es en cama con fiebre.*

Si papá se siente comunicativo, puede expresar lo que tal vez deseara su hija: *¿No quisieras que por fin alguien descubriera una cura para el resfriado común?*

Frase original: *Sé cuánto odias la idea de tener una niñera otra vez, pero necesito ir al dentista.*

El niño piensa: *Siempre tienes una razón para dejarme.*

Frase revisada: (Quite el «pero», sustitúyalo por *El problema es…*) *Sé cuánto odias la idea de tener una niñera otra vez,* el problema es *que necesito ir al dentista.*

¿Cuál es la diferencia? Como un padre comentó: «*Pero*, se siente como un portazo en la cara. *El problema es*, abre la puerta y te invita a considerar una posible solución». El niño podría decir: «tal vez mientras estás con el dentista yo pueda jugar en casa de Gary». Mamá podría decir: «tal vez puedas venir conmigo y leer un libro en la sala de espera». Entonces otra vez podría no haber una solución que convenza al niño. Sin embargo, al comprender que existe un problema le facilitamos que pueda lidiar con éste.

Frase original: *Holly, puedo ver lo infeliz que eres con tu corte de cabello, pero ya verás que crecerá. En unas cuantas semanas ni siquiera lo notarás.*

El niño piensa: ¿Bromeas?, *como si no pudiera darme cuenta de eso yo misma.*

Frase revisada: (Quite el «pero», sustitúyalo por *Y aunque ya lo sabes*). *Holly, puedo ver lo infeliz que eres con tu corte de cabello.* Y aunque ya lo sabes, *crecerá; todavía deseas que alguien te hubiera escuchado cuando dijiste que querías que cortaran sólo un par de centímetros.*

Al introducir en su frase *y aunque ya lo sabes*, le da crédito a la inteligencia de su hija y hace una observación sin disminuir la de ella.

«¿Por qué hiciste...?» «¿Por qué no hiciste...?»

Algunos padres se quejaban porque sentían que hacían todo por ser comprensivos, sólo para encontrar una respuesta hostil por parte de sus hijos.

Como madrasta nueva, estoy bien consciente de lo importante que es no criticar a los niños. Dejo la disciplina a su padre. Pero cuando él se encontraba fuera de la ciudad y la maestra envió un reporte diciendo que mi hijastro no había entregado la tarea a tiempo, supe que debía manejar el caso. Yo estaba muy calmada, sólo le pregunté de manera amigable, por qué no entregó su tarea a tiempo, y él explotó contra mí. ¿Por qué?

Cualquier frase que comienza con ¿Por qué hiciste? o ¿Por qué no hiciste?, puede sentirse como una acusación. La pregunta obliga al niño a pensar en sus defectos. Más allá de su amigable ¿Por qué no hiciste...? él podría escuchar: «¿No es porque eres flojo, desorganizado, irresponsable y un desidioso sin remedio?»

Ahora él está bajo la lupa, ¿cómo debería responder? Le quedan dos elecciones indefendibles. Puede aceptar su incompetencia o tratar de defenderse y dar excusas: «Porque la tarea no era clara... Porque la biblioteca estaba cerrada, etc.» En cualquier caso, él se molesta más consigo mismo, se enoja más con usted, y es menos probable que piense en cómo remediar la situación.

¿Qué podría sustituirse para llegar a una reacción no defensiva? Puede regresar el problema a su hijastro y ofrecerle su apoyo. Al entregarle el reporte de su maestra puede decir:

«Esto está dirigido a papá y a mí, pero tú eres la persona que sabe cómo hacerse cargo de ello. Si hay algo entre que comienzas y terminas la tarea, o si quieres aclarar algunas ideas conmigo, aquí estoy».

Acerca del tiempo fuera

Varios padres se sintieron decepcionados al leer el libro de principio a fin sin encontrar algo acerca del «tiempo fuera». Inicialmente, el comentario nos desconcertó. Habíamos criado seis niños entre las dos sin haber enviado a nadie a «tiempo fuera». Entonces, poco a poco, empezamos a notar la oleada de libros y artículos de revistas que abogaban por el «tiempo fuera» como un nuevo método de disciplina, una alternativa humanitaria a los golpes, que instruye de manera precisa a los padres sobre cómo llevar a cabo el procedimiento con éxito.

¿Cómo podíamos no tomarlo en cuenta? La explicación parecía casi razonable. Al enviar al niño que se porta mal a otro espacio o lugar, sin nada que lo distrajera —sin libros, juguetes o juegos— e insistir en que se siente ahí durante cierta cantidad de tiempo, un minuto por cada año de vida, el niño pronto vería sus errores y regresaría corregido y bien portado.

Pero mientras más pensábamos en ello y más leíamos sobre todas su variaciones, menos nos gustaba. Nosotras no creímos en el «tiempo fuera» como algo novedoso o innovador, nos pareció la versión actualizada de la práctica obsoleta de dejar al niño «travieso» parado en el rincón.

Supongan que el pequeño Billy le pega a su hermana pequeña porque ella lo jala del brazo mientras él trata de dibujar, y mamá en un momento de furia lo manda a «hacer tiempo» en la silla de tiempo fuera. Nos preguntamos, ¿pero qué pasa por la mente de Billy mientras está sentado ahí? Él piensa: «Ahora he aprendido mi lección, nunca volveré a pegarle a mi hermana, sin importar lo que ella haga». O es que siente: «¡No es justo! No le importo a mi mamá, solamente le interesa mi estúpida hermana. Ya lo arreglaré cuando mi mamá no esté viendo». O él concluye: «Soy muy malo, merezco estar sentado aquí yo solo».

Nuestra convicción es que el niño que se porta mal no necesita ser desterrado de su familia, ni siquiera temporalmente. Sin embargo, necesita ser detenido y dirigírsele hacia otra dirección: «¡Billy, no pegues! Puedes decirle a tu hermana, *con palabras*, cómo te hace sentir cuando te jala el brazo mientras dibujas».

Pero supongan que Billy se lo dice y ella sigue jalándole; y supongan que Billy le pega otra vez. ¿Es necesario el tiempo fuera?

Enviar a Billy a la «soledad» puede detener su conducta en ese momento, pero no resuelve el problema subyacente. Lo que Billy necesita no es tiempo fuera, sino tiempo a solas *con* un adulto cariñoso que le ayude a lidiar con sus sentimientos e idear formas adecuadas para manejarlos. Mamá podría decir: «No es fácil tener una hermana pequeña que siempre te jala para obtener tu atención. Hoy te hizo enojar tanto, que le pegaste. Billy, no puedo permitir que ninguno de mis hijos le pegue al otro. Debemos hacer una lista de las cosas que puedes hacer si te molesta otra vez cuando tratas de dibujar».

¿Cuáles son algunas alternativas a los golpes?

- Billy podría gritar «¡Basta!» en su cara, muy fuerte.
- Podría empujar su mano suavemente.
- Podría darle una hoja de papel y un crayón.
- Podría darle algo más para que juegue.
- Podría dibujar cuando su hermana duerme la siesta.
- Podría dibujar en su habitación con la puerta cerrada.
- Si nada funciona, puede llamar a mamá para pedirle ayuda.

Billy puede poner su lista de soluciones donde él quiera y consultarla cuando sea necesario. Ya no se ve a sí mismo como alguien que actúa tan mal cuando está enojado, que necesita ser alejado, sino como una persona responsable que tiene muchas formas para superar su ira.

Acerca de los esposos y la persona amada

Un buen número de nuestros lectores compartió una frustración común. No encontraron nada en el libro acerca de cómo sobrellevar a un esposo que se resiste.

Trato de cambiar la manera en que les hablo a los niños, pero me debilita mi esposo / esposa / compañero, quien no me acompaña en esta nueva estrategia. ¿Tienen alguna sugerencia?

Cuando surgió la misma pregunta en una de nuestras conferencias, le preguntamos a las personas de la audiencia qué habían hecho. He aquí sus respuestas:

- Hablo con mi esposo acerca de los cambios que estoy tratando de hacer. De esa forma, él se siente incluido en el proceso, pero no se siente presionado a cambiar él mismo.

- Guardamos el libro en el auto. Quien no esté manejando lee un poco en voz alta y entonces hablamos de ello.

- Mi esposo no lee libros de paternidad. Él viene de la escuela que dice «¿cuál es la diferencia con lo que dices, mientras tus hijos sepan que los amas?» Finalmente le dije: «Mira, cuando decidimos tener hijos sabíamos que queríamos hacer lo correcto por ellos. No pensamos en vestirlos con harapos o alimentarlos con comida chatarra. Del mismo modo, ¿por qué les hablaríamos de una forma que no sea sana, en especial si hay mejores opciones disponibles? Nuestros hijos merecen lo mejor de nosotros dos».

- Trato de involucrar a mi esposo pidiéndole su consejo acerca de la mejor manera de manejar ciertas situaciones con nuestros dos hijos. Le diría algo como: «Cariño, necesito resolver esto contigo. En esta área no tengo ninguna experiencia, pues nunca fui un niño pequeño. ¿Te ayudaría más a cooperar si tu madre te dijera esto o aquello?» Por lo general, él contesta de inmediato, pero a veces lo piensa y me da alguna sugerencia que yo nunca hubiera pensado.

- Mi esposa odia cuando le digo qué decir o cómo decirlo. Es mejor si yo solo utilizo las habilidades y no digo nada. Algo se le debe estar pegando, porque la otra mañana mientras nos apurábamos para salir, mi hija se rehusó a ponerse su abrigo. En lugar de discutir, mi esposa le dio una opción. Le preguntó si quería ponérselo *normal* o *al revés*; mi hija se rio, escogió *al revés* y nos fuimos.

El poder de lo gracioso

Varios padres nos reprendieron por no haber incluido un capítulo acerca del humor. En nuestra defensa, explicamos que cuando es-

cribíamos la sección «Comprometerse a cooperar», de hecho deba-
timos los pros y los contras de incluir humor. Sabíamos que hacer
algo fuera de tono o inesperado puede cambiar el humor en segundos del enojo a la alegría. Pero cómo podíamos pedir a los padres,
después de todo lo que tienen que hacer, que fueran «graciosos»; así
que nos limitamos a dos pequeños párrafos acerca del humor. Gran
error. Descubrimos que los padres son graciosos. Incluso aquellos
que no creen que puedan serlo. Siempre que teníamos un taller, en
cualquier parte del país, y preguntábamos a los muy serios padres
adultos que conectaran con su parte juguetona, divertida, boba,
chiflada e infantil, lo hacían. Mostraban los ejemplos más encan-
tadores sobre lo que podían hacer o lo que habían hecho para aumentar su felicidad y derretir la resistencia de sus hijos.

A veces mi hijo de tres años se niega a que lo vista porque
él quiere hacerlo. Cuando se pone de mal humor, le pongo la
ropa interior en la cabeza y trato de poner sus calcetines en
sus manos. Por supuesto, él me dice que lo hago mal, y se pone
bien la ropa interior y los calcetines en los pies. Entonces dice:
«Ves, mamá, así es como se hace». Yo actúo como si estuviera
totalmente sorprendida y trato de poner sus pantalones en sus
brazos o su camisa en sus piernas. El juego siempre termina con
risas y abrazos.

Para lograr que mi hijo se cepillara los dientes inventamos unos
gérmenes, Geraldine y Joe, que se escondían. Así que cepillá-
bamos cada parte mientras ellos cantaban: «Tenemos una fiesta
en la boca de Benjamín». Entonces ellos gritaban cuando él se
cepillaba y volvían a gritar al escupirlos hacia el lavabo, y decían:
«¡Volveremos!»

El reto de mantener una apariencia de orden en una casa con niños de cualquier edad, parece generar las soluciones más creativas. He aquí lo que algunos padres hicieron para motivar a sus hijos y ayudar en la casa o asearse ellos mismos.

Tratamos de establecer algunas tradiciones para alentar a nuestra nueva familia «mezclada», tres de ella (de siete, nueve y once años) y dos míos (de diez y trece años) a llevarse mejor. Discutir acerca de quién haría qué tareas llegó a un punto álgido. Ahora, todos los sábados en la mañana, escribimos en varias piezas de papel las tareas que deben hacerse. Entonces las doblamos y metemos cada una en un globo de diferente color, los inflamos y lanzamos al aire. Cada niño agarra un globo, lo rompe, hace el trabajo, regresa y rompe el siguiente. ¡Y así sigue hasta que se han hecho todos los trabajos y nos felicitamos unos a otros por el gran trabajo en equipo!

Soy un papá en casa al que recientemente se le ocurrió una nueva forma de lidiar con el desastre que hacen los niños. Saco mi juego especial de barajas al cual quité las cartas más altas. Entonces cada niño escoge una carta que le dice cuántas cosas debe recoger. Hay un gran entusiasmo al contar lo que sacaron y regresar para ver cuál será la siguiente carta. La última vez que lo hice, toda la limpieza estaba terminada en veinte minutos y los niños estaban desilusionados porque el juego había terminado.

ESCENARIO: Una habitación con dos niñas. Las piezas de tres rompecabezas regadas en el piso.

MAMÁ: Está bien, niñas, esto se llama *¿Puedes ganarle a la música?* Voy a poner este álbum nuevo, y la idea es ver si pueden acomodar todas las piezas en su caja original antes de que termine la canción.

Lo hicieron todo y terminaron el trabajo en dos canciones y media.

Tengo cuatro niños. Por lo menos cincuenta veces al día les grito que guarden sus zapatos. Lo primero que hacen al llegar a casa es quitarse los zapatos y aventarlos en medio del piso, y siempre me estoy tropezando sobre ocho zapatos.

INSPIRACIÓN: Escribo zapatos en una hoja de papel, le pongo una cuerda y la cuelgo en la entrada de la cocina, lo suficientemente abajo para que se topen con ella cuando lleguen a casa.
Kevin, mi hijo de ocho años, es el primero en llegar. La nota le rasura el pelo cuando entra a la cocina:
KEVIN: ¿Qué es esto?
YO: Léela.
KEVIN: ¿Zapatos? ¿Qué significa eso?
YO: ¿Tú qué crees?
KEVIN: ¿Hoy vamos a comprar zapatos nuevos?
YO: No.
KEVIN: (*pensando seriamente*) ¿Quieres que guardemos nuestros zapatos?
YO: Adivinaste.
¡Kevin guarda sus zapatos! ¡¡¡Regresa y explica la nota a los tres niños siguientes, *quienes guardan sus zapatos*!!!
KEVIN: Deberías hacer un letrero así para lavarse las manos.

Mis hijos adolescentes odian limpiar el baño. («¡Ma, es asqueroso!») Yo no discuto. Sólo puse una nota en el espejo sobre el

lavabo. He aquí el poema que logró el truco:
Talla la cometa y el tapete
Frota, frota, ¡oh, qué lata!
Orillas, estantes, rincones y ranuras
No te olvides donde se sientan tus pompis
Sí, así es, toma un poco de tiempo
¡Pero es maravilloso el trabajo hecho!
Gracias.
Con cariño,
Mamá

La madre que nos entregó esta historia la tituló, «Nada dura para siempre»:

Quería que todos los trenes y las pistas estuvieran fuera de la sala de estar, así que fui a la habitación de mi hijo e hice como si lo llamara por teléfono. Ring, ring...
Él hizo como si contestara, y dijo: «Hola».
Yo dije: «¿Hablo a la constructora Reilly?»
Él dijo: «Sí»
Yo dije: «Tengo este trabajo, hay que mover algunos trenes y pistas muy pesados a otra localidad y he escuchado que su compañía es la mejor».
Él vino y recogió todo. Lo intenté una segunda vez y volvió a funcionar. Entonces un día llamé y pregunté: «¿Hablo a la constructora Reilly?»
Mi hijo respondió: «Ya cerró el negocio».

III. Su lengua materna

Nuestro mentor, el doctor Haim Ginott, no nació en los Estados Unidos; vino de joven a este país desde Israel. Aquí estudió su doctorado, publicó sus libros y dirigió grupos de guía de padres. Cuando acudimos por primera vez a uno de sus grupos, recordamos que nos quejamos con él acerca de lo difícil que era cambiar los viejos hábitos: «Cuando empezamos a decir algo a los niños, nos detenemos, se nos traba la lengua». Él nos escuchó con paciencia y contestó: «No es fácil aprender un idioma nuevo. Por alguna razón, ustedes siempre hablarán con algún acento... ¡pero para sus hijos será su lengua materna!»

Sus palabras fueron proféticas, no sólo porque se aplicaban a nuestros hijos, sino también a los hijos de nuestros lectores. Escuchamos de muchos padres cómo sus jóvenes utilizaban este idioma nuevo de la forma más natural. He aquí sus experiencias como nos las relataron o escribieron:

> Soy una madre que trabaja y tengo un horario muy apretado. Mi hijo de tres años odia levantarse y por lo general está muy irritable; entonces, suelo decirle: «Te sientes de malas esta mañana, ¿verdad?» Él responde, «Sí», y se siente mejor y es más cooperativo.
>
> Una mañana me levanté muy irritable porque se me hizo tarde; él me miró preocupado, y dijo: «¿Estás de malas, mamá? Yo te sigo queriendo». Me asombró que fuera tan perceptivo. ¡Me hizo sentir mejor y mi día fue maravilloso!

> Megan, mi hija de cuatro años, le dijo a su hermano: «Justin, no me gusta que me patees». (Con frecuencia, ella también lo patea). Él dijo, «Está bien, Megs», ¡y eso fue todo! Entonces Megan

vino a decirme que había utilizado su nueva habilidad y funcionó. Ella estaba sorprendida y orgullosa de sí misma.

Sin sus fórmulas mágicas ya me hubieran internado en un manicomio. Sólo para que sepan cuánto utilizo sus métodos, mi hija (de casi cinco años de edad) hace poco, al mandarla a la cama, dijo, «Pero, mami, ¿cuáles son mis opciones?» (Le encanta cuando le pregunto si quiere caminar a la cama o saltar a la cama.)

El otro día estábamos jugando, ella era la mamá, y me dijo: «Cariño, he aquí las opciones: ¡puedes tener un Jeep o un auto deportivo, escoge uno!»

Danny, mi hijo de cuatro años, está sentado en el piso con su amigo Christopher. Están jugando con animales de juguete y se supone que están peleando. De repente se convierte en una verdadera pelea.

CHRISTOPHER: ¡Detente, Danny! ¡Me lastimas la mano!

DANNY: ¡Me estás lastimando!

CHRISTOPHER: ¡Tenía que hacerlo! Me estás apretando la mano.

DANNY: Yo tenía que hacerlo porque tú estás apretando *mi mano*.

YO: (Pensando que debo intervenir, pero sin estar segura de qué debo decir).

DANNY: Espera un minuto (*se sienta en sus talones y piensa*); Christopher, aquí están nuestras opciones: podemos jugar con los animales sin apretarnos las manos… o podemos no jugar con los animales y jugar a otra cosa. ¿Qué escoges?

CHRISTOPHER: Juguemos a otra cosa.

¡Y se fueron! Sé que es difícil de creer, pero realmente sucedió.

Un día, después del desayuno, caminaba hacia la habitación de mi hija pensando qué podía hacer en lugar de sermonearla para que no dejara la leche sobre el mueble de la cocina. Pero se adelantó mi hijo, de ocho años, quien ya había atravesado la puerta, diciendo, «La leche se pone agria cuando la dejas fuera del refrigerador».

Para mi sorpresa, la puerta se abrió y salió mi hija de seis años, quien de inmediato fue a la cocina y guardó la leche.

Estaba en la sala y alcancé a escuchar esta conversación entre Liz, mi hija de diez años, y su amiga Sharon, quien buscaba algo en la alacena de la cocina.

SHARON: (*con una vocecita*) Tengo hambre, ¿por qué tu mamá guarda las botanas tan arriba? Nunca pone las cosas donde puedas alcanzarlas.

LIZ: Sharon, en nuestra casa no acusamos. Sólo dime lo que quieres y te lo daré.

Me quedé parada pensando, uno intenta e intenta y nunca sabe si lo logra. ¡Y entonces un día sucede!

Lo más grande que obtuve de sus libros fue saber que está bien enojarse, mientras no digas algo que hiera a alguien. Trataba de mantener la calma y contenerme, y siempre terminaba gritando cosas de las que me arrepentía. De hecho, últimamente les hago saber a los niños tan pronto como empiezo a sentirme tensa o impaciente, o cuando simplemente necesito un poco de tiempo a solas.

Ayer obtuve mi recompensa.

Estaba de compras con Ryan, mi hijo de trece años, quien creció durante el verano y necesitaba una nueva chaqueta de invierno. Fuimos a dos tiendas y no encontramos nada que le gustara. Íbamos hacia la tercera, cuando él dijo: «Vámonos a casa».

YO: Ryan, cuando empiece el frío no vas a tener nada que ponerte.

RYAN: Por favor, mamá, quiero irme a casa.

YO: Pero, Ryan...

RYAN: ¡Mamá, estoy tratando de decírtelo! Siento que me estoy poniendo de mal humor y no quiero desquitarme contigo.

Mientras íbamos a la casa me sentí muy orgullosa y muy comprendida.

Gracias por darnos a mis hijos y a mí, maneras de protegernos unos a otros cuando estamos a punto de explotar.

He ido a sus clases de *Cómo hablar...* durante el último mes. Recientemente tuve una conversación con mi hijo de ocho años, y sentí que debía compartirla con ustedes.

ÉRIC: (*mientras se bajaba del autobús escolar*) ¿Adivina qué pasó hoy en el recreo?

YO: Soy toda oídos.

ÉRIC: Michael se metió en problemas porque le pegó a alguien y la señora M. le gritó. Él empezó a llorar, y ella le dijo que parara y lo llamó bebé chillón.

YO: Debió haberte hecho sentir mal ver lo que le pasaba a Michael.

ÉRIC: ¡Sí! Puse mi brazo alrededor de él así (*rodea con su brazo a un niño invisible y le da palmaditas a un hombro invisible*).

YO: Te apuesto a que eso hizo que Michael se sintiera mejor.

ÉRIC: Uy, la señora M. debería ir a las clases que tú vas, mamá.

Creo que la nueva manera en que le hablo y escucho a mi hijo lo ha ayudado a ser una persona más sensible, que no se queda parada cuando ve una injusticia.

Hasta ahora hemos visto a niños que utilizan las habilidades. En esta carta final, una mujer describió su propia jornada para internalizar este «nuevo lenguaje».

Mientras estoy sentada y siento las lágrimas de alegría, reve-
lación y orgullo, sólo tengo que escribir y dar las gracias. Mil
veces gracias. Hoy me di cuenta de cuánto he cambiado, cuánto
pongo en práctica de forma natural. Fue un pequeño incidente.
El hijo de nueve años de mi primo estaba de visita, le estaba
enseñando a mi hijo a apilar tablas para que pudiera alcanzar
la parte más alta de la cerca. Vi hacia afuera y dije, en un tono
calmado y amistoso: «Oigan, veo una pila de tablas que son res-
balosas y peligrosas, y las cercas no son para escalar. Los pies en
el piso, por favor».

Luego me fui. Un par de minutos después, me asomé a la
ventana ¡y *ambos habían desmantelado la pila y jugaban a otra
cosa* más segura! Me asombró que hubiera conseguido más del
resultado deseado (solamente alejarlos de la pila) sin:

1. Primero haber tenido que pensar cuál habilidad aplicar. Las
   palabras simplemente fluyeron en forma natural.
   Gritar como histérica, resultado normal de mi miedo a la
   imagen de mi hijo haciéndose daño.

2. Ser parte física de la corrección. Aun después de decir mi línea, no fue una decisión consciente dejar la escena. Simplemente sucedió. Sólo me fui y los dejé que decidieran qué hacer. Fue tan inconsciente dejar la escena, que no se me ocurrió
   hasta que lo había hecho, ¡hasta que me senté a escribir esta
   carta! ¡En verdad estoy aprendiendo! ¡En verdad estoy aprendiendo! ¡Viva!

Posteriormente, reflexioné y no iba a escribirlo, cómo hubiera manejado la situación hace tan sólo un año; y me avergoncé.
Entonces lloré al pensar en lo que hubiera sido la vida de mis
hijos sin sus libros. Ustedes han dado a gente como yo —una
adulta perfeccionista, adicta al trabajo hija de un alcohólico—,

el increíble don de comunicarme con mis preciosos hijos de manera amorosa y sin críticas.

Hace poco tiempo, mi madre y yo lloramos juntas cuando ella se dio cuenta de cómo nos habló de niños; «Cuando oigo cómo hablas a tu hijo, me siento avergonzada de cómo les hablaba a ustedes de niños». Yo estaba dispuesta a perdonar; ella, dispuesta a aprender. También se animó con los cálidos sentimientos que una madre o una abuela pueden disfrutar después de un éxito.

Mi hermana, quien recientemente escapó de un esposo abusivo, hablaba con sus hijos en un tono tan degradante, que llegué al punto de no poder estar con ella; sentí tanto dolor por sus hijos, que no pude escuchar más. Le compré *Cómo hablar...* y *Hermanos sin rivalidad,* y le sugerí que simplemente diera un vistazo a los dibujos en lo esencial, esperando que le atrajeran. Mi madre informó que vio un cambio en la forma en que mi hermana se comunica con sus hijos. La autoestima de otros dos niños fue rescatada por sus libros.

Realmente no puedo expresar la profundidad de mi agradecimiento a ustedes por compartir sus habilidades.

Jane

P.D. El alcoholismo es horrible y mi familia todavía no lo supera, por tanto, no puedo revelar mi verdadero nombre.

Gracias, Jane. Gracias a todos los que se han tomado el tiempo de poner sus pensamientos y experiencias por escrito. Es cuando leemos cartas como éstas, de nuestro país y del extranjero, que nos permitimos a nosotras, una vez más, nuestra más querida fantasía: aquella donde todos juntos —padres, maestros, profesionales de la salud mental y líderes de talleres— difundamos el principio de comunicación amorosa tan lejos y ampliamente, que llegue el momento en que los niños del mundo crezcan para convertirse en seres humanos fuertes y compasivos, seguros de sí mismos y comprometidos con vivir en paz unos con otros.

Treinta aniversario

Otra década ha pasado volando. Una edición actualizada de *Cómo hablar...* estaba lista para imprimirse. Nuestro editor nos preguntó si queríamos añadir algo para los padres de hoy.

Elaine tiene una idea: —Preguntemos a Joanna.

—¿A mi Joanna?... ¿Por qué?

—Adele, porque ella creció en tu casa. Todo lo que nos llevó tanto tiempo aprender es tan natural para ella como respirar.

—¿Y?

—Pues ella es la siguiente generación. Ella ha aplicado sus habilidades como maestra, mamá, conferencista y como líder del taller que ha llevado a cabo nuestros programas de grupo durante años. Ella está en el frente de las batallas entre los padres y los hijos. Creo que a nuestros lectores les encantaría escuchar acerca de sus experiencias y descubrimientos.

—¿Quieres decir que deberíamos preguntarle si está dispuesta a agregar su perspectiva a esta nueva edición?

—Sería una pérdida si no lo hiciéramos.

Cuando mencioné la idea a Joanna, ella casi no dudó.

—¿Qué tan pronto lo necesitas? —preguntó.

Las siguientes páginas son de ella.

La siguiente generación

Se siente un poco extraño escribir acerca de ser hija de Adele Faber, la gurú de la paternidad. Como joven madre, yo no estaba ansiosa de discutir acerca de mi ilustre antecedente, más bien trataba de sobrevivir cada día de la loca montaña rusa de la vida con los niños pequeños. Era un momento de pura alegría en casa mientras mi pequeño hijo dominaba el salto del sofá a la silla rellena de semillas; en seguida, era casi una tragedia mientras trataba de hacer más interesante el juego al saltar sobre su indefenso hermano que apenas era un bebé. En el salón de juegos, las mamás sonreíamos mientras nuestros hijos se deslizaban juntos felizmente por la resbaladilla, y después corríamos rápidamente para separarlos cuando uno aterrizaba con un pie sobre la cara del otro, y la parte ofendida amenazaba con una mordida que provocaba chillidos de dolor y furia.

Recuerdo una miserable salida al centro comercial cuando mi hijo tenía como dos años y atravesaba por un periodo en que odiaba que lo tomaran de la mano. ¡Necesitaba ser libre! Ese día el centro comercial estaba atestado de gente. Mientras Dan se soltaba desesperadamente para ver algo brillante que llamó su atención, lo agarré del brazo. Me aterraba que se fuera a perder. En cuanto sintió el apretón comenzó a forcejear, y yo lo agarré más fuerte; ¡lo estaba lastimando!, empezó a gritar y retorcerse.

Levanté en brazos a mi histérico hijo, mientras caminaba rápidamente a la salida con mi prisionero que pateaba y gritaba, mis ojos voltearon ansiosamente alrededor, anticipando un encuentro con un guardia del centro comercial, que me acusaría de secuestrar a un niño. De hecho pensé en darle un nombre falso.

¿Qué tal si decía que mi nombre es Joanna Faber, y entonces de algún modo se supiera que yo era hija de la experta en crianza de niños? ¡Yo sería humillada y mi madre desacreditada!

Tenía un grupo de amigas, mamás de niños pequeños y bebés, que nos juntábamos seguido para un grupo de «citas de juegos». En realidad era más una cita de juegos para los adultos. La mayoría de los niños jugaban entre ellos, cuando no peleaban por algún juguete. Aunque tenía una relación cercana con estas amigas, mantuve mi identidad en secreto. Tenía miedo de que si admitía que mi propia madre había escrito un libro acerca de la crianza de niños, me verían con sospecha. Pensarían que las estaba juzgando mientras luchaban con sus poco cooperativos niños; y peor aún, ellas *me* juzgarían cuando me vieran en las mismas. Me imaginaba que pensarían: «¿Su madre escribió un libro acerca de la comunicación entre padres e hijos? ¡Vaya!»

Mi anonimato no estaba destinado a durar. Durante una reunión, mi amiga Cathy me dijo: —Joanna, tienes que leer este libro, estoy segura de que te encantará. Es todo tu estilo. Todo me recuerda cómo les hablas a tus hijos. Se llama *Cómo hablar para que los niños escuchen y cómo escuchar para que los niños hablen.*

Estaba asustada, ¡no tenía un plan para esto! Murmuré: —Sí, mi mamá y su amiga Elaine escribieron ese libro.

Cathy estaba sorprendida, su cara se iluminó.

—¡Oh, una de las autoras es Adele Faber! No puedo creer que no me haya dado cuenta. Hey, todas escuchen, ¡la mamá de Joanna escribió este grandioso libro acerca de la crianza de los niños, y ella nunca nos lo dijo!

Así fui descubierta.

Un poco después, Cathy me dijo que estaba organizando una serie de lecturas en su iglesia. Me preguntó si daría una conferencia acerca de cómo fue crecer como hija de Adele Faber. La fecha que mencionó era muchos meses después, así que acepté con alegría. ¡Seguramente para entonces pensaría qué decir! Mientras se acercaba la fecha con espeluznante rapidez, empecé a pensar que tal vez el grupo de la iglesia se dispersaría, o las tuberías se romperían e inundarían el edificio, o que yo me enfermaría, algo suficientemente desastroso para cancelar la plática pero sin lastimar a nadie. ¿En qué estaba pensando? ¿Cómo me presentaría ante este grupo de personas como el producto de la paternidad ideal? ¡Sencillamente, es absurdo! ¿Y se supone que debí volverme perfecta? ¿Y ser capaz de criar a mis hijos sin ningún esfuerzo?

Finalmente me di cuenta que podía hacerlo. No tenía que ser perfecta. Todo lo que tenía que hacer era compartir los esfuerzos que aplicaba cada día con mi familia. No hay tal cosa como una vida tranquila, sin conflictos con los hijos pequeños. Yo esperaba demasiado. Lo que tenía era algo muy útil, las habilidades para lidiar con todos esos conflictos y sobrevivir con los buenos sentimientos y las buenas relaciones intactos.

Comencé por admitir ante mi audiencia que, en efecto, había sido criada por una mamá que respetaba los sentimientos de sus hijos, alentaba nuestra autonomía y empleaba soluciones creativas para los problemas en lugar de castigos por nuestros conflictos. Con ella crecí escuchando y discutiendo toda clase de historias sobre la interacción humana, e inmersa desde una edad muy temprana en su biblioteca con libros como *El proceso de convertirse en persona*, de Carl Rogers, *Entre padres e hijos*, de Haim Ginott, *Dibs: en busca del yo*, de Virginia Axline, *Treinta y seis niños*, de Herbert Kohl, *Cómo aprenden los niños*, de John Holt, y muchos otros fueron devorados por mí de preadolescente. Desde muy joven decidí que enseñaría, trabajaría con niños y curaría las heridas que el mundo les hubiera hecho. También fui inspirada por mi padre, quien era consejero guía en una escuela en medio de la ciudad y dirigía un programa obligatorio para jóvenes sin recursos en la universidad.

Como niña recuerdo haber guardado las frustraciones de mi día de escuela para contárselas a mamá. Sabía que podía soportar si la maestra era mala, o si alguna terrible injusticia había ocurrido en el patio, porque al llegar a casa podía decírselo a mi mamá. Ella escuchaba mi indignación, me reconfortaba y daba fuerzas para el siguiente asalto. De pequeña incluso me daba cuenta que otros padres eran diferentes, y recuerdo que me preguntaba cómo la sobrellevaban los otros niños que no tenían a nadie que escuchara sus penas.

Ingresé al mundo laboral como maestra de una escuela primaria en el oeste de Harlem. Tenía la determinación de que mis habilidades y entendimiento de la naturaleza humana me llevarían a realizar grandes cosas. Por supuesto encontré retos que me hacían humilde, pero mantuve mi creencia básica de que mis habilidades eran sólidas. Pero estos niños estaban tan dañados por sus padres, que era difícil acercarse a ellos.

Yo estaba segura que cuando tuviera mis propios hijos, y los criara correctamente desde el principio, todo iría sobre ruedas, no habría daños que reparar. Recuerdo estar sentada con una maestra colega que ese día llevó a su hija de cuatro años al trabajo. La pequeña niña sollozaba porque su madre acababa de darle un manazo por levantar una paleta tirada en el piso sucio. Mi colega me dijo: «Crees que es muy fácil, sólo espera a que tengas un hijo y que esa pequeña dulzura desafíe tu autoridad. Entonces verás todo lo que puedes hacer con tus teorías».

Pensé para mí misma: ¡Qué equivocada estás! *¡Cuando tenga una hija, nunca voy a tratarla así, la respetaré y celebraré su pequeño espíritu independiente; no soy como tú, con tu estrategia maternal autoritaria!*

Entonces, en un punto escalé la montaña que no tiene regreso, y creé mis propios seres humanos que vivirían conmigo todo el día y me mantendrían despierta toda la noche. Y finalmente tuve que arrodillarme. La paternidad es *implacable*; es como nunca llegar a casa después de un buen día de trabajo. Descubrí que mi voz alcanzaba ese tono alto y desesperado mientras formulaba la clásica frase que nulifica toda autoestima:

¿Qué es lo que te *pasa*?

¡Te he dicho *millones* de veces!

¿Cómo puedes hacerle eso a tu hermano?

Y el reprobable:

Está bien, eso es todo, me voy sin ti. (Deseando realmente poder hacerlo).

Y la siempre útil pregunta filosófica:

¿Por qué lo hiciste *justo* cuando te dije que no lo hicieras?

De alguna forma imaginé que cuando mis hijos dejaran de ser bebés y fueran capaces de caminar y hablar y tomar las cosas, serían un poco más razonables. Seguramente no patearían, morderían o empujarían a sus hermanos pequeños si habían sido educados en un ambiente tan gentil y de aceptación.

A pesar de que la mayoría de las habilidades que mi madre debió aprender como un segundo idioma fueron naturales para mí, a la hora de estar en el frente de la paternidad día y noche, yo aún necesitaba revisar mi material. Seguramente, muchas veces las palabras correctas florecían sin esfuerzo de mis labios, como señaló mi amiga Cathy cuando notó mi «estilo» de ser mamá. Pero otras veces, agotada y frustrada por el constante torrente de las necesidades de tres niños pequeños, no fluían las palabras correctas. Tenía arranques explosivos sumamente inútiles que provocaban erupciones y colapsos emocionales en mis hijos. Y fue entonces cuando *realmente* aprecié esas habilidades. Porque con los niños siempre tienes otra oportunidad. Puedes estar segura de que la batalla más reciente por la taza roja o con quien tiró los cubos no será la última. ¡Y saber qué hacer con esa segunda oportunidad me salva cada vez!

Después de la plática en la iglesia, hubo mucha excitación entre la audiencia. Un grupo de padres quería que dirigiera una serie de talleres. Así fui lanzada a todo ese negocio de ayudar a los padres a comunicarse con sus hijos, mientras aún buscaba mi propio camino hacia esa retadora hazaña. He aquí algunos de los momentos memorables de nuestros encuentros:

Sesión 1. Entender los sentimientos

Yo temía que los padres se desilusionaran en nuestro primer encuentro, pues mi mensaje era un cliché: entender los sentimientos.

¿Quién no ha escuchado eso? Los imaginaba haciendo guiños unos a otros, «para esto tenemos a una niñera, ¿no es así?» Para mi gran alivio, lo encontraron retador. Hay una gran diferencia entre saber algo intelectualmente y aplicarlo en el campo de batalla bajo fuego.

¡Una de las objeciones que tenían los padres para aceptar los sentimientos, era que sus hijos a menudo expresaban sentimientos que eran inaceptables! Y aun así estaban dispuestos a despojarse de la incredulidad y dar una oportunidad. La primera historia es de la madre de Max; ella por lo general está con los nervios de punta, su hijo de cuatro años fue diagnosticado con «desorden de rebeldía hostil». Él constantemente la retaba y hacía muchos berrinches todos los días. Una terapeuta la ayudó a establecer un gráfico con puntos y recompensas por buena conducta, pero hasta ahora no había hecho la diferencia.

Después de nuestra primera sesión, la mamá de Max regresó con su reporte para el grupo:

Max en el centro comercial

El sábado pasado estaba frío y lluvioso. Hice planes con una amiga para verla con su hijo en un área cerrada de juegos en el centro comercial. Cuando llegamos, Max se detuvo en la entrada y rehusó moverse; dijo: «¡No voy a entrar ahí, es aburrido, estúpido y tonto!».

Pensé: *oh, oh, aquí vamos con otro berrinche.* Casi le digo, «¿qué quieres decir? ¡Tú querías venir! Mira tantas cosas grandiosas que hay para jugar, todos los niños se están divirtiendo mucho».

En vez de eso, respiré profundamente, y dije: «Así que no te gusta nada de este lugar. ¡Todas esas resbaladillas, trampolines, autos y camiones te parecen aburridos, estúpidos y tontos!»

Dijo «¡sí!», y se fue a jugar. Yo estaba asombrada. Más tarde, cuando salimos, me miró y dijo: «Tú me entiendes». Nunca antes había dicho algo como eso.

Imagina esto

Unos días después recibí un correo electrónico de la mamá de Max:

Max tiene muchos sentimientos agresivos. Yo siempre trato de calmarlo, pero ahora me doy cuenta de que lo que realmente ayuda es cuando soy dramática con él. Ayer esperaba él a una amiga para jugar, de último momento la mamá llamó para posponerlo, diciendo que su hija estaba muy cansada para venir.

¡Max estaba muy molesto! Soltó un gran gemido. Fui al pizarrón y dije, «¡Suenas muy desilusionado! Realmente esperabas jugar con tu amiga». Dibujé la figura de un niño con enormes lágrimas (las lágrimas eran más grandes que su cara) flotando en un charco gigante. Max quería que yo dibujara el charco más grande. Entonces él puso todo el dibujo dentro de una lágrima gigante y escribió las palabras TRISTE y ¡¡BU, BU!! No había un lugar vacío en el pizarrón.

Finalmente hablamos sobre cómo hacer para que se sitiera mejor. Dijo que podía llamarle a otro amigo y lo hizo. Mientras esperaba al otro amigo, dijo que tenía mucha suerte, pues ahora tenía dos citas para jugar, la de hoy y otra después con el primer amigo.

Tal vez esto parezca muy problemático para llegar a entender un sentimiento, pero en el pasado habría tratado de detenerlo por hacer tanto ruido por nada, y él hubiera estado imposible el resto del día.

¿Calmarse?

Una mamá dijo al grupo que «esto de los sentimientos» no funcionaba en su casa. A veces su hija se enfurecía cada vez más cuando ella aceptaba sus sentimientos. Le pedí un ejemplo a la mamá. «Bueno, contó, «justo esta mañana Megan estaba buscando pelea porque sus tenis rosas estaban mojados, y le dije que no podía llevarlos a la escuela. Me mantuve calmada y dije: "Megan, puedo ver que estás desilusionada, querías usar esos tenis pero están muy mojados".» ¡Ella comenzó a gritar más fuerte y comenzó a patearme!

Escuché a la madre de Megan sollozar, aclaré mi voz y dije: «Tus palabras me dicen que entiendes, pero el tono de tu voz dice *Shhh... c*álmate. No está mal. No hay nada por qué alterarse».

Otra de las madres alzó la voz: «¿Cálmate? Esa palabra no está permitida en mi casa. Cuando estoy enojada, decirme que me calme, me pone más furiosa. ¡Si mi esposo me dijera eso, le arrancaría la cabeza, y él lo sabe!»

«Bueno», dijo la primera mamá, «yo *traté* de usar una voz tranquila para calmarla; no quería echar leña al fuego».

Si quiere tranquilizar a un niño, es de gran ayuda tratar de conectar con sus sentimientos violentos en vez de minimizarlos: «¡Oh, no! ¡Planeabas usar tus tenis rosas y están todos mojados! ¡Qué desilusión! ¡Son tus preferidos! ¡Maldición! Si tuviéramos tiempo para secarlos. ¿Crees que si los ponemos sobre la secadora estén listos para cuando regreses a casa?»

Y a veces una opción ayuda a un niño a progresar. «¿Qué debemos hacer ahora? ¿Quieres usar tus tenis morados o tus sandalias?»

Morirse de hambre
Unas pocas semanas después, la mamá de Megan reportó esta conversación:

Megan empezaba a desesperarse porque tenía hambre, le dije (¡tranquilamente!) que necesitaba ser paciente, que la cena estaría lista en cinco minutos. El llanto aumentó.

Entonces recordé acerca de conectarse con la emoción, así que me tiré al suelo junto a ella y dije, «¡Cinco minutos es MUCHO tiempo de espera cuando te mueres de hambre! ¡Parece como si pudieras *morir* de hambre en ese tiempo!» Pegué con mi puño en el suelo, «¡Necesitamos comida ahora!» Megan se rio y dijo, «Qué tonta eres mamá». Realmente disfrutó el drama. Le cambió el humor por completo.

Dos (o tres) a la vez
Una maestra de preescolar en mi grupo se preguntaba cómo aceptar los sentimientos cuando hay más de un niño involucrado. Pareciera que es una actividad de uno a uno. He aquí lo que ella tenía que decir después de darle una oportunidad:

Solía hacerme cargo de resolver los conflictos de los niños. Eso por lo general termina con un niño sollozando en un rincón y el otro pavoneándose por haber ganado. Ahora sólo escucho y reflejo lo que cada niño dice. Soy como el narrador. He aquí un ejemplo de la semana pasada:

—¡Jared, no te gustó cuando José te quitó ese cubo!

»Y José, tú *necesitabas* ese cubo para detener tu pista.

»Entonces, Jared, tú ibas a usar ese bloque en tu torre… ya veo.

»Y José, tú sientes que no es justo porque Jared tiene muchos bloques y tú sólo necesitabas uno.

(Entonces, para mi sorpresa, se abre la puerta del clóset de los abrigos y escucho una pequeña voz que dice: «¡Y Lily está en el clóset porque José se paró sobre mi dedo!»)

Cuando hago esto, la mayoría de las veces los niños terminan por decir su parte, se calman y se van a jugar. Ni siquiera tengo que hacer algo, realmente es sorprendente. A veces les ayudo a encontrar una solución. («¿Puedes ayudar a José a encontrar otro cubo para su puente?»), pero a menudo es suficiente sólo ser escuchado.

El duelo de la granola

Uno de los padres dijo:

Otorgar en la fantasía es mi habilidad favorita; escuchen lo que sucedió en mi casa cuando lo probé. A Kristen, mi hija de cuatro años, sólo le gustan las barras de granola con sabor a crema de cacahuate. Su hermana mayor, Jenna, sacaba la última barra de crema de cacahuate del paquete, y Kristen empezó a llorar; Jenna rápidamente se metió a la boca la barra completa.

Le eché a Jenna una mirada de desaprobación, y sacó un bocado húmedo de su cachete y se lo ofreció a su hermana. No fue correcto. ¡Demasiado tarde! Kristen lloraba y gritaba. Le aseguré que compraríamos más tan pronto como fuera posible, pero eso no le importó, siguió gritando. Le dije que debía utilizar su voz interior, y gritó más fuerte. Me estaba lastimando los tímpanos, así que la saqué al patio. ¡Ahora todo el vecindario tenía que compartir el duelo! Y así continuó hasta que por fin recordé... *Ah, sí, otorga en la fantasía.*

Con la voz más dramática que pude, dije: «Kristen, ¿sabes qué deseo?» Ella dejó de llorar para decir «¿Qué?» Volteé hacia el patio para inspirarme. Ajá, lo tengo. «Quisiera tener una barra de granola tan grande como la mesa de picnic». Los ojos de Kristen se hicieron más grandes. Ella dijo, «No, mamá, eso sería *muy* grande».

«Bueno, entonces... quisiera tener una barra de granola tan grande como esa piedra de allá». Kristen suspiró alegremente, «¡Eso estaría bien!»

Fin de la crisis. Creo que cuando alguien entiende cuánto deseas algo, puede ser casi tan bueno como obtenerlo realmente.

Llévame a Oz

Una madre se preguntaba si entender los sentimientos funcionaría con su hijo de nueve años, que había sido diagnosticado con autismo. Robbie tenía serios retrasos cognitivos y la mayoría de los profesionales que le ayudaban estaban seguros de que un sistema de conducta con recompensas y castigos simples y concretos era la única forma de ayudar a un niño así a controlarse. «No sé», odiaba admitir, «no tengo ninguna experiencia con esto».

He aquí lo que ella reportó la siguiente semana:

A Robbie se le metió en la cabeza que quería ver *El Mago de* Oz en Broadway. Veía la película docenas de veces y se aprendió todas las canciones. Le expliqué una y otra vez que no estaba en cartelera en ese momento, pero eso no ayudó. Uno de los problemas que tenemos es que cuando Robbie quiere algo, simplemente no puede olvidarlo. El enojo y el llanto pueden durar horas. Comenzaba a hacerse daño cuando pensé, *voy a tratar lo de la fantasía*.

Le di palmaditas a la cama y dije: «Robbie, ¿quieres venir a mi alfombra mágicas y visitar Oz?»

Robbie corrió a la cama y se acurrucó junto a mí. Volamos «sobre» Oz. Vi hacia abajo en la orilla de la cama y empecé a señalar a los personajes. «Creo que veo al Espantapájaros allá. ¿Qué hace? ¿Y ése es el León Cobarde?»

«¡Veo al Hombre de Hojalata!», gritó Robbie.

«Oh no, no se mueve», dije, «creo que está oxidado».

Visitamos a todos los personajes y juntos tuvimos un maravilloso rato. Me sentí bien de ser capaz de satisfacer sus necesidades, en vez de sólo tratar de suprimir sus eternas frustraciones. Es mucho mejor que ofrecerle una estrella de un pizarrón por controlar su temperamento, en especial cuando realmente no se puede controlar, ¡y entonces debe estar doblemente molesto porque no obtuvo la estrella!

Odio la escuela

El siguiente ejemplo viene de la madre de un niño con síndrome de Asperger:

Justin me ha dado problemas durante un año porque no quiere ir a la escuela. Las transiciones son difíciles para él. Teníamos mañanas terribles, él lloraba y gritaba y tenía que ser arrastrado al auto. Hice algunos cambios, como hablar con sus maestros y reducir las horas de clase, pero también había empezado a entender sus sentimientos. Al mismo tiempo, había dejado de tratar de calmarlo y alejar su ansiedad. Solía decir cosas como: «Sabes que iré por ti a las doce y media», o «Sabes que *tienes* que ir a la escuela», o «Te sentirás mejor cuando estés ahí», o «Verás a tus amigos», o «Te encanta hacer la tarea de matemáticas», todo lo cual sólo lo enfurecía.

He aquí lo que pasa (cada día):

YO: Justin, es hora de ponerte la chaqueta para la escuela, vamos al auto (*terrible pausa*).

JUSTIN: ¡Pero ODIO LA ESCUELA!

Yo: ¡LO SÉ! La escuela no es tu lugar favorito. Te gusta estar en casa, jugar con tus autos... suspiro... Bueno aquí está tu chaqueta.

JUSTIN: (*yendo a la puerta de enfrente, repite*) ¡No *es* mi lugar favorito! (*y se pone su chaqueta*).

Es gracioso. Creo que solía hacer esto un poco sarcásticamente («Sí, ya sé que la odias. He oído que torturan a los niños de kínder todas las tardes»). Ahora que sé que no tengo que reparar todas las preocupaciones, puedo aceptar completa y honestamente sus sentimientos. Y creo que él lo sabe.

Más preguntas

Los padres seguían retándome: *Seguramente hay sentimientos que son muy insignificantes para merecer simpatía.* «¿Y qué tal el niño que se aparta por la cosa más pequeña? ¿Alguien se acerca a su codo? ¡HEY, HEY! ¡Duele! ¿Debemos reconocer los sentimientos de un niño que sólo busca atención? ¿No lo alentaremos a quejarse de los episodios más insignificantes?»

El día de un niño puede estar lleno de toda clase de frustraciones y experiencias emocionalmente intensas. (A los cuatro años, Max decía después de una pesada mañana de ser cooperativo y bien portado en el preescolar: «¡Mamá, estoy entrando en pánico!») Tal vez ese toque de codo fue la gota que derramó el vaso; tal vez fue una excusa para llorar un poco.

Si un niño *sólo* quiere atención y apoyo, podemos *simplemente* dárselo. ¡Si no lo hacemos, puede buscar otras estrategias más molestas para obtener nuestra atención!

Puede alzarlo en brazos y decir: «¿Dónde te duele? Esto necesita un beso». Puede guardar un paquete especial de banditas adhesivas dedicada a las heridas invisibles. Un niño que se siente deprimido puede tomar dos «píldoras» de pasitas o una cucharada de «medicina» de jugo de uva. Es enormemente gratificante tener unos momentos con un adulto que da un poco de primeros auxilios emocionales cuando se necesita.

Y un último asunto: «A veces veo que mi hija está molesta, pero cuando le preguntó qué pasa, ella dice "Nada"; mientras más le pregunto, menos me dice».

Para un niño hay una gran diferencia cuando aceptamos sus sentimientos desde el primer momento, sin ninguna pregunta. En vez de preguntar qué pasa, podemos simplemente decir: «Te ves triste», o «Algo te molesta», o «Parece que tuviste un mal día».

Frases como éstas ayudan a un niño a relajarse y sentirse libre para compartir. No tiene que defender sus sentimientos como lo haría si hubiéramos dicho: «¿Por qué te sientes triste?» Puede hablarnos si quiere o sólo sentirse apoyado por nuestra comprensión.

Recuerdo haber sentido el poder de esta habilidad de aceptar los sentimientos sin cuestionar, cuando daba clases en Manhattan. Una mañana, mientras me registraba en la oficina principal, vi un embrollo de maestras y secretarias que rodeaban a una alumna de sexto grado que lloraba. Los adultos estaban desesperados por descubrir qué pasaba, tomaban turnos para lanzar preguntas a la pequeña: «¿Por qué lloras? ¿Qué pasa? ¿Te sucedió algo? ¿Estás bien?» Con cada pregunta la niña lloraba más fuerte, hasta quedar casi sin aliento.

La tomé del brazo y la llevé fuera del círculo de adultos atentos. «Me sentaré con ella», afirmé. Nos sentamos en un rincón y esperamos un poco, entonces dije: «Hay algo que realmente te molesta». La niña comenzó a hablar, y me dijo que escuchó un auto estallar en la calle y pensó que se trataba de una balacera. Alguien de su cuadra había sido balaceado ese fin de semana, y ahora ella pensaba que le estaban disparando. «Eso debió ser muy escalofriante», le mencioné. «Sí», aceptó mientras su respiración se hizo más lenta y menos agitada.

Si tenía dudas acerca del poder de la simple aceptación, fueron rápidamente eliminadas. Dos adultos de la oficina, al ver que la niña se calmaba, se acercaron y empezaron a interrogarnos. «¿Descubriste qué sucedió?»... «¿Está bien la niña?»... «¿Qué sucedió?» La niña de inmediato volvió a llorar de pánico. Les expliqué: «Está asustada, estará bien», y los bien intencionados adultos se alejaron.

Me sentí muy agradecida en ese momento por tener una pequeña llave para ayudar a una niña estresada y llena de pánico. Es muy fuerte la urgencia por preguntar. Si descubrimos cuál es el problema, sentimos que podemos arreglarlo, pero a menudo arreglarlo es simplemente aceptarlo. Incluso si esta niña no me hubiera dicho qué pasaba, estoy segura que tener un adulto sentado junto a ella que entendiera su estrés sin cuestionarla, era el remedio más efectivo.

Sesión 2. Comprometerse a cooperar

Un tema que me llamó la atención cuando empecé a dirigir talleres era que los padres no sólo estaban preocupados por sobrellevar el día. Seguro que eso es una prioridad, pero siempre existe una ansiedad subyacente: ¿qué clase de hijo estoy criando? ¿Cómo eduqué a este pequeño monstruo que no tiene sentido de la responsabilidad, les pega a sus hermanas, miente, no limpia lo que ensucia, llora y es tan cooperativo como un avispón? ¡Era un bebé tan dulce! ¿En qué me equivoqué?

Recuerdo cómo me sentí cuando mi propio hijo Danny, a los dos años de edad ideó un nuevo juego para jugar con nuestro pequeño y anciano perro terrier; él se acercaba al perro cuando dormía, balanceaba su pequeño pie y lo pateaba. El pobre perro se despertaba alarmado, y Danny se reía con satisfacción por el escándalo que había ocasionado. ¿Qué clase de ser humano patea a un perro por diversión? ¿Qué clase de madre crió semejante horror de hijo?

Ayuda tener en mente que un niño de dos años no entiende por completo que otras personas (y criaturas) tienen sentimientos. Él entiende que *le* duele la pierna cuando *lo* patean, pero realmente no comprende que *te* duele la pierna cuando él te patea. ¡Él no siente ningún dolor! Seguro que él llorará si usted le grita, pero es porque está asustado y a disgusto de que le griten.

El entendimiento me liberó de sentirme mal conmigo misma como mamá, o enojada con mi hijo, y me ayudó a enfocarme para ayudar a mi hijo a idear una mejor manera para interactuar con el perro. Me apegué a la sencilla fórmula: entiende el sentimiento, limita la acción. Y en la disyuntiva de hacer más fácil superarlo.

«Danny, veo que tienes ganas de patear. No se patea a los perros. ¡A los perros les gusta que los traten con cuidado! Veamos… ¿Qué puedes patear? ¿Te gustaría patear un globo o tu pelota de esponja?»

Y por supuesto ayuda recordar que, sin importar qué estrategia tomes con un niño de dos años, debes estar segura que lo repetirás eternamente (¡y así lo hice!). Estoy orgullosa de informar que Danny creció para convertirse en una persona sumamente amable, tanto con los animales, como con las personas. Es el tipo que atrapa una avispa en una taza para sacarla y dejarla ir, en vez de matarla con un matamoscas. ¡Y a la edad de tres años aprendió a tratar con suavidad al perro, para gran alivio de su madre!

Una vez que abandonaron la idea de que sus hijos deberían comportarse con un sentido de obligación moral, los padres de mi grupo llegaron a muchas soluciones creativas con sus propios hijos.

Uno de mis métodos favoritos para comprometerse a cooperar por parte de los niños pequeños era ser juguetona en lugar de ser severa. A los niños les encanta jugar. El día puede volverse muy triste con todas las cosas que tienen que hacer, por lo que es un agradable alivio hacerse tonto de vez en cuando. Para un preescolar es una apuesta segura que hacer hablar a un objeto inanimado será irresistible. Están ansiosos por ayudar a un calcetín que ruega «por

favor, alguien ponga un pie en mí. Me siento tan plano y vacío»; los
juguetes que lloran: «Estoy solo aquí en el piso, quiero estar cerca
de mis amigos»; jabones que se quejan: «¡Pobre de mí, necesito algunas manos sucias para lavar!»

La bolsa hambrienta
En el país de los niños pequeños puedes rogar, puedes amenazar
y puedes castigar, pero no hay manera de que puedas obligar a tu
hijo a recoger esos cubos. Una mamá lo intentó; estaba tan molesta
porque su hijo se negaba a limpiar su desorden, que en un ataque de
furia se descubrió poniendo los cubos en las manos de él y doblando
sus dedos para que no pudiera soltarlos, mientras lo obligaba a meter
los cubos en la bolsa. ¡No es exactamente la forma más eficiente de
limpiar! Después de nuestra sesión, he aquí lo que nos dijo:

> Ayer comenzaba otra batalla por los malditos cubos. Esta vez
> tuve una gran idea. Saqué la bolsa y dije con una voz aguda:
> «¡Tengo mucha hambre... quiero comer cubos!», y seguimos. A
> la bolsa realmente le gustaban los morados... Había esperado
> todo el día para comerse aquel verde... «¡Mmm, saben a bróco-
> li... No está mal... Oh, no, estoy satisfecho... No, no me hagas
> comer los rosas, me hacen daño, no por favor, ¡vomitaré!» Mi
> hija de ocho años vino a «jugar» y limpió aún más rápido. Hoy
> ambos morían por hacerlo de nuevo, y ahora la bolsa tiene un
> nombre, Boris, la bolsa hambrienta. ¡Ojalá dure mucho!

Mi habilidad favorita de esta sesión es en la cual los padres ex-
presamos nuestros propios sentimientos. Los padres en mi grupo
parecían esperar de sí mismos ser infinitamente pacientes y se sentían terriblemente culpables cuando fallaban una y otra vez.
     Una madre me dice: «*Tú* deberías saber qué decir. Tú deberías
estar calmada. ¡No te hubieras perdido como yo!» Me sorprendió.
¿He dado la impresión de ser una persona calmada? Nada era más

alejado de la realidad, protesté. «Cuando me frustro, de inmediato subo el volumen. Si hubieses estado en mi casa anoche (¡incluso fuera de mi casa!), habrías oído golpear la puerta del baño donde mi hijo adolescente tomaba su ducha eterna, y me hubieras escuchado gritar: "¡No me gusta llegar tarde! ¡Cinco personas nos están esperando! ¡Me molesta dejar a la gente esperando! ¡Tenemos que irnos AHORA!"»

No necesitamos mantenernos calmados, podemos expresarnos con todo el fragor que sentimos, mientras recordemos describir nuestro propio sentimiento y proporcionar información, en lugar de atacar a nuestros hijos.

Cuando sus hijos crezcan un poco, estará agradecido por haberles enseñado la habilidad de simplemente dar información, porque muy a menudo usted se encontrará en el lugar del receptor.

Recientemente le pedí a mi hijo Dan que me prestara su nuevo GPS. Me estaba enseñando cómo programarlo, y yo seguía pegándole a la pantalla con mi dedo; Dan me dijo: «Todo lo que necesita es un toque», y seguí pegándole. Al ver Dan que su apreciada compra de $1,500 pesos era maltratada, repitió con más fuerza, «¡Mamá, la pantalla es sensible! Mira, responde con un toque suave». Esta vez lo logré.

Imaginen si me hubiese dicho: «MAMÁ, ¿qué te sucede? ¡Vas a romper mi GPS! Eres muy brusca. Deja que yo lo haga». ¡Claramente hubiera sido una forma muy irrespetuosa de hablarle a un padre! ¿Pero de dónde aprenden los niños a hablarles a sus padres? Al menos en parte, por cómo sus padres les hablan a ellos.

¡Cierra el bar!

A algunos padres les encantó en particular la idea de escribir notas. La madre de un niño de dieciséis años informó:

David no se va a la cama sin hacer sus ejercicios, que incluyen una fuerte serie de lagartijas. Desafortunadamente, el único lugar en la casa donde hay una entrada con un techo de altura suficiente para montar la barra está justo afuera de nuestra recámara. Le he rogado, una y otra vez, que haga sus lagartijas más temprano para que no nos despierte cuando empezamos a dormirnos. Él promete hacer un esfuerzo, pero nada cambia. La siguiente noche ahí está, haciendo sus ejercicios muy noche otra vez. Finalmente, escribí una nota y la colgué en la barra:

EL BAR CIERRA A LAS DIEZ
¡ESTO SIGNIFICA TÚ! ¡SIN EXCEPCIONES!
La gerencia

Ha pasado una semana y hasta ahora, todas las noches ha terminado sus ejercicios antes de las diez. Le pregunté cómo logró hacerlo, y sólo me miró sonriendo y dijo, «Bueno, mamá, debo terminar antes de que cierre el bar».

Todavía no entiendo por qué las palabras escritas parecen tener más poder que las habladas, ¡pero nos está funcionando!

Y otro padre descubrió que una nota escrita ayudaba cuando su hijo estaba muy enojado para hablar.

¡No voy a la escuela!

Anoche Kevin se enojó mucho porque su equipo perdió el Supertazón y él no ganó ninguna de las quinielas que hicimos. Entonces gritó, «¡No voy a la escuela mañana!» Fue a su habitación y escribió una nota:

Hola, no voy a la escuela,
Oh, y regala todo lo que tengo.
De Kevin
PD Te odio

Por supuesto que no ansiaba que fuera la mañana para alistarlo para ir a la escuela. Así que escribí otra nota y la dejé sobre su cama:

Querido Kevin:
No es necesario regalar todo lo que tienes. Tú no hiciste nada malo. Realmente estás enojado porque los Cardenales perdieron y no ganaste la quiniela. Está bien enojarse, en especial porque tu equipo también perdió el año pasado. Probablemente no quieres ir a la escuela porque no quieres avergonzarte.
Responde,
Con cariño,
Mamá

Entonces esa mañana fui para asegurarme de que estuviera despierto, y vi que había respondido:

Sí, supongo que eso pasó el año pasado.
Pero sigue sin gustarme el futbol.

Luego pretendí que él seguía dormido y contesté y dejé la nota en su habitación:

Querido Kevin:
Tampoco me gustaría el futbol, ¿por qué no puede ganar tu equipo?
Tal vez algún día puedas jugar y ayudar a tu equipo a ganar.
Con cariño,
Mamá
PD Necesitamos alistarnos para ir a la escuela.

En cinco minutos estaba vestido y listo para ir a la escuela. No de muy buen humor, pero decente.

Sesión 3. Las alternativas al castigo

La idea de que tenemos que castigar para enseñar está muy arraigada en la mayoría de nosotros. Sentimos que es parte de nuestra obligación como padres. Siempre me pongo un poco nerviosa cuando voy en contra de esta norma social tan poderosa. Así que empiezo la sesión preguntando a los padres si algunos de ellos pueden recordar cuando los castigaban de niños. He aquí algunas de las respuestas que he obtenido:

«Me castigaban pero yo no obedecía. A menudo me salía con la mía».

«Era patético cuando mis padres me castigaban, no había manera de que pudieran controlarme; sólo les perdía el respeto».

«Mi mamá me pegaba con una cuchara; eso no me detenía».

«Cuando me pegaban, me ponía más rebelde».

«Mi mamá me ponía jabón en la boca. Sólo me hacía enojar».

«Me ponían en un rincón. Me avergonzaba, era espantoso».

Entonces un padre me lanzó una bola difícil:

«Mi mamá siempre nos pegaba cuando éramos malos. La respetábamos y seguíamos sus reglas. Si mi hijo se portaba mal, le pegaba, y funcionó. Pero ahora tengo una hija, y si le pego se enfurece tanto que es peor. Por eso quiero aprender sus alternativas. Además ahora tenemos un hijo adoptivo y no está permitido pegarle. ¡Así que esto es muy importante para mí!»

Después de escuchar a los padres, saqué recortes de periódicos que guardé y leí fragmentos al grupo. Encontré muy impresionante el siguiente artículo, pues un adolescente murió porque sus amigos estaban tan concentrados en evitar el castigo, que no tuvieron cuidado de llevarlo al hospital a pesar de que estaba gravemente herido.

Una Verdadera Pesadilla

Muere atleta adolescente, la acción de los demás conmociona a toda la comunidad.

Un popular estudiante de bachillerato, atleta de diecisiete años, falleció el martes en la noche, al lado de su devastada familia, cinco horas después de haber sido desconectado. Rob Viscome estuvo en coma en el centro médico de Westchester, ya que golpeó su cabeza en una fiesta improvisada después de clases en casa de un amigo donde consumían cerveza...

Los adolescentes mintieron acerca del lugar donde fue la fiesta y limpiaron la evidencia... Muchos de los testigos dieron versiones contradictorias. Aún no está claro por qué no llamaron a la policía o cuánto tiempo estuvo el adolescente tirado sangrando frente a sus amigos hasta que finalmente decidieron llevarlo al hospital...

Rogamos porque los jóvenes, a pesar de las posibles consecuencias a corto plazo con sus padres, estén más dispuestos a marcar el 911 si alguno de ellos sale herido o enferma. Se podrían salvar momentos preciosos y vidas preciosas.[2]

¿Por qué habría de sorprendernos si en un momento de crisis los primeros pensamientos de nuestros hijos fueran de autoprotección, en lugar de arreglar el problema? Los hemos entrenado para esperar que nuestra respuesta a sus fechorías sea castigarlos.

Un incidente de menores consecuencias le ocurrió a mi hijo estando en clase de inglés en quinto grado. Una niña que estaba sentada cerca del escritorio de la maestra, accidentalmente golpeó un globo de vidrio que cayó al piso destrozándose. Todos se quedaron petrificados, excepto Dan. Él saltó y comenzó a recoger los vidrios rotos. ¡Por supuesto, ninguna buena acción queda sin castigo! La maestra descargó su ira contra él, pensando que era el culpable. Le gritó con tanta furia, que Dan ni siquiera pudo decir que no era culpable. Ante esta arremetida, nadie más confesó.

Lo que obtuve de esta experiencia es que al enfrentar un problema, *mi* hijo fue el único que reaccionó instantáneamente para arreglarlo, porque así fue educado. Todos los demás se alejaron con miedo (¡por lo menos debieron hacerlo!)

---

[2] Nota editorial de *Journal News*, edición de Westchester, mayo 3 de 2002.

El reto para nosotros es encontrar una repuesta a la mala conducta que realmente inspire al cambio, en lugar de aferrarnos a las viejas formas que causan resentimiento y, lo más importante, distraen del verdadero problema.

Pero los padres siguen preguntándose: ¿No debería haber *consecuencias para el niño que sigue portándose mal? ¿Cómo aprenderá si no paga por sus crímenes?*

Mi objeción a la palabra «consecuencias» es que es utilizada con una nueva etiqueta para aferrarse a una vieja idea que se autoderrota. En la mente del padre, «sin televisión durante una semana», resulta una consecuencia en lugar de un castigo. No cambia la dinámica. El niño hace algo mal y el padre piensa en alguna forma de hacer que el niño se sienta mal con la esperanza de que aprenda a portarse mejor. Ya sea que lo llamemos una consecuencia o un castigo, no logra el resultado que estamos buscando. Tenemos que decidir qué queremos que piensen y sientan nuestros hijos cuando hacen algo mal. ¿Queremos que piensen en todos los programas de televisión que se perderán, lo resentidos que están por ser castigados, lo irremediablemente malos que son... o queremos que piensen cómo enmendar un error, hacer mejor las cosas, qué hacer la próxima vez?

Los padres seguían escépticos. «¿Entonces dices que incluso las *consecuencias* no están permitidas? ¿Qué tal cuando un niño desobedece deliberadamente? ¿Qué nos queda entonces? ¡Eso es muy permisivo para mí! ¿No es necesario una especie de límite?»

No sugiero que renunciemos a la autoridad como padres, podemos afirmar nuestra autoridad al tomar acción; podemos tomar acción para proteger a un niño de algún daño, protegerlo de dañar a otros, proteger daños a la propiedad, protegernos a nosotros mismos o a nuestra relación; podemos establecer nuestros valores y dar opciones; podemos proporcionar a nuestros hijos la manera de resolver el problema o enmendarlo. Y podemos hacer todo sin castigos.

He aquí algunos ejemplos de padres que toman acción para proteger, en vez de imponer «consecuencias».

Proteger tu propiedad:

- Lanzar cubos puede romper las ventanas. Voy a retirar los cubos de madera por ahora.
- No estoy dispuesto a prestar más herramientas; me sentiré mejor al compartirlas de nuevo, cuando el taladro que llevaste a casa de tus amigos la semana pasada sea devuelto o reemplazado.
- Estoy muy enojado porque tomaron el auto sin permiso. Voy a guardar las llaves hasta que logremos un sistema que nos haga sentir bien a ambos. Tomemos un tiempo para pensarlo.

Proteger a los demás:

- ¡Sin pegar! Veo que estás muy enojado con tu hermano. En este momento te llevaré (o a él) a la cocina conmigo para que nadie salga herido.
- Aventar arena puede lastimar los ojos de las personas. Juguemos mejor en el pasto.
- Voy a quedarme con tu rifle de balas de pintura (*paintball*) hasta que me asegures que lo usarás con cuidado. Es muy peligroso apuntar hacia los oídos de las personas.

Protegerte a ti mismo:

- Estoy muy cansado para leer historias después de las nueve de la noche. Podemos intentarlo mañana, siempre y cuando estés listo a tiempo para ir a la cama.
- Nos vamos a casa ya, no quiero hacer más compras hoy. Sé que necesitas ropa para tu campamento, pero ahora estoy muy molesta porque me hablaste sarcásticamente frente al vendedor.

- La última vez que fuimos al lago, realmente me enojé porque tuve que gritar y rogar a todos durante quince minutos para que salieran del agua cuando iban a cerrar. No estoy dispuesto a regresar hasta que tengamos un mejor plan para salir.

Proteger a tu hijo:
- Guardaré por ahora la bicicleta. Veo que no estás de humor para usar casco, y yo me preocupo mucho por las heridas que te puedes ocasionar si no lo usas. ¿Qué podemos encontrar para jugar que no requiera un accesorio en la cabeza?
- No puedo darte permiso para ir a otra fiesta sin supervisión, estoy segura que sabes por qué. Si quieres, puedes invitar unos amigos a la casa.

Proteger tu relación con tu hijo:
- Necesito que la casa esté limpia antes de que los invitados vengan en la noche. Te llevaré a casa de tus amigos en cuanto este embrollo quede arreglado. Sí, escuché que dices que yo podría hacerlo porque son *mis* amigos. El problema es que me sentiría muy resentida si tuviera que limpiar tus cosas mientras estás afuera jugando, ¡y no quiero sentirme así con mi hija!
- ¡Estoy muy enojada! ¡No me gusta la forma en que me hablas y no me gusta cómo te hablo! Me voy a mi habitación y voy a cerrar la puerta. Necesito un momento para tranquilizarme.

Este tipo de frases hacen saber a su hijo, sin atacarlo, que usted respeta sus propios sentimientos así como los de él, y que usted tiene sus límites. No sólo les motiva a cooperar y enmendar, les ayuda a aprender cómo mantenerse en su terreno de manera respetuosa con sus propios amigos. En la mayoría de nuestras relaciones no tenemos el poder de castigar a las personas, pero a menudo tenemos el poder de protegernos a nosotros mismos y a los demás.

Mientras iba de la reunión a casa, pensé en la vez que Dan pasó la tarde con sus amigos explorando el bosque atrás de nuestra casa. Entonces tenía doce años. Esa noche me dijo: «Mamá, es muy raro, Steve y Henry querían escalar las rocas en la cueva, y yo les dije que creía que no deberíamos hacerlo.

«Steve dijo, "No te preocupes, todo estará bien." Y yo dije, "Sé que si mi mamá estuviera aquí, yo estaría diciendo exactamente lo mismo que tú, pero no me siento a gusto con el hecho de que ustedes escalen por ahí. Porque si se lastiman, me sentiré responsable." ¡Y se detuvieron! Creo que me estoy volviendo un adulto. ¡Nunca me imaginé a mí mismo diciendo algo como eso!»

Jóvenes vándalos

Una mamá de los talleres tenía una casa que era una verdadera vitrina. Tenía muebles muy elegantes, alfombra blanca y mullida, y hermosos tapetes. También tenía a Iván, un destructivo niño de tres años. Utilizaba marcador negro en los cojines del sofá, en las paredes, en el piso, y perforaba las almohadas con tijeras. Iván era una amenaza. Cuando ella no veía, él redecoraba la casa. Ella lo regañaba y le daba tiempo fuera, pero el mal comportamiento seguía. He aquí lo que ella informó:

La siguiente semana a la sesión de las alternativas al castigo, pesqué a Iván cortando los flecos de uno de mis tapetes. Le quité las tijeras y dije: «¡Estoy muy molesta! ¡Este tapete oriental me lo regaló mi abuela! Ahora los flecos están arruinados, espero que los arregles». Le regresé las tijeras, encontré una regla y la coloqué junto a la línea de los flecos. «Hay que cortar esto con mucho cuidado para que quede parejo».

Iván dijo, «Lo siento, mami», y con cuidado emparejó los flecos mientras yo sostenía la regla. Al día siguiente derramó una gota de agua en el mantel. Corrió hacia mí, y dijo, «Mamá, hay agua en el mantel, ¿cómo podemos arreglarlo?»

Yo estaba sorprendida. Mi hijo había dado un giro completo, de destructor a arreglar todo. También lo llevé a un paseo especial para comprarle material para arte, toda clase de cosas para que dibujara, pintara y cortara. Guardo el material en una caja especial para él, y desde entonces no ha habido ataques artísticos en mi casa.

Un gran desastre

Debo admitir que Andy es un niño de cuatro años muy salvaje. Entiendo que «los niños son niños»; yo la hice pasar muy mal a mis padres. Sin embargo, quiero que Andy aprenda a enfrentar su mal comportamiento en vez de huir. Al día siguiente a la sesión de alternativas al castigo, entré a la sala y vi un polvo blanco sobre todo el piso. Aparentemente Andy necesitaba algo para transportar en su camión de basura, y decidió que el talco de su hermanita sería una buena carga. Yo grité, «¡¿Quién hizo este desastre?!»

Andy dijo, «¡Problemas!» Y corrió a esconderse atrás del sofá.

Entonces recordé, y cambié la táctica. Dije: «Oh, no, tenemos un problema. ¿Qué haremos?»

Andy sacó su cabeza de atrás del sofá; gritó: «¡Agua!», y corrió al baño y regresó con una toalla de papel mojada.

El hombrecito verde

Compartí con mi hijo pequeño mi primer intento de introducir la solución de problemas. (Mi mamá me dijo que tal vez era muy pequeño para esto, pero yo estaba desesperada).

Cuando Dan tenía dos años nueve meses (lo sé porque aprendió a ir al baño a los dos años ocho meses, y sí, yo *contaba* el tiempo), tuvimos nuestra primera sesión formal sobre resolver un problema. Yo era la frustrada madre de un niño que, habiendo demostrado su habilidad para depositar sus fluidos corporales en la taza, había perdido el interés en esta actividad. Jugaba, aguantándose, hasta que era demasiado tarde y se orinaba en la alfombra. Entonces, alegremente trepaba un banco para alcanzar una esponja y un cepillo, para arreglar el desastre. Si intentaba apurarlo para usar el baño en el período que se aguantaba, protestaba con vehemencia que no necesitaba ir. Esto sucedió durante una semana. Mi tan anhelado triunfo del entrenamiento para ir al baño se desmoronaba frente a mis ojos. Saqué mi bloc de notas y un lápiz y leí en voz alta mientras escribía:

Problema: A Dan no le gusta dejar de jugar para ir al baño. A mamá no le gusta que haga pipí en el piso.

Dan pregunta: «¿Qué escribes?»

«Escribo ideas para solucionar este problema... un, dos tres, cuatro».

1. (Yo voy primero) Mamá recordará amablemente a Dan que vaya al baño.
2. (Dan ofrece la siguiente idea) Dan limpiará la alfombra con el limpia alfombras.
3. (Mi turno) Dan usará pañales si no quiere hacer pipí en el piso (espero que no tome esta opción).
4. (Dan mira alrededor de la habitación. Su mirada cae en un pequeño recuerdo de la Estatua de la Libertad de plástico) El hombrecito verde me lo dirá. Él dirá: «pipí en la taza».

Pienso que no funcionará pero sigo adelante. «Está bien, repasemos nuestras ideas para ver cuáles queremos usar y cuáles no nos gustan».

1. Dan se opone violentamente a un amable recordatorio. Lo tachamos.
2. Mamá pone objeciones. La alfombra se está poniendo muy apestosa.

3. Dan dice que sí a los pañales, pero mamá se opone a su propia idea.
4. El hombrecito verde. Dan piensa que es buena idea, aunque mamá no está muy convencida.

Coloco la lista en el refrigerador y quedamos en espera al siguiente incidente de aguantarse. Finalmente sucede. Es la hora de cenar y Dan no tiene intenciones de levantarse de la mesa. Está contento jugando. Tomo a la Señorita Libertad, la pongo cerca de su oído y susurro: «Pipí en la taza». Él toma la estatua y le murmura algo (nunca supe qué), y fue al baño. (¡Aleluya!).

Durante el siguiente mes llevé al hombrecito verde a todos lados conmigo. Es el emisario de la vejiga de mi hijo. Sólo me ocasionó un incidente socialmente incómodo. Una vez, cuando buscaba en mi bolsa, descubrí que mi amiga sueca me vio raro. Ella «espió» la estatua. «¿Nos estamos poniendo patrióticos últimamente? ¿Debería traer mi bandera de Suecia?»

La vestimenta inapropiada

Carly de dieciocho años siempre ha sido una marimacha. Odia absolutamente arreglarse. Por lo general la dejo escoger su ropa, pero el domingo pasado fue el funeral de mi suegra. Mi esposo y sus otros hijos estaban desconsolados. Su madre había sido muy cercana a todos, no era una abuela distante. Carly da un espectáculo de rebeldía por la ropa, justo antes de subir al auto. En vez del conjunto que había sacado para ella, llega con una camiseta despintada, *jeans* y su gorra de los Yanquis. Mi esposo estuvo a punto de darle una buena paliza.

Tomé a Carly y entré. Le dije que sabía que odiaba arreglarse. El problema, dije, es que papá está muy triste porque su mamá murió. Y para él, así como para muchas otras personas, arreglarse es señal de respeto. No podía permitirle ir así al funeral porque otras personas se sentirán mal.

Carly no dijo nada, pero su labio inferior estaba apretado y no estaba dispuesta a ceder. Dije que le traería unos bonitos pantalones negros (¡imagínate, ni siquiera la estaba obligando a usar vestido!), y dos blusas para escoger una. Cuando llegáramos, podría cambiarse en el auto. Si no quería cambiarse, no iríamos al funeral. Yo esperaría con ella afuera en el auto.

Cuando llegamos, Carly se cambió la ropa y vino con nosotros. Más tarde durante la recepción, le dije que podía ponerse sus *jeans*, pero ella insistió en que le gustaba su conjunto elegante.

¡Fue muy reconfortante salvar el día cuando mi esposo estaba bajo tanto estrés! Describir nuestros sentimientos y dar a Carly la opción de ser cooperativa sin perder su prestigio, fue un logro. Ella puede ser realmente difícil. ¡Una confrontación directa hubiera sido un desastre!

Finalmente, un padre que se quejaba de ser un chef de pequeñas órdenes, compartió esta experiencia:

Tristeza a la hora de la comida

La hora de la comida en mi casa es miserable. Josh, mi hijo de cinco años, comienza a quejarse de que no quiere comer pollo, dice que sabe asqueroso y yo le grito por ser grosero. Entonces reaccionan los gemelos de siete años; «si él no come, ¿por qué nosotros sí?» Cada noche terminamos en una gran pelea.

Decidí tratar de solucionar el problema. Les dije a los niños que trabajaba duro para hacer la cena y que herían mis sentimientos cuando decían que era asqueroso. Josh dijo que no quería ser *forzado* a comer algo que no le gustaba. Me di cuenta que una de las razones por las cuales él era tan grosero, es porque yo no le daba opción. Él estaba dispuesto a ser amable si yo retrocedía un poco.

Le dije que necesitábamos escribir todas nuestras ideas para hacer la hora de la cena más agradable para todos. Se emocionaron con ello. He aquí las ideas que finalmente acordamos:

Se le permitiría a Josh hacerse un sándwich para cenar si había algo que realmente sintiera que no le gustaba comer. Pero teníamos que hacerlo por adelantado, sin quejas por la comida y sin saltar al refrigerador durante la cena.

Los gemelos no querían hacerse sus sándwiches. A ellos en realidad no les interesaba la comida, pero decidieron hacer la regla de «no cantar en la mesa durante la cena». Eso haría más agradable la cena, porque cantar molestaba a los niños y por lo general provocaba peleas.

También decidimos poner una hoja de sugerencias en el refrigerador, donde pudieran escribir sus ideas para la cena, y por lo menos una vez a la semana yo prepararía algo de la hoja.

Hasta ahora ha funcionado de maravilla. Los niños ya no se quejan, y mi hijo se hace su propio sándwich dos o tres veces a la semana. ¡Ya no odio la hora de la comida!

Cuando quedaban sólo unos minutos de nuestra sesión, una madre alzó la mano. «Esperen, ¿qué pasa con la tarea?» Los otros de inmediato hicieron oír su voz: «¡Sí, eso es lo peor!»... «¡La tortura de cada noche!» Era hora de ir a casa, pero todos decidimos programar una reunión extra antes de continuar.

Tarea

Me alegré por haber dedicado una tarde a este tema. Como parte de la tarea, es difícil pensar en un solo problema que haya causado que tantos niños colapsen y que los padres se arranquen el cabello por frustración.

Le explique al grupo que cuando yo era niña, no existía la tarea en el kínder. Apenas la incluían en primero y segundo grado. Ocasionalmente teníamos algún encargo como «Si quieren, pueden traer algo para mostrar y conversar». Décadas después, cuando

envié a mis hijos a la escuela, me encontré con un mundo nuevo.
Llegaban del kínder a casa con encargos nocturnos como «Escribe
la letra *B* diez veces. Luego dibuja cuatro objetos que empiecen
con *B*». Suena simple, ¿no es así?

Recuerdo ver a mi Dan borrando toda la hoja mientras luchaba
para dibujar la bicicleta que existía en su mente. No había manera
de convencer a mi lloroso hijo, insistiéndole «Por favor, sólo dibuja
una bola», en lugar de un infernalmente complicado vehículo de
dos ruedas. ¡Y eso fue el segundo día de kínder! En la escuela primaria todo empeoró; páginas de problemas de divisiones, cinco párrafos de ensayos persuasivos, encuestas científicas, todo diseñado
para volver loco al padre de un niño cansado.

Con el tiempo descubrí que todos los padres imaginan que su
hijo es el único que tiene este problema. Seguramente los demás
niños están garabateando felizmente pequeños y lindos dibujos de
burbujas, bolas y botellas, mientras el suyo está mentalmente tras-
tornado. Algunos niños pueden manejar la tarea con relativamente
poco estrés, pero no he conocido a muchos. No hay una solución
simple. Necesitamos atacar el problema desde todos los ángulos.

«Estoy dispuesta a intentar lo que sea», dijo la mamá que había
mencionado el tema; «Por favor, ¿podemos usar a mi hijo como
ejemplo?» Sin dudarlo, se lanzó a contar su triste historia:

Tommy empezó este año el sexto grado. Durante el primer tri-
mestre le fue bien, pero entonces todo empezó a desmoronarse.
Hay tanta tarea, y le toma tanto tiempo hacerla, que simplemente se rindió. Tenía dificultades con su escritura y es muy
tardado y tedioso para él escribir las tareas. Teníamos grandes
pleitos casi cada noche.

Había dejado de jugar con sus amigos porque no terminaba
primero su tarea, y yo sabía que después no la haría. Le quité
su Xbox y sus privilegios para ver televisión; le gritaba hasta
ponerme morada. No sé que más hacer. Anoche lo seguí por las

escaleras diciendo: «Tommy, *tienes* que hacer la tarea de caligrafía, ¡es muy importante!» Él arrancó la hoja de mi mano, y dijo, «¡No… lo… haré!», mientras la rompía en pequeños trozos y los aventaba por la escalera.

La escuela me pidió una cita con su maestra y la guía consejera. Me dijeron que Tommy estaba en peligro de repetir el año. Cada vez que le falta una tarea saca cero. Incluso aunque aprobara todos sus exámenes, reprobaría. Yo estaba muy molesta para poder decir algo. Sólo les dije que hablaría con mi hijo y les diría qué pasó.

Todos en el grupo tenían algo que decir. ¿Puedes utilizar la solución de problemas? ¿Qué tal entender sus sentimientos? ¿Las elecciones ayudarían? Esta situación parecía muy complicada para un arreglo simple. Exploramos todas las posibilidades. La mamá de Tommy tomó muchas notas. La semana siguiente apenas podía esperar para contarnos qué sucedió:

Lo primero que decidí fue cambiar por completo mi actitud. En vez de ponerme del lado de la escuela, debía estar del lado de mi hijo. Debería dejar de convencer a Tommy que la tarea es «buena para él» o «no es gran cosa si solamente la hacía». Estuve consciente de que para un niño activo como Tommy, sentarse a hacer la tarea después de un largo día de escuela era verdaderamente una tortura, en especial por sus desventajas para aprender.

Le expliqué que necesitaba su ayuda para resolver el problema de la tarea; dije: «Odio tener esta batalla cada noche. Me encuentro gritándote, me enojo y me siento frustrada, y ya no quiero hacer eso».

Entonces paso mucho tiempo entendiendo sus sentimientos, como lo practicamos en el grupo. Digo cosas como, «Es un problema en verdad difícil. Llegas a casa después de seis y media largas horas en la escuela, y luego se supone que debes sentarte y hacer más trabajo escolar. ¡Eso apesta! Preferirías ver televisión y relajarte, o correr, o jugar videojuegos, o comer, *cualquier cosa* excepto la tarea. Es como si no trabajaras duro cuando tienes una tarea interesante. Como quebrar huevos en el laboratorio. Pasaste toda la tarde trabajando en tu artefacto».

Al principio Tommy me miró con sospecha, pero comenzó a entusiasmarse, asintiendo mientras yo seguía. Luego dije, «El problema es que puedes pasarla muy mal en la escuela si no haces la tarea, y no quiero que eso suceda. Así que tenemos que encontrar la forma *menos* dolorosa para superar esto. ¡Necesitamos ideas! ¿Qué podríamos intentar que funcione?» Tomé una hoja de papel y escribí en la parte de arriba «Ideas para la Horrible Tarea».

Empecé la lista con algunas ideas descabelladas, porque a Tommy le encantan las bromas; es la manera de llegarle al corazón. Así que escribí «Decirles que el perro la orinó». Tommy dijo «¡Sí!» Luego sugerí «¡Decirles que Emily (su hermana pequeña) la orinó!» Lo escribí. Entonces él sugirió, «Usar un borrador de mente de láser como en los *Hombres de negro* para que se les olvide qué dejaron»; añadí, «Rezar para que haya una severa tormenta de nieve cuando dejen mucha tarea». Tommy dijo, «Rezar para que haya un apagón si hace calor para la nieve».

Decidí que estaba en el humor correcto para nuevas ideas más reales:

Yo: Comenzar la tarea después de comer una botana.

Yo: Hacerla en la cocina mientras yo hago la cena.

Tommy: Comer helado mientras hago la tarea. (¡Él sabe que no tiene permitido comer helado antes de cenar!)

Tommy: Comer tres pasitas después de cada palabra de ortografía.

Yo: Hacer cinco saltos después de cinco problemas de matemáticas.

Tommy: Hacer la tarea mientras veo la televisión.

Yo: Hacerla mientras escuchas música.

Yo: Poner la alarma y parar cuando suene.

Yo: Tal vez puedas escribir la tarea más larga en la computadora (Tommy dijo que no estaba permitido, pero yo dije que debíamos escribir *todas* las ideas, así que le pusimos un signo de interrogación).

Revisamos nuestra lista. Tommy se rio con ganas de las primeras ideas y dijo: «Mamá, creo que necesitamos algo más *práctico*». Y las taché; también taché la idea de la televisión, porque pensé que lo distraería mucho. A Tommy en verdad le gustó la idea de la alarma. Estoy segura de que una de las razones por las que se niega a empezar la tarea es porque encuentra tantas formas para distraerse que tarda años, y es todo lo que hace hasta la hora de dormir. La escuela dice que el estándar son sesenta minutos para un niño de sexto grado, así que decidimos poner la alarma a los veinte minutos para la tarea de matemáticas, veinte minutos para la de inglés y veinte minutos para lectura, que haríamos juntos. Si la alarma sonaba antes de que él terminara; le escribiría una nota a la maestra, *si* él había trabajado arduamente. Tommy estaba muy entusiasmado con esta idea. También le agradó la idea de trabajar con música.

He aquí los resultados. Ya no le pregunto sobre la tarea en cuanto baja del autobús.

Espero a que tome su botana. Entonces digo algo como, «¿Buscar veinte palabras del vocabulario? ¡Es mucho! ¿Tres páginas de matemáticas? ¡Agh! ¿Veinte oraciones? Bueno, ¿cuánto crees que puedes hacer? ¿Cinco o siete?»

Cuando empiezo a preparar la cena lo llamo para la tarea. Pasa un poco de tiempo en lo que escoge algunas canciones para escuchar en su iPod mientras hace la tarea y prepara su botana. Entonces ponemos la alarma; le ayuda saber que hay un fin al sufrimiento. A veces me sorprende que va más allá del tiempo para terminar su trabajo. «Ma, sólo dos oraciones más, ¡puedo hacerlo!» Casi siempre lo deja cuando suena la alarma, pero si no acabó, terminamos en la mañana antes de que llegue el autobús. Nunca he pensado que sea buena idea dejar la tarea hasta el final, pero estoy sorprendida por la mucha mayor eficiencia con que puede trabajar después de una noche de sueño.

Pero eso no es todo. Escribí una carta a su maestro, diciéndole: «Aprecio su apoyo, y mi esposo y yo estamos muy agradecidos de que se tomara el tiempo para discutir los problemas de Tommy con nosotros. Después de la cita con usted, tuvimos una larga charla sobre cómo mejorar la situación de la tarea. Llegamos a la conclusión de que Tommy se siente abrumado y se resiste a hacer la tarea en parte porque tarda mucho en hacerla. Parte de nuestro plan es poner un tiempo límite para la tarea, para que no sea abrumador para él. Sentimos que ésta es la forma de ayudarle a hacer las cosas bien. ¡Espero que nos apoye en esta hazaña!

«Además, planeamos dejar que Tommy use la computadora cuando tenga más de una tarea por escrito en la misma noche. Puede practicar su escritura con tareas más pequeñas como ortografía y definiciones. De esta manera obtendremos lo mejor de ambos mundos: más motivación de Tommy y práctica regular de la escritura sin lágrimas».

¡En efecto, el maestro accedió! Nunca antes había sido flexible con Tommy, pero creo que la forma en que lo puse fue irresistible. ¡Esto ha hecho que nuestras vidas sean mejores!

El grupo sonrió y aplaudió. Era mucho para digerir. Pensé que era mejor resumirlo. «Cuando se trate de la tarea», dije, «he aquí sus nuevas estrategias».

1. Póngase del lado de su hijo. ¡Entienda sus sentimientos!
2. Resuelva el problema. Considere todas las posibilidades.
3. Sea el defensor de su hijo. Comuníquese con el maestro

cuando la tarea se vuelva un agobio. No se preocupe por lo que hacen los hijos de los demás.

Sesión 4. Fomentar la autonomía

Probablemente el consejo favorito de los padres en esta sesión es la simple sustitución de una orden por una elección. Los niños por lo general responden con entusiasmo a las elecciones. No sólo podemos sentirnos bien al alentar a nuestros hijos para llegar a ser individuos independientes; además obtenemos un poco de cooperación. ¡Es un gran beneficio colateral!

No me acorrales
Con algunos niños (los míos por ejemplo) las opciones necesitan ser abiertas.

Yo: Dan, no puedo dejarte cortar la alfombra con tus tijeras, ¿quieres cortar papel o cartón?

Dan: ¡No!

Yo: Bueno, no quiero que cortes mi alfombra. ¿Qué otra cosa puedes cortar con las tijeras?

A Dan se le ilumina la mirada, ve alrededor; «Puedo cortar cuerda, puedo cortar pañuelos desechables, puedo cortar la ropa sucia... YA SÉ, ¡Puedo cortar la yerba!» Corre hacia adentro.

Otra:

Yo: Dan, no avientes la pelota dentro de la casa. (Prediblemente, diría yo, la avienta otra vez).

Yo: Veo que tienes ganas de aventar. Puedes aventar un globo dentro de la casa o puedes aventar la pelota afuera.

Dan: Aventaré mi avión de papel adentro de la casa.

Yo: Oh, no había pensado en eso.

Arriba un árbol
Un padre compartió este encuentro:

Aiden, el amigo de mi hijo de once años estaba de visita. Cuando su hermano mayor llegó por él, Aiden estaba arriba de nuestro árbol de arce. Su hermanó le ordenó que bajara… ¡ahora! Aiden se negó. Yo traté de ayudar. Le expliqué a Aiden que ya era hora de irse, y que no debía hacer esperar a su hermano. Aiden dijo: «¡Me quedaré en mi árbol!»

Entonces recordé que a los niños les encantan las bromas, así que lo incité: «Aiden, escoge, puedes bajar como un perezoso de tres patas… o puedes brincar rápido como un mono». Aiden gritó «¡Mono!» y saltó del árbol.

El dibujo que provocó protestas de los padres fue el que pedía no hacer muchas preguntas. Se quejaban, «Pero si no pregunto, ¡no me entero de nada!» A pesar de que hemos experimentado por nosotros mismos cuán inoportunas pueden ser esas preguntas, por ejemplo, «cuéntame de tus vacaciones, ¿cuántos lugares visitaste? ¿Te divertiste? ¿Hiciste nuevos amigos? ¿Cuánto dinero gastaste? ¿Vas a regresar el próximo año?» Resulta demasiado difícil quedarse sentado y no decir nada, ¡especialmente cuando te mueres por saber! Además, no preguntar parece ser poco comprensivo.

He aquí una alternativa al interrogatorio que utilizo cuando quiero alentar la comunicación; les gustó a todos los que lo intentaron.

Una invitación a hablar

En vez de preguntar, «¿cómo estuvo el paseo de tu clase? ¿Te divertiste?» O «¿cómo estuvo tu presentación de PowerPoint? ¿Le gustó a la clase? ¿Qué dijo la maestra?», sustitúyalo por una invitación a hablar:

«Cuando estés listo para contarme, me encantaría oír acerca del paseo de tu clase», o «estoy interesado en saber cómo estuvo tu presentación, ven a contarme cuando tengas ganas».

Los padres descubren que a veces los hijos se acercan a ellos unos minutos, u horas después y dicen: «estoy listo para contarte, ¿qué quieres escuchar?»

Sesión 5. Alabanza

Uno de los retos que surgió en esta sesión fue cómo convocar al genio de la alabanza, cuando lo primero que sale de nuestros labios es la crítica. Admití ante el grupo que cuando mi hijo perdió su teléfono celular en el centro comercial quería ahorcarlo; «¿Cómo puedes ser tan descuidado con algo tan caro? Sabías que se salía de los bolsillos de los pants al sentarte porque ya había pasado antes. ¿Por qué no usaste un clip o unos pantalones diferentes? ¿Te das cuenta cuánto costará reemplazarlo?»

Pero al ver la afligida expresión en su rostro, fui incapaz de concretar un regaño. Pensé en todas las cosas que yo había perdido, y lo enojada que me sentía cuando perdía algo valioso. Qué horrible sería tener a alguien molestándome estando deprimida. Así que en lugar de eso, lo alabé. (Por supuesto con descripción en vez de evaluación).

«Cielos, Dan, has cuidado ese teléfono durante dos años y no lo perdiste. Y no sólo lo dejas en tu recámara, va a la escuela, a los viajes y a los juegos de futbol soccer; es sorprendente si lo piensas así».

Dan dijo, «Buscaré en la banca donde me senté cuando envíe un mensaje a Sam». Ahí estaba un adolescente con el teléfono de Dan. «¿Perdiste esto?», preguntó al ver que Dan revisaba bajo la banca, obviamente buscando algo.

¡Fiu! El teléfono había vuelto. Dan se dirigió a mí y afirmó, «¡Nunca volveré a usar estos pantalones cuando lleve mi teléfono celular!»

La crítica lo hubiera derribado y vencido en el peor momento. La alabanza descriptiva le dio la fuerza para continuar con la búsqueda y planear cómo arreglar el problema en el futuro. Lo que es más, prueba que en momentos de necesidad nos apoyamos en lugar de atacarnos unos a otros.

Malas calificaciones

Una de las mamás recordó esta historia de cuando recibió la boleta de calificaciones de su hijo:

Me alegra que nos haya contado acerca del teléfono celular de su hijo. Cuando leí la boleta de calificaciones de Éric, estaba muy enojada con él. Reprobaba matemáticas y no me daba ninguna pista de que se esforzaba. Le dije: «Éric, he notado que antes te iba muy bien en matemáticas. Y eres muy bueno explicando a Joey (su hermano menor) cuando él tiene problemas con su tarea. Algo debe estar sucediendo.

Éric empezó por decirme que en realidad no le gustaba su maestra este año. Siempre ponía muchas notas en el pizarrón, y él no podía escribir tan rápido para copiar las fórmulas antes de que las borrara. El año pasado, los niños trabajaban en grupo y discutían las respuestas, pero este año todo era explicación. Tuvimos una discusión amistosa y Éric aceptó tomar lecciones extras si perdía las notas de clase. En el pasado lo regañé por una mala calificación, y se puso hosco y enojado conmigo. Nunca me había hablado sobre el tipo de problemas que tenía.

Una de las tentaciones que los padres tienen que evitar es la necesidad de alabar a través de comparar. Los padres con más de un hijo encuentran particularmente difícil resistirse a comentarios como:

«Te amarraste tú solo los zapatos. El bebé no puede hacer eso».

«Mira que niña tan grande eres, lees el libro tú sola. Tu hermanita no puede leer siquiera una palabra».

«Limpiaste tu habitación sin que te lo pidiera. ¡Es más de lo que puedo decir de tu hermano mayor!»

Aquí el peligro es que este tipo de alabanzas ponen las rela—
ciones sobre hielo frágil. ¿Debe sentirse amenazado el hermano
grande cuando su hermano pequeño aprende a atarse las agujetas?
¿Se harán menos sus logros? ¿Y cómo se sentirá la hermana mayor
cuando la «bebé» comience a leer? ¿Estarán dispuestos los hermanos
a trabajar juntos y ayudarse uno al otro con la limpieza, si el logro
de uno depende de la falla del otro?

Considere estas alternativas:

«Amarraste tú solo las agujetas, sé quién le enseñará al pequeño
Joey cuando esté listo para sus zapatos de niño grande».

«¡Estás leyendo! Creo que tu hermanita se emocionará cuando
descubra quién puede leerle».

«Ambos hicieron un gran equipo de limpieza. Jason guardó los
Legos y Joel recogió todos los libros».

Un papá trajo esta historia al grupo:

¡Esto es música!

Cuando mi hijo cursaba cuarto grado aprendió una pieza
de jazz con un solo en su saxofón para tocar en el concierto de
la escuela. Trabajó muy duro en ella, tuvo que aprender notas
que aún no le había enseñado el maestro de la banda. En el
concierto nos complacieron con un programa que sólo un padre
podría disfrutar. Los niños chillaron y graznaron a través de una
escala de do, y luego la tradicional canción «Hot Cross Buns».
Finalmente mi hijo pasó al frente del escenario y comenzó a
tocar. La gente movía la cabeza y chasqueaba los dedos. ¡Eso
era música! Mi corazón se hinchó de orgullo. Después, al verlo,
tenía una fuerte necesidad de decirle, «¡Fuiste el mejor! Los
demás apenas podían tocar, ¡pero tú estuviste grandioso!», pero
sabía que no debía decir eso.

Lo que finalmente dije fue «Estuviste muy tranquilo y
confiado allá arriba, realmente estabas dentro de la música. Y
la audiencia también. Pude ver a las personas balanceándose y

llevando el ritmo con sus pies. Fue como estar en un verdadero club de jazz». ¿Qué tal esta pieza maestra de alabanza des–criptiva?

Al día siguiente mi hijo llegó a casa muy emocionado. Me dijo que estaba enseñando a un grupo de niños cómo tocar su pieza, porque a todos les encantó. Me sentí muy bien por haberme contenido. ¿Qué tal si le hubiera dicho que estaba orgulloso de él porque estuvo mejor que los otros niños? ¿Se habría permitido la experiencia de compartir su música con sus amigos?

Sesión 6. Liberar a los niños de los roles

A menudo los padres se descubren a sí mismos poniendo a sus hijos en ciertos roles sólo para explicar su conducta ante el mundo exterior. Si están cenando en casa de un pariente y su hijo rechaza el plato principal, usted dice como autodefensa: «Ah, bueno, es un niño muy melindroso».

Cuando alguien que está de visita le habla a su hija y ella voltea la cara, usted se siente obligado a explicar: «Es que es muy tímida». Si su hijo de cinco años no entra a la alberca con los demás niños, usted le dice a los otros padres: «Le tiene miedo al agua, le toma mucho tiempo adaptarse a lo nuevo». Por supuesto, nuestros niños oyen esto y lo toman a pecho. «Mi papá me ve muy tímido, exigente, miedoso, a quien le cuesta trabajo adaptarse. Ah, entonces así soy. ¡Creo que mejor debo alejarme de la alberca!»

Entonces, ¿qué *sí* podemos decir? No podemos sentarnos en silencio mientras la tía Rosa regaña a Juanito por no comer su carne asada. ¿Cómo podemos ayudar a nuestros niños, sin hacerles sentir atrapados en un rol, y a la vez de manera educada alejar a los amigos y parientes bien intencionados?

Una frase muy útil que parece lograrlo todo es: «Cuando él esté listo».

Adele Faber y Elaine Mazlish

«Juanito probará una nueva comida cuando esté listo».

«No te preocupes, estoy segura que María hablará contigo cuando esté lista».

«Sammy, sé que intentarás meterte a la alberca cuando estés listo».

Ahora su hijo capta el mensaje de que usted no lo presiona para que haga algo incómodo para él, pero tampoco espera que se aferre a esa posición para siempre. Él podrá decidir hacer un cambio, cuando se sienta bien con ello.

Los días antiguos

La mamá de Max pensó que podía usar esta idea. Ella siempre se encontraba en la posición de tener que explicar al oído su comportamiento difícil. Estaba ansiosa de intentar algo diferente. Nos contó:

Creo que este nuevo lenguaje surte efecto. Por primera vez, Max se quedó a jugar solo en la casa de los vecinos de junto. En el pasado yo siempre tenía que quedarme con él. Lloraba si trataba de convencerlo que me dejara hacer algún mandado. «¡No, mami, no me dejes!» Lo animaba a ser un niño grande, pero eso no ayudaba. Últimamente, le he estado diciendo que lo hará cuando esté listo; y esto parece haber hecho la diferencia. Al día siguiente quiso ir solo nuevamente a la casa de junto. Me dijo: «Mamá, ¿recuerdas en los *viejos tiempos* cuando me daba miedo quedarme en la casa de Ryan?»

¿No es encantador? Todos reímos.

¿Quién llevará los martillos?

Una mamá informó su experiencia al ayudar en la clase de su hijo de tercer grado:

Estábamos en el proyecto de hacer un libro. Implicaba martillar los clavos en un paquete de hojas para encuadernarlas, y luego coser las hojas con hilo de tejer. Llegué a la clase con una bolsa de martillos, entre otras herramientas. Necesitábamos transportar el material al gimnasio donde trabajaríamos.

Recuerdo que cuando yo estaba en la primaria, sólo a los niños se les pedía que ayudaran en las tareas físicas, y yo siempre lo resentí. Así que miré alrededor de la habitación y mi vista tropezó con una niña delgada y pálida y le pregunté: «Bridget, ¿te gustaría llevar la bolsa de los martillos?» Por supuesto que varios niños saltaron gritando, «¡Yo lo haré! ¡Yo lo haré!» Pero Bridget puso la bolsa en sus hombros. Mientras bajábamos al gimnasio, ella empezó a quejarse. La bolsa era muy pesada, estaba lastimando su hombro, y movió su carga. Ahora lastimaba su mano. A todo esto, ¿cuánto pesaban estos martillos? Me sentí culpable. En mi afán político de ser justa y feminista, escogí a esta pobre niña que era muy frágil para la tarea.

Pasamos una hora feliz trabajando en los libros, y cuando era hora de regresar las herramientas al salón de clase, pregunté quién quería cargar los martillos. Otra vez, varios niños se ofrecieron con entusiasmo, pero Bridget agarró la bolsa y dijo con fiereza: «¡*Ése es mi trabajo!*»

«Pero pensé que te lastimaba el hombro», dije.

«Ideé una mejor forma de cargarlos», me replicó.

¡Un punto para las niñas delgadas!

El dibujo que causó mayor consternación en esta sesión fue aquél acerca de no ser un perdedor resentido. Resulta que *todos* nuestros hijos son malos perdedores, y todo mundo piensa que debió haber hecho algo terriblemente mal para que sus hijos fueran tan deficientes en esta área.

Cuando mi primer hijo tenía casi cuatro años, le compré su primer juego de mesa. Yo estaba muy emocionada, estábamos a punto de empezar un nuevo mundo de interacción. Recuerdo los días de mi niñez jugando apasionadamente. Así que abrimos el juego de las cerezas con mucha expectación. Dan estaba contento de poner juntos las cestas, la ruleta e introducir las pequeñas cerezas de plástico en los agujeros de los árboles de cartón. Entonces comenzamos a jugar.

Por Dios, ¿dónde quedaron las habilidades deportivas? ¿Qué pasaba con mi hijo? Él insistía en tomar turnos eternos, girando una y otra vez hasta que le tocaba el número que él quería. Se negaba a regresar las cerezas cuando la ruleta caía en «cesta derramada». Yo no cedí, tratando de explicar el concepto de tomar turnos, ganar y perder, ser un buen jugador. Dan me ignoró y se molestó cuando traté de detenerlo al jugar a su manera. Por fortuna, mi perezoso cerebro captó la realidad antes de que ocurriera un desastre. Cedí en mi exploración, y el juego de las cerezas se volvió una actividad favorita que incluía dar un golpe a la ruleta y acomodar las cerezas de plástico.

Después de criar a tres hijos hasta la adolescencia y de escuchar a muchos padres de mi grupo, he llegado a darme cuenta que los juegos formales, desde los deportes hasta las barajas, no son una gran actividad para los preescolares. Esos recuerdos entrañables que yo tenía fueron de una etapa mucho más adelantada de mi desarrollo como niño. Los niños de tres y cuatro años no pueden comprender por qué deben perder, esperar el turno del otro, seguir las órdenes desagradables de un dado o lo que cae en la ruleta. Los padres se preocupan de que sus hijos se comporten como niños malcriados; que no van a tener las habilidades sociales necesarias para hacer amigos, si no pueden aprender a ser perdedores amables. ¡Déjelo al tiempo! Un preescolar no está listo para eso, y no necesita estarlo.

Hacia la edad escolar, los juegos se convierten en la moneda social del reino. Sin embargo sigue siendo difícil para ellos la idea de perder sin sentirse enojados o decepcionados. ¡Hey, si es difícil para muchos adultos! Una de las formas en que podemos enseñar a nuestros hijos la diversión y satisfacción del juego sin el drama emocional, es alterar un poco los juegos para que disminuya el factor competitivo. He aquí dos variaciones exitosas que hemos ideado:

A los niños les encanta jugar carreras, pero a menudo hay lá-grimas y acusaciones de trampa. La mejor compra que he hecho es un gran reloj marcador. Los niños idean algún tipo de reto o carrera de obstáculos, entonces uno corre mientras el otro cuenta el tiempo. En la siguiente ronda, cada niño trata de vencer su propio tiempo. ¡Me sorprende lo bien que funciona esto! Usted pensaría que insisten en comparar, pero no lo hacen.

Cuando jugamos juegos de mesa como el clásico Turista, el primero que da vuelta a todo el tablero es «ganador oficial del primer lugar», pero el resto de la familia sigue jugando. Comencé esta tradición porque era muy frustrante para los otros niños no llegar al final, y dije, «Voy a seguir jugando hasta que termine. ¡No me importa cuántos turnos me tome! Ahora todos obtienen la satisfacción de terminar el juego.

Esto podría sonar demasiado indulgente, pero he visto a mis tres hijos convertirse en adolescentes que disfrutan los deportes competitivos, los juegos de baraja, los juegos de computadora y toda clase de juegos de mesa (por lo menos en los apagones y las noches de juego familiar). Ellos son ganadores amables y buenos perdedores; modifican su intensidad si hay niños más pequeños y ríen mucho cuando juegan. Creo que el trabajo que hice cuando eran más pequeños, devanándome los sesos para idear formas en que ellos disfrutaran jugar sin sentirse perdedores, ayudó a que eso sucediera.

Nuestra última sesión

Cuando nos vimos la última vez, pregunté a los padres qué habilidad les había parecido más útil. Sin dudar, la mayoría dijo que el lenguaje de aceptar los sentimientos había cambiado profundamente su relación con sus hijos. Es muy interesante para mí que eligieran ésta. De regreso a la sesión uno, cuando hablamos por primera vez de esta habilidad, puedo decir que los padres están impacientes. Quieren superar lo sentimental y avanzar hacia los verdaderos trucos de la negociación. Aceptan la idea de entender los sentimientos, pero lo que realmente quieren saber es: ¿Y luego qué? *Después que hago todo eso, ¿cómo logro que mi hijo se aliste para la escuela, deje de hacer berrinches, deje de meter el dedo en los ojos de su hermana, coma sus verduras, se cepille los dientes y se vaya a la cama?* Realmente se necesitan las series de seis semanas para que todo aterrice. Entender los sentimientos no es el prólogo, es el evento principal. Todas las demás habilidades se construyen en ese cimiento. Muchos problemas se evaporan sin mucho más, y toda la naturaleza de la relación se transforma tanto que muchos problemas ni siquiera comienzan.

Es un reto interminable vivir la vida sin estar en desacuerdo constantemente con la experiencia de aquellos a nuestro alrededor. A menudo, cuando hablamos con algún amigo adulto, podemos simpatizar fácilmente, aun sin pensar en ello. No tratamos de regañar, instruir o aconsejar; tenemos el sentido natural de que eso sería insultante, pero a veces, incluso con otros adultos, nuestros instintos fallan. La empatía parece contraria a la intuición.

Recientemente hablaba con una amiga que se había hecho algunos exámenes médicos. Me dijo que estaba preocupada porque podría tener cáncer. Todo mi instinto me dijo que debía desechar sus temores.

—¡Ni siquiera *pienses* eso! Por supuesto que no tienes cáncer. ¡Vas a estar bien! —Me senté en silencio por un momento antes de poder decir—: ¡Es una gran preocupación para llevar cargando!

Mi amiga dio un suspiro de alivio y dijo: —¡sí! *Todos* me dicen que no me preocupe, ¿pero cómo *no* voy a preocuparme?

—Sí —dije—, es como decir a alguien que no vea el elefante rosa en la habitación.

Ella rio y el ambiente se aligeró. Estaba muy contenta de poder ayudarle, aunque sólo fuera por un momento.

Ese conocimiento no siempre está al alcance de mi mano, pero estoy agradecida que está ahí cuando lo busco. Me da un punto de partida para conectar con otras personas en mi vida, incluso cuando estoy asustada o frustrada o muy furiosa. Es un regalo muy poderoso que mi mamá me heredó.

Algunos libros
que pueden interesarle

Axline, Virginia M. *Dibs: In Search of Self*. Ballantine Books, Nueva York, 1986. *Dibs: En la busca del yo*. Editorial Diana, México, 1977.

Bradley, Michael. *When Things Get Crazy with Your Teen* (Cuando las cosas enloquecen con su adolescente). McGraw Hill, Nueva York, 2008.

Cohen, Lawrence. *Playful Parenting* (Paternidad juguetona). Ballantine Books, Nueva York, 2002.

Faber, Adele y Elaine Mazlish. *Siblings Without Rivalry* (Hermanos sin rivalidad). W.W. Norton & Company, Nueva York, 2004.

_____ *How to Talk So Kids Can Learn* (Cómo hablar para que los niños puedan aprender). Scribner, Nueva York, 1996

_____ *How to Talk So Teens Will Listen & Listen So Teens Will Talk* (Cómo hablar para que los adolescents le escuchen y cómo escuchar para que los adolescentes le hablen). Harper Paperbacks, Nueva York, 2006.

_____ *Liberated Parents/Liberated Children* (Padres liberados/Hijos liberados). HarperCollins (Perennial Currents), Nueva York, 2004.

Fraiberg, Selma. *The Magic Years* (Los años mágicos). Scribner, Nueva York, 1950.

Ginott, Haim. *Between Parent and Child* (Entre padres e hijos). Three Rivers Press, Nueva York, 2003.

_____ *Between Parent and Teenager* (Entre padres y adolescentes). The Macmillan Company, Nueva York, 1969.

_____ *Teacher and Child* (Maestro y niño). Avon, Nueva York, 1975.

Gordon, Thomas. *PET in Action*. Nueva York, Bantam Books, 1979. *PET en acción*. Editorial Diana, México, 1978.

Kohn, Alfie. *Punished by Rewards* (Castigados por las recompensas). Houghton Mifflin, Boston, 1999.

Kurcinka, Mary Sheedy. *Raising Your Spirited Child* (Cómo criar a tu hijo enérgico). Harper Perennial, Nueva York, 1992.

Leach, Penelope. *Your Baby and Child: From Birth to Age Five* (Bebe y niño: desde el nacimiento hasta los cinco años). Alfred A. Knopf, Nueva York, 1997.

Rogers, Carl. *On Becoming a Person* (El proceso de convertirse en persona). Houghton Mifflin Co., Boston, 1961.

Para un estudio más profundo...

Si está interesado en una oportunidad para discutir y practicar con otras personas las habilidades de comunicación contenidas en este libro, puede solicitar información acerca del paquete de *Cómo hablar para que los niños escuchen*, creado por Adele Faber y Elaine Mazlish. El paquete consiste en una guía del director, libros de trabajos para padres y CDs o un DVD de las autoras dirigiendo cada sesión del taller. Para más detalles, por favor visite nuestro sitio web: www.fabermazlish o contáctenos directamente:

info@fabermazlish.com
1-800-944-8454
Talleres Faber Mazlish, LLC
P.O. Box 1072
Carmel, NY, 10512
USA

ACERCA DE LAS AUTORAS

Adele Faber

Elaine Mazlish

Expertas en comunicación entre adultos y niños, internacionalmente reconocidas, Adele Faber y Elaine Mazlish, se han ganado la gratitud de los padres y el respaldo entusiasta de la comunidad profesional.

Su primer libro, *Padres liberados/Hijos liberados*, recibió el Premio Christopher por el «logro literario que afirma los más grandes valores del espíritu humano». Sus libros siguientes, *Cómo hablar para que los niños escuchen y cómo escuchar para que los niños hablen* y *Hermanos sin rivalidad*, bestseller número 1 del *New York Times*, han vendido más de cuatro millones de ejemplares y han sido traducidos a más de treinta idiomas. *Cómo hablar para que los niños puedan aprender: en la casa y en la escuela*, fue citado por la revista Child (Niño) como «el mejor libro del año por su excelencia en los temas de la educación en la familia». Los programas de los talleres de las autoras y los videos producidos por la cadena televisiva PBS actualmente son utilizados por miles de padres y grupos de maestros en todo el mundo para mejorar las relaciones con los niños. Su libro más reciente, *Cómo hablar para que los adolescentes escuchen y escuchar para que los adolescentes hablen*, aborda los duros problemas de los años de la adolescencia.

Ambas autoras estudiaron con el psicólogo ya fallecido Dr. Haim Ginott y fueron miembros de la facultad de la Nueva Escuela para la Investigación Social en Nueva York y del Instituto de Vida Familiar de la Universidad de Long Island. Además de sus frecuentes conferencias por todo Estados Unidos, Canadá y el extranjero, han aparecido en todos los grandes programas de televisión, desde Oprah hasta Good Morning America, y cada una es madre de tres hijos.

ACERCA DE LAS AUTORAS

Adele Faber

Elaine Mazlish